Die Mitwirkungspflichten der am Verwaltungsverfahren Beteiligten
- eine Grenze des Untersuchungsgrundsatzes?

T0316481

Europäische Hochschulschriften

Publications Universitaires Européennes
European University Studies

Reihe II
Rechtswissenschaft

Série II   Series II
Droit
Law

Bd./Vol. 836

PETER LANG
Frankfurt am Main · Bern · New York · Paris

Klaus-Dieter Schromek

Die Mitwirkungspflichten der am Verwaltungsverfahren Beteiligten – eine Grenze des Untersuchungsgrundsatzes?

PETER LANG
Frankfurt am Main · Bern · New York · Paris

CIP-Titelaufnahme der Deutschen Bibliothek

Schromek, Klaus-Dieter:

Die Mitwirkungspflichten der am Verwaltungsverfahren
Beteiligten - eine Grenze des Untersuchungsgrundsatzes? /
Klaus-Dieter Schromek . - Frankfurt am Main ; Bern ; New York ;
Paris : Lang, 1989
    (Europäische Hochschulschriften : Reihe 2,
    Rechtswissenschaften ; Bd. 836)
    Zugl.: Bremen, Univ., Diss., 1988
    ISBN 3-631-41897-3

NE: Europäische Hochschulschriften / 02

D 46
ISSN 0531-7312
ISBN 3-631-41897-3

© Verlag Peter Lang GmbH, Frankfurt am Main 1989
Alle Rechte vorbehalten.

Printed in Germany

Meinen Eltern

V o r w o r t

Entscheiden bedeutet immer, Informationen zu verarbei-
ten. Den Prozeß der Informationssammlung steuern die
Verwaltungsverfahrens- und die Fachgesetze durch zahlreiche Regelungen, die Aufgaben für die Behörden, aber
auch für die an dem Verwaltungsverfahren Beteiligten,
enthalten. Die damit vorgegebenen Berührungspunkte der
die Informationen Zusammentragenden werden nicht selten
zu Reibungspunkten zwischen ihnen. Die Entlastung des
Einen geht immer mit einer Belastung des Anderen einher,
wenn vollständige Informationen erreicht werden sollen.
An dieser Stelle setzt die Untersuchung ein mit dem Bemühen, Reibungsflächen zu glätten und einen Beitrag zu
einem Mehr an Kooperation und einem Weniger an Konfron-
tation zwischen Bürgern und Behörden zu leisten.

Herrn Prof. Dr. Dian Schefold danke ich für ungezählte
Anregungen und für die Bereitschaft, in den verschiede-
nen Stationen der Arbeit immer wieder auch kontroverse
Gespräche zu führen. Dank schulde ich auch Frau Karin
Moré, die mit unermüdlichem Einsatz und größter Umsicht
die Schreibarbeit gemeistert hat.

Klaus-Dieter Schromek

I n h a l t s v e r z e i c h n i s

L i t e r a t u r v e r z e i c h n i s
_____

A c h t e r b e r g , Norbert: Privatrechtsförmige Verwaltung; in: JA 1985, 503

A c h t e r b e r g , Norbert / Krawietz, Werner / Wyduckel, Dieter: Recht und Staat im sozialen Wandel - Festschrift für Hans Ulrich Scupin zum 80.Geburtstag -, Berlin 1983, zitiert: Scupin-FS

A r n d t , Hans: Praktikabilität und Effizienz, 1983

B a c h o f , Otto: Die Dogmatik des Verwaltungsrechts vor den Gegenwartsaufgaben der Verwaltung; in:VVDStRL 30 (1972), S. 193

B a d u r a , Peter: Staatsrecht - Systematische Erläuterung des Grundgesetzes für die Bundesrepublik Deutschland -, München 1986; zitiert: Badura, Staatsrecht

B a t t i s , Ulrich / Krautzberger, Michael / Löhr, Rolf-Peter: Baugesetzbuch, 2. Aufl., München 1987

B a u e r , Horst: Gerichtsschutz als Verfassungsgarantie - Zur Auslegung des Art. 19 Abs.4 GG -, Berlin 1973; zitiert: Bauer, Gerichtsschutz

B a u m b a c h , Adolf/ Lauterbach, Wolfgang/ Albers, Jan/ Hartmann, Peter: Zivilprozeßordnung -mit Gerichtsverfassungsgesetz und anderen Nebengesetzen-;46.Auflage, München 1988; zitiert: Baumbach ZPO

B ä u m l e r , Helmut: Anwendbarkeit des Verwaltungsverfahrensgesetzes auf Verwaltung ausübende Parlamentsausschüsse; in: DVBl 1978, 291 (295)

B ä u m l e r , Helmut: Die Beteiligung mehrerer Behörden am Verwaltungsverfahren -Zur Auslegung des § 9 VwVfG-; in: BayVBl 1978, 492 ff.

B a u m , Gerhart Rudolf: Die Verwaltungsgerichtsbarkeit im Spannungsfeld zwischen Gesetzesvollzug und Individualrechtsschutz; in: DÖV 1980, 425

B e c k e r , Enno/Riewald, Alfred/ Koch, Karl: Reichsabgabenordnung - mit Nebengesetzen -, Band II, §§ 160 bis 227 Reichsabgabenordnung, 9.Auflage, Köln, Berlin, Bonn, München 1965

B e c k e r , Franz: Das allgemeine Verwaltungsverfahren in Theorie und Gesetzgebung; Stuttgart, Brüssel 1960; zitiert: Allgemeines Verwaltungsverfahren

B e n d e r , Rolf: Nochmals: Zivilprozeß und Ideologie; in: JZ 1982, 709

B e r g , Wilfried: Die verwaltungsrechtliche Entscheidung bei ungewissem Sachverhalt; Berlin 1980

B e r g , Wilfried: Zur Untersuchungsmaxime im Verwaltungsverfahren; in: Die Verwaltung 1976, 161

B e t h g e , Herbert: Grundrechtsverwirklichung und Grundrechtssicherung durch Organisation und Verfahren - Zu einigen Aspekten der aktuellen Grundrechtsdiskussion - in: NJW 1982, 1

B e t t e r m a n n , Karl August: Die Anfechtung von Verwaltungsakten wegen Verfahrensfehlern; in: Stödter, Hans Peter / Thieme, Werner (Hrsg): Hamburg-Deutschland-Europa, Beiträge zum deutschen und europäischen Verfassungs-, Verwaltungs- und Wirtschaftsrecht; Festschrift für Hans Peter Ipsen zum siebzigsten Geburtstag, Tübingen 1977; zitiert: Bettermann in Ipsen-FS

B e t t e r m a n n , Karl August: Das Verwaltungsverfahren; in: VVDStRL 17 (1959), 118

B e t t e r m a n n , Karl August: Die Beweislast im Verwaltungsprozeß in: 46 D.J.T., Band II, Sitzungsberichte S. E 26 München und Berlin 1967

B l a n k e n b u r g , Erhard/ Gawron, Thomas/ Rogowski, Ralf/Voigt, Rüdiger: Zur Analyse und Theorie der Implementation von Gerichtsentscheidungen; in: DÖV 1986, 274

B l e y , Helmar / Gitter, Wolfgang / Gurgel, Hans-Joachim / Heinze, Helmut /Knopp, Anton /Müller, Paul /Schneider-Danwitz, Norbert/Schroeter,Jurt/Schwerdtfeger, Gunther: SGB-Sozialversicherung; Kommentar zum gesamten Recht der Sozialversicherung einschließlich zwischenstaatlicher Abkommen und internationaler Übereinkommen (SGB-SozVers-Ges Komm), Band 1, Allg. Teil, Gemeinsame Vorschriften; Band 2, Verfahrensrecht; Wiesbaden, Stand März 1988

B l ü m e l , Willi: Grundrechtsschutz durch Verfahrensgestaltung; in: ders. (Hrsg) Frühzeitige Bürgerbeteiligung bei Planungen, S. 23; Berlin 1982; zitiert:... Grundrechtsschutz

B l ü m i c h , Walter/ Falk, E.: Einkommensteuergesetz, 12. Aufl., München, Stand Januar 1988

B o c h u m e r   Kommentar zum Sozialgesetzbuch - Allgemeiner Teil - W e r t e n b r u c h , Wilhelm (Hrsg); Berlin, New York 1979

B o n n e r   K o m m e n t a r GG: Kommentar zum Bonner Grundgesetz Hamburg, Stand September 1987

B r a c k m a n n , Kurt: Handbuch der Sozialversicherung einschließlich des Sozialgesetzbuchs und angrenzender Gebiete; Band II, 10. Auflage, St. Augustin 1987

B r a u n , Rainer: Zur Fristsetzungsbefugnis der Finanzbehörden im Steuerermittlungsverfahren; in: DStZ 1986, 481

B r o z a t , Thomas: Die Konkretisierung der erhöhten Mitwirkungspflicht (§ 90 Abs. 2 AO) bei Zahlungen ins Ausland; in: DStR 1983, 76

B ü r c k , Harald: Die Mitwirkung der Beteiligten bei der Sachaufklärung im sozialgerichtlichen Verfahren; in: DÖV 1982, 223

B u l l i n g e r : Diskussionsbeitrag; in: VVDStRL 30 (1972), S.337

B u n j e s , Johann/ Geist, Reinhold/ Zenner, Helga: Umsatzsteuergesetz, 2. Auflage, München 1985; zitiert: Bunjes/ Geist, UStG

B u r d e n s k i , Wolfhardt/von Maydell, Bernd/Schellhorn, Walter: Gemeinschaftskommentar zum Sozialgesetzbuch; Allgemeiner Teil, 2. Auflage; Neuwied und Darmstadt 1981; zitiert: ..... in GK SGB-I

B u r d e n s k i , Wolfhardt: Mitwirkungspflichten des Leistungsberechtigten - Zum Entwurf eines Sozialgesetzbuches - Allgemeiner Teil (I); in: BLStSozArbR 1974, 273

D e c h s l i n g , Rainer: Rechtsschutz und Begründungspflicht in: DÖV 1985, 714

D e g e n h a r t , Christoph: Zum Aufhebungsanspruch des Drittbetroffenen beim verfahrensfehlerhaften Verwaltungsakt; in: DVBl 1981, 201

D e g e n h a r t , Christoph: Das Verwaltungsverfahren zwischen Verwaltungseffizienz und Rechtsschutzauftrag; in: DVBl 1982, 872

D i c k m a n n , Horst: Mitwirkungspflichten des Leistungsberechtigten im Entwurf des Sozialgesetzbuches - Allgemeiner Teil; in: SGb 1975, 168

D o l d e , Klaus-Peter: Grundrechtsschutz durch einfaches Verfahrensrecht?; in: NVwZ 1982, 65

D ö r r , Dieter: Faires Verfahren - Gewährleistung im Grundgesetz der Bundesrepublik Deutschland -; Kehl am Rhein, Straßburg 1984

E i b e r t , Reinhard: Die formelle Rechtswidrigkeit von Verwaltungsakten - Zur Dogmatik und Kretik der §§ 45 und 46 Verwaltungsverfahrensgesetz; Diss. Erlangen-Nürnberg 1978; zitiert: .... Diss

E i b e r t , Reinhard: Die Beteiligten mehrerer Behörden am Verwaltungsverfahren - Zur Auslegung des § 9 VwVfG -; in: BayVBl 1978, 492, 496

E r i c h s e n , Hans-Uwe/Martens, Wolfgang (Hrsg): Allgemeines Verwaltungsrecht; 7. Auflage, Berlin-New York 1986

F i n k e l n b u r g , Klaus/ Lässig, Curt Lutz: Kommentar zum Verwaltungsverfahrensgesetz, Band 1; Düsseldorf 1979

F r ö h l e r , Ludwig / Kormann, Joachim: Kommentar zur Gewerbeordnung; Heidelberg 1978

G i e s e n , Dieter: Arzthaftungsrecht im Umbruch (III) - Beweisrechtsprobleme in der Rechtsprechung seit 1974 - in: JZ 1982, 448

G o e r l i c h , Helmut: Grundrechte als Verfahrensgarantien (Ein Beitrag zum Verständnis des Grundgesetzes für die Bundesrepublik Deutschland); Baden-Baden 1981

G o t t s c h i c k , Hermann/ Giese, Dieter: Das Bundessozialhilfegesetz - Kommentar -; 9. Auflage, Köln-Berlin-Bonn-Müchen 1985

G r a b i t z , Eberhard: Der Grundsatz der Verhältnismäßigkeit in der Rechtsprechung des Bundesverfassungsgerichts; AöR 98 (1973) S. 568

G r e g e r , Reinhard: Beweis und Wahrscheinlichkeit - Das Beweiskriterium im allgemeinen und bei den sogenannten Beweiserleichterungen-; Köln-Berlin-Bonn-München 1978

G r e g e r , Reinhard: Praxis und Dogmatik des Anscheinsbeweises; in: VersR 1980, 1091

G r i m m , Dieter: Verfahrensfehler als Grundrechtsverstöße; in: NVwZ 1985, 865

G r ü n e r , Hans/Brückner, Klaus/Dalichau,Gerhard/Podlech,Adalbert/
Prochnow,Herbert: Verwaltungsverfahren (SGB X);
Percha-Kempfenhausen, Stand Juli 1982

G r u n s k y , Wolfgang: Grundlagen des Verfahrensrechtes, 2. Auflage, Bielefeld 1974; zitiert: Grunsky, Grundlagen

H ä b e r l e , Peter: Effizienz und Verfassung; in: AöR 98 (1973),
625

H ä b e r l e , Peter: Öffentliches Interesse als juristisches Problem - Eine Analyse von Gesetzgebung und Recht-
sprechung -; Bad Homburg 1970

H ä b e r l e , Peter: Verfassung als öffentlicher Prozeß (Materia-
lien zu einer Verfassungstheorie der offenen Gesellschaft); Berlin 1978; SzöR Bd. 353

H ä b e r l e , Peter: Verfassungsprinzipien "im" Verwaltungsverfahrensgesetz; in: Walter Schmitt Glaeser (Hrsg):
Verwaltungsverfahren; Festschrift zum 50jährigen
Bestehen des Richard Boorberg Verlages, Stutt-
gart-München-Hannover 1977, S. 47

H a i n m ü l l e r , Dietmar: Der Anscheinsbeweis und die Fahrlässigkeitstat im heutigen deutschen Schadenser-
satzprozeß; Tübingen 1966

H a m a c h e r , Rolfjosef: Der Bankenerlaß als ermessensgerechte
Handhabung von Ermittlungsbefugnissen der Finanzbehörden; in: DB 1985, 1807

H a r m e n i n g, Rudolf (Begr): Lastenausgleich - Kommentar zur
gesamten Lastenausgleichsgesetzgebung mit allen
Rechtsverordnungen und Verwaltungsanordnungen
und den Weisungen des Bundesausgleichsamtes;
München, Stand 1.1.1982

H a u c k , Karl / Haines, Hartmut: Sozialgesetzbuch, SGB X / 1,2,
Verwaltungsverfahren und Schutz der Sozialdaten;
Berlin, Stand Februar 1987, zitiert: Hauck/
Haines SGB-X

H a u c k , Karl / Haines, Hartmut: Sozialgesetzbuch I, Allgemeiner
Teil; Berlin, Stand 1. April 1988

H a u e i s e n , Fritz: Akteneinsicht im Verwaltungsverfahren; in:
NJW 1967, 2291

H a u e i s e n , Fritz: Untersuchungsgrundsatz und Mitwirkungspflicht der Beteiligten - Zur Auslegung des § 86
Abs. 1 VwGO und des § 103 SGG -; in:NJW 1966,764

H a v e r k ä m p e r , Joern: Die verfassungsrechtlichen Grundlagen
der Maximen des Verwaltungsprozeßrechtes; Diss
Münster 1973; zitiert: .... Diss

H e l d , Jürgen: Der Grundrechtsbezug des Verwaltungsverfahrens;
Berlin 1984; Schriften zum öffentlichen Recht
Band 462

H e r r l e r , Hans: Mitwirkung der Banken bei der Besteuerung von
Bankkunden; Köln 1984

H e r r m a n n , Carl / Heuer, Gerhard / Raupach, Arndt: Einkommen-
steuer- und Körperschaftsteuergesetz mit Neben-
gesetzen; 19. Aufl.; Köln Stand Dez. 1987

H e r r m a n n , Johannes: Zur Effektivität des Bayerischen Senats;
in: BayVBl 1984, 193

H e r t e r , Wilfried: Beweislast und Beweiswürdigung im Besteuerungsverfahren; in: DB 85, 1311

H i r s c h b e r g , Lothar: Der Grundsatz der Verhältnismäßigkeit;
Göttingen 1981

H o f f m a n n - Riem, Wolfgang: Steuerermittlung und Bankgeheimnis;
in: StuW 1972, 127

H ü b s c h m a n n / Hepp/ Spitaler: Kommentar zur Abgabenordnung und
Finanzgerichtsordnung; 8. Aufl., Köln, Stand
April 1988; zitiert: H/H/Sp AO u. FGO

H u f e n , Friedhelm: Fehler im Verwaltungsverfahren, 1. Auflage,
Baden-Baden 1986

H u f e n , Friedhelm: Heilung und Unbeachtlichkeit grundrechtsrele-
vanter Verfahrensfehler?- Zur verfassungskonfor-
men Auslegung der §§ 45 u. 46 VwVfG; in: NJW 82,
2160

I s e n s e e , Josef: Die typisierende Verwaltung (Gesetzesvollzug
im Massenverfahren am Beispiel der typisierenden
Betrachtungsweise des Steuerrechts);Berlin 1976;
zitiert: ... Die typische Verwaltung

I s e n s e e , Josef: Verwaltungsraison gegen Verwaltungsrecht -An-
tinomien der Massenverwaltung in der typisieren-
den Betrachtungsweise des Steuerrechts -; in:
StuW 1973, 199

J a k o b s , Michael Ch.: Der Grundsatz der Verhältnismäßigkeit;
Köln-Berlin-Bonn-München 1985

J e n e t z k y , Johannes: Die Misere der Steuerverwaltung - Über
die Wirklichkeit der Steuerrechtsanwendung durch
die Steuerbehörden -; in: StuW 1982, 273

K a u f m a n n (Hrsg) / Franz/Xaver: Bürgernahe Sozialpolitik - Pla-
nung, Organisation und Vermittlung sozialer Lei-
stungen auf lokaler Ebene; Frankfurt - New York
1974; zitiert: Bürgernahe Sozialpolitik

K a r l s r u h e r Kommentar zur Strafprozeßordnung - und zum Gerichtsverfassungsgesetz -; 2. Aufl. München 1987
P f e i f f e r , Gerd (Hrsg); zitiert: Karlsruher Kommentar

K i m m i n i c h , Otto: Funktion und Ausgestaltung der Öffentlich-
keitsbeteiligung im atomrechtlichen Genehmigungs-
verfahren; in: 5. Deutsches Atomrechts-Symposium,
S. 263

K i r c h h o f , Paul / Söhn, Hartmut (Hrsg): Einkommensteuergesetz
Band 3, §§ 9, 10; Heidelberg, Stand Mai 1988

K l e i n , Franz / Orlopp, Gerd: Abgabenordnung - einschließlich
Steuerstrafrecht -, 3. Auflage, München 1986

K l o e p f e r , Michael: Verfahrensdauer und Verfassungsrecht; in:
JZ 1979, 209

K n a c k , Hans Joachim (Hrsg): Verwaltungsverfahrensgesetz; Köln,
Berlin, Bonn, München, 2. Auflage 1982

K n o e p f e l , Peter: Öffentliches Recht und Vollzugsforschung
- Beiträge der sogenannten Implementationsfor-
schung zur staats- und verwaltungsrechtlichen
Parlamentsdiskussion -; Bern 1979

K n o e p f e l , Peter / Weidner, Helmut: Explaining differences in
the performance of clean air policies -an inter-
national and interregional study; in: Policy and
Politics, Vol. 14 No. 1 (1986), 71-91

K o c h , Karl: Abgabenordnung - AO 1977, 2. Auflage,
Köln-Berlin-Bonn-München 1979

K o l l h o s s e r , Helmut: Anscheinsbeweis und freie richterliche
Beweiswürdigung; in: AcP 165 (1965), 46

K o l l h o s s e r , Helmut: Der Anscheinsbeweis in der höchstrichterlichen Rechtsprechung, Entwicklung und aktuel-
le Bedeutung; Mainz 1963

K o l l h o s s e r , Helmut: Grundlagen des Verfahrensrechts; in: JZ
1973, 8

K o p p , Ferdinand O.: Mittelbare Betroffenheit im Verwaltungsverfahren und Verwaltungsprozeß; in: DÖV 1980, 504

K o p p , Ferdinand O.: Verfahrensregelungen zur Gewährleistung eines
angemessenen Umweltschutzes; in: BayVBl 1980, 97

K o p p , Ferdinand O.: Verwaltungsverfahrensgesetz, 4. Auflage,
München 1986

K o p p , Ferdinand O.: Verwaltungsgerichtsordnung, 7. Auflage,
München 1986

K o p p , Ferdinand O.: Die Beteiligung des Bürgers an "Massenverfahren" im Wirtschaftsrecht;in: Verwaltung im Dien-
ste von Wirtschaft und Gesellschaft; Festschrift
für Ludwig Fröhler zum 60. Geburtstag, S. 231,
Berlin 1980

K o p p , Ferdinand O.: Die pädagogische Freiheit des Lehrers, Grundlagen und Grenzen; in: DÖV 1979, 890

K o p p , Ferdinand O.: Verfassungsrecht und Verwaltungsverfahrensrecht, München 1971; zitiert: Kopp: Verfassungs-
recht

K r a u s e , Peter: Rechtsformen des Verwaltungshandelns,
Berlin 1974

K r a u s k o p f , Dieter/Schroeder-Printzen, Günther (Hrsg): Soziale Krankenversicherung - Kommentar -, 2.Auflage,
München, Stand 30. September 1987

K r o p s h o f e r , Birger: Untersuchungsgrundsatz und anwaltliche
Vertretung im Verwaltungsprozeß, Berlin 1981;
zitiert: Kropshofer, Untersuchungsgrundsatz

K ü b l e r , Klaus-Joachim/Aberle, Hans-Jürgen/Schubert, Helmut: Die
Deutsche Handwerksordnung; Berlin, Stand Januar
1988

K ü h n , Rolf/Kutter, Heinz/Hofmann, Ruth: Abgabenordnung, Finanzgerichtsordnung, Nebengesetze, 14. Auflage, Stutt-
gart 1983

K u n i g , Philip: Das Rechtsstaatsprinzip - Überlegungen zu seiner
Bedeutung für das Verfassungsrecht der Bundesre-
publik Deutschland -, Tübingen 1986; zitiert:
Kunig, Das Rechtsstaatsprinzip

L a n d m a n n , Robert von/ Rohmer, Gustav: Gewerbeordnung und ergänzende Vorschriften; 14. Aufl.; München, Stand
Oktober 1987

- XVI -

L a n g , Arno: Untersuchungs- und Verhandlungsmaxime im Verwaltungsprozeß; in: Verwaltungsarchiv 52(1961), 60,
175

L a u b i n g e r , Hans-Werner: Grundrechtsschutz durch Gestaltung
des Verwaltungsverfahrens; in: Verwaltungsarchiv
73 (1982), 60

L e h r - und Praxiskommentar: Bundessozialhilfegesetz, Weinheim
und Basel 1985; zitiert: ... in LPK-BSHG

L e i b h o l z , G. / Rinck, H.J. / Hesselberger, D.: Grundgesetz
für die Bundesrepublik Deutschland, 6. Auflage,
Stand November 1987; zitiert: Leibholz/Rinck, GG

L e i p o l d , Dieter: Beweislastregeln und gesetzliche Vermutungen
- insbesondere bei Verweisungen zwischen ver-
schiedenen Rechtsgebieten -; Berlin 1966

L e i p o l d , Dieter: Zivilprozeßrecht und Ideologie - am Beispiel
der Verhandlungsmaxime -; in: JZ 1982, 441

L e i s n e r , Walter: Effizienz als Rechtsprinzip; Tübingen 1971

L i t t m a n n , Eberhard/Bitz, Horst/Meincke, Jens Peter: Das Ein-
kommensteuerrecht - Kommentar zum Einkommensteuergesetz, 14. Auflage, Stuttgart 1985; zitiert: ...in Littmann, EStG ...

L ö w e - Rosenberg: Großkommentar; R i e ß , Peter (Hrsg); 24. Auflage, Berlin-New York 1985; zitiert: .... in:
Löwe-Rosenberg

L o h m a n n , Hans Henning: Die Praktikabilität des Gesetzesvoll-
ges als Auslegungstopos im Verwaltungsrecht; in:
AöR 100 (1975), 415

L o r e n z , Dieter: Der Rechtsschutz des Bürgers und die Rechts-
weggarantie, München 1973; zitiert: .... Der
Rechtsschutz des Bürgers

L ü c k e , Jörg: Die (Un-)Zumutbarkeit als allgemeine Grenze
öffentlich-rechtlicher Pflichten des Bürgers;
Berlin 1973

L u h m a n n , Niklas: Legitimation durch Verfahren, 3. Auflage,
Darmstadt und Neuwied 1978

M a g , Wolfgang: Entscheidung und Information, München 1977

M a r t e n s , Joachim: Die eigenartige Beweislast im Steuerrecht; in:
StuW 1981, 322

M a r t e n s , Joachim: Verwaltungsvorschriften zur Beschränkung der Sachverhaltsermittlung, Köln 1980; zitiert: Martens, Verwaltungsvorschriften

M a r t e n s, Joachim: Einführung in die Praxis des Verwaltungsverfahrens; in: JuS 1977, 664

M a r t e n s , Joachim: Die Praxis des Verwaltungsverfahrens, München 1985; zitiert: "Verwaltungsverfahren"

M a r t e n s , Joachim: Einführung in die Praxis des Verwaltungsverfahrens; in: JuS 1978, 247

M a r t i n , Suse: Wechselwirkungen zwischen Mitwirkungspflichten und Untersuchungspflicht im finanzgerichtlichen Verfahrenin: BB 1986, 1021 ff.

M a r x , Manfred: Die Notwendigkeit und Tragweite der Untersuchungsmaxime in den Verwaltungsprozeßgesetzen; Frankfurt-Bern-New York 1985; zitiert: Notwendigkeit und Tragweite

M a u n z , Theodor/Düring, Günter/Herzog, Roman/Scholz, Rupert/Lerche, Peter/Papier, Hans-Jürgen/Randelzhofer, Albrecht/Schmidt-Aßmann, Eberhard: Grundgesetz, München Stand Januar 1987; zitiert: Maunz/Düring/Herzog/Scholz, GG

M a u r e r , Hartmut: Allgemeines Verwaltungsrecht, 3. Auflage, München 1983

M a u r e r , Hartmut: Das Verwaltungsverfahrensgesetz des Bundes; in: JuS 1976, 485

M a y d e l l , Bernd von: Der Allgemeine Teil des Sozialgesetzbuches in: NJW 1976, 161

M a y n t z , Renate: Zur Einleitung: Probleme der Theoriebildung in der Implementationsforschung; in: dieselbe (Hrsg) Implementation politischer Programme II - Ansätze zur Theoriebildung -; Opladen 1983

M a y n t z , Renate: Implementation von regulativer Politik; in: dieselbe (Hrsg) Implementation politischer Programme II - Ansätze zur Theoriebildung -; Opladen 1983

M e i e r , Hans: Die Mitwirkungspflichten des Sozialhilfeempfängers, Bochum 1976

M e y e r , Hans / Borgs-Maciejewski: Verwaltungsverfahrensgesetz, 2. Auflage, Frankfurt/M. 1982

M e y e r - Ladewig, Jens: Sozialgerichtsgesetz, 3. Auflage, München 1987; zitiert: Meyer-Ladewig, SGG

M i c h a e l , Alexander R.: Die Verteilung der objektiven Beweislast im Verwaltungsprozeß, Heidelberg 1976; zitiert: Michael, Objektive Beweislast

M i c h e l , Elmar/Kienzle/Werner: Das Gaststättengesetz; 9. Aufl.; Köln 1986

M ö r t e l , Georg/Metzner, Richard: Gaststättengesetz; 4. Aufl.; München 1988

M ö s b a u e r , Heinz: Zum Umfang der Mitwirkungspflichten der Beteiligten und anderer Personen im Besteuerungsverfahren in: DB 1985, 410

M ü l l e r , Horst Joachim: Zum Verwaltungsverfahrensgesetz des Bundes in: Die Verwaltung 1977, 513

M ü n c h , Ingo von (Hrsg): Grundgesetz-Kommentar, Band 1, 3. Auflage, München 1985; zitiert: von Münch, GG

M ü n c h e n e r Kommentar zum Bürgerlichen Gesetzbuch (Hrsg: Rebmann, Kurt; Säcker, Franz Jürgen) Band 3, Schuldrecht, Besonderer Teil, 2. Halbband(§§ 652-853); 2. Aufl., München 1986

M u s i e l a k , Hans-Joachim: Die Grundlagen der Beweislast im Zivilprozeß, Berlin-New York 1975

M u t i u s , Albert von: Grundrechtsschutz contra Verwaltungseffizienz im Verwaltungsverfahren?; in: NJW 82, 2150

N e u s e r , Klaus: Die Gesetzgebungskompetenz für das Verwaltungsverfahren; Diss. Göttingen 1974; zitiert: ... Diss

O b e r m a y e r , Klaus: Kommentar zum Verwaltungsverfahrensgesetz, Darmstadt-Neuwied 1983

O b e r m a y e r , Klaus: Dogmatische Probleme des Verwaltungsverfahrens; in: Boorberg-FS, S. 111 (siehe unter Schmitt-Glaeser)

O e s t e r r e i c h e r , Ernst: Bundessozialhilfegesetz; München, Stand September 1986

O h l m s , Winfried: Die Beweislast und die Verantwortung für die Aufklärung der Besteuerungsgrundlagen, Münster 1968; zitiert: Ohlms, Diss.

O s s e n b ü h l , Fritz: Grundrechtsschutz im und durch Verfahrensrecht; in: Staatsorganisation und Staatsfunktionen im Wandel, S. 183; Festschrift für Kurt Eichenberger zum 60. Geburtstag, Basel-Frankfurt a.M. 1982; zitiert: Eichenberger-FS

O s s e n b ü h l , Fritz: Verwaltungsverfahren zwischen Verwaltungseffizienz und Rechtsschutzauftrag; in: NVwZ 1982,
465

P a l a n d t : Bürgerliches Gesetzbuch; 47. Aufl., München 1988

P a p i e r , Hans-Jürgen: Die Stellung der Verwaltungsgerichtsbarkeit
im demokratischen Rechtsstaat, Berlin-New York
1979 zitiert: ... Verwaltungsgerichtsbarkeit

P a p i s t , Wolfgang: Zur Abgrenzung der Außenprüfung von den Ein-
zelermittlungsmaßnahmen; in: DStR 1986, 356

P a w l o w s k i , Enka: Der prima-facie-Beweis bei Schadensersatzan-
sprüchen aus Delikt und Vertrag, Göttingen 1966

P e s t a l o z z a , Christian: Der Untersuchungsgrundsatz; in:
Schmitt-Glaeser, Walter (Hrsg): Verwaltungsverfahren; Festschrift zum 50jährigen Bestehen des
Richard Boorberg Verlages (Stuttgart 1977) S.
185 ff; zitiert: Pestalozza in Boorberg-FS

P e s c h a u , Hans-Hermann: Die Beweislast im Verwaltungsrecht
- ZurVerteilung des Aufklärungsrisikos im Verwaltungsprozeß -; Berlin 1983

P e t e r s , Horst/Hommel, Hubertus: Sozialgesetzbuch X, Verwaltungsverfahren, Stuttgart-Berlin-Köln-Mainz, Stand Juli
1985; zitiert: ... Peters SGB-X

P e t e r s , Horst/Hommel, Hubertus: Sozialgesetzbuch, Allgemeiner-
Teil, Stuttgart-Berlin-Köln-Mainz, Stand 1.8.1986
zitiert: ... Peters SGB-X

P f e i f e r , Gerd (Hrsg): Karlsruher Kommentar zur Strafprozeßordnung und zum Gerichtsverfassungsgesetz, 2. Aufl.,
München 1987; zitiert: Karlsruher Kommentar

P f e i f e r , Michael: Der Untersuchungsgrundsatz und die Offizialmaxime im Verwaltungsverfahren, Basel u. Stuttgart
1980; zitiert: Pfeifer, Untersuchungsgrundsatz und
Offizialmaxime

P i c k e l , Harald: Das Verwaltungsverfahren - Kommentar zum Zehnten
Buch des Sozialgesetzbuches -, Wiesbaden, Stand
Februar 1988; zitiert: Pickel, SGB-X

P i e t z c k e r , Jost: Das Verwaltungsverfahren zwischen Verwaltungseffizienz und Rechtsschutzauftrag; in:
VVDStRL 41 (1983) S. 193

P l ü c k e b a u m , Konrad/Malitzki, Heinz: Umsatzsteuergesetz,
Köln-Berlin-Bonn-München, Stand April 1987

P r ü t t i n g , Hanns: Gegenwartsprobleme der Beweislast - Eine Untersuchung moderner Beweislasttheorien und ihrer Anwendung insbesondere im Arbeitsrecht -, München 1983

R e d e k e r , Konrad: Grundgesetzliche Rechte auf Verfahrensteilhabe in: NJW 1980, 1593

R e d e k e r , Konrad: Notwendigkeit und rechtliche Gestaltungsmöglichkeit von Parlamentsbeauftragten in Deutschland; in: NJW 1967, 1297

R e n k l , Günter: Der Anspruch auf rechtliches Gehör im Verwaltungsverfahren; Diss. München 1971zitiert: ... Der Anspruch auf rechtliches Gehör

R e u ß , Andreas: Grenzen steuerlicher Mitwirkungspflichten - dargestellt am Beispiel der erhöhten Mitwirkungspflicht bei Auslandsbeziehungen -; Diss. Hamburg 1979, zitiert: ... Grenzen steuerlicher Mitwirkungspflichten

R i t t e r , Wolfgang: Beweisrecht bei internationalen Verrechnungspreisen; in: FR 1985, 34

R o s e n b e r g , Leo: Die Beweislast, 5. Auflage, München 1965

R o s e n b e r g , Leo: Zivilprozeßrecht, 14. Auflage, München 1986; zitiert: Rosenberg/Schwab: Zivilprozeßrecht

R o x i n , Claus: Strafverfahrensrecht, 19. Aufl., München 1985

R u p p , Hans Heinrich: Zur neuen Verwaltungsgerichtsordnung: Gelöste und ungelöste Probleme, 2. Teil; in: AöR 85 (1960), 301

S c h e f o l d , Dian: Zweifel des erkennenden Gerichts - Beiträge zur richterlichen Grundsatzvorlage, zur Völkerrechtsverifikation und zur Altrechtsqualifikation durch das Bundesverfassungsgericht sowie zur Vorabentscheidung im Europarecht -; Berlin 1971

S c h e l l h o r n , Walter/Jirasek, Hans/Seipp, Paul: Das Bundessozialhilfegesetz; 12. Aufl., Neuwied und Darmstadt 1985

S c h e n k e , Wolf-Rüdiger: Mehr Rechtsschutz durch eine einheitliche Verwaltungsprozeßordnung?; in: DÖV 1982, 709

S c h i e c k e l , H. (Begr): Arbeitsförderungsgesetz (AFG); Percha und Kempfenhausen am Starnberger See, Stand Mai 1988

S c h m i d t - Aßmann, Eberhard: Der Anwendungsbereich des neuen Ver-
waltungsverfahrensrechts; in: Städte- und Gemein-
debund 1977, 9 ff.

S c h m i d t - Aßmann, Eberhard: Die Grundgedanken des Verwaltungsverfahrens und das neue Verwaltungsverfahrensrecht;
in: Jura 1979, 505

S c h m i d t - Aßmann, Eberhard: Verwaltungsverantwortung und Verwaltungsgerichtsbarkeit; in: VVDStRL 34 (1976), 221

S c h m i d t - Bleibtreu, Bruno/Klein, Franz: Kommentar zum Grundgesetz für die Bundesrepublik Deutschland, 6. Aufla-
ge, Neuwied-Darmstadt 1983; zitiert: Schmidt-
Bleibtreu/Klein, GG

S c h m i d t , Eike: Die Verhandlungsmaxime als Methodenproblem; in:
DuR 1984, 24 ff.

S c h m i d t , Ludwig (Hrsg): Einkommensteuergesetz, 7. Auflage, München 1988

S c h m i d t , Walter: Einführung in die Probleme des Verwaltungsrechts; München 1982

S c h m i t t - Glaeser, Walter (Hrsg): Verwaltungsverfahren. Festschrift zum 50jährigen Bestehen des Richard Boor-
berg Verlages, Stuttgart 1977; zitiert: Boorberg-
FS

S c h n a p p , Friedrich E.: Verhältnismäßigkeitsgrundsatz und Verwaltungsverfahrensrecht; in: Scupin-FS, S. 899
(siehe unter Achterberg)

S c h n a p p , Friedrich E.: Die Verhältnismäßigkeit des Grundrechts-
eingriffes; in: JuS 1983, 850

S c h n e i d e r , Heinz: Der Gesamtsozial-Versicherungsbeitrag -
Beitragspflicht-Beitragsverrechnung-Beitragszah-
lung -, 5. Auflage, St. Augustin 1985

S c h o l z , Rupert: Verwaltungsverantwortung und Verwaltungsgerichtsbarkeit; in: VVDStRL 34 (1976) S. 146 ff.

S c h r o e d e r - Printzen, Günther (Hrsg): Sozialgesetzbuch, Ver-
waltungsverfahren-SGB X, München 1981

S c h u m a c h e r , Wolfgang / Meyn, Egon: Bundes-Seuchengesetz;
3. Aufl.; Köln 1987

S c h u h m a n n , Helmut: Untersuchungsgrundsatz und Mitwirkungspflichten der Beteiligten; in: DStZ 1986, 583

S c h w a b , Karl-Heinz/Gottwald, Peter: Verfassung und Zivilprozeß; in: H a b s c h e i d , Walther (Hrsg): Effektiver Rechtsschutz und verfassungsmäßige Ordnung; Die Generalbücher zum VII. Internationalen Kongreß für Prozeßrecht, Würzburg 1983, Bielefeld 1983

S c h w a r z e , Jürgen: Administrative Leistungsfähigkeit als verwaltungsrechtliches Problem; in DÖV 1980, 581

S c h w a r z e , Jürgen: Der funktionale Zusammenhang von Verwaltungsverfahrensrecht und verwaltungsgerichtlichem Rechtsschutz, Berlin 1974; SzöR Bd. 232 zitiert: ... Funktionaler Zusammenhang

S e e h u s e n , A.W./Schwede, Thomas Claus: Flurbereinigungsgesetz; 4. Aufl.; Münster 1985

S e i b e l , Wolfgang: Die Nutzung verwaltungswissenschaftlicher Forschung für die Gesetzgebung - Chancen und Risiken weniger komplexer Rechtsetzungen -; München 1984

S e l l n e r , Dieter: Kontrolle immissionsschutzrechtlicher und atomrechtlicher Entscheidungen im Verwaltungsgerichtsprozeß; in: BauR 1980, 391

S i e g , Harald, Leifermann, Werner/Tettinger, Peter J.: Gewerbeordnung; 5. Aufl.; München 1988

S i e g e r t , Albrecht/Musielak, Hans-Joachim: Das Recht des Handwerkers; 2. Aufl.; München 1984

S k o u r i s , Wassilios: Die Rücknahme form- und verfahrensfehlerhafter Verwaltungsakte; in: NJW 1980, 1721

S p a n n e r , Hans: Grundsätzliches zum Verwaltungsverfahren; in: DÖV 1958, 651

S t e i n , Ekkehart: Staatsrecht, 10. Auflage, Tübingen 1986

S t e i n b e r g , Rudolf: Komplexe Verwaltungsverfahren zwischen Verwaltungseffizienz und Rechtsschutzauftrag; in: DÖV 1982, 619

S t e l k e n s , Paul: Verwaltungsgerichtsbarkeit - Gerichtsbarkeit ohne Verwaltung?; in: NVwZ 1982, 81

S t e l k e n s , Paul/Bonk, Heinz-Joachim/ Leonhardt, Klaus: Verwaltungsverfahrensgesetz; München 1983

S t e r n , Klaus: Das Staatsrecht der Bundesrepublik Deutschland, Band I, 2. Auflage, München 1984

S t e r z e l , Dieter: Grundrechtsschutz im Sozialhilfegesetz; in: KJ 1986, 117-139

S t ü r m e r , Rolf: Die Einwirkung der Verfassung auf das Zivilrecht und den Zivilprozeß; in: NJW 1979, 2334

T e t t i n g e r , Peter J.: Fairneß und Waffengleichheit - Rechtsstaatliche Direktiven für Prozeß und Verwaltungsverfahren -, München 1984

T h i e l , Jochen: Steuerliche Betriebsprüfung im Rechtsstaat - Tipkes Engagement für die Außenprüfung - Von der Untersuchung der Rechtsgrundlagen der Betriebsprüfung im Jahre 1968 zur Neukommentierung der §§ 193 ff. AO in Tipke/Kruse 1986; in: StuW 1986, 1

T i e t g e n , Walter: Beweislast und Beweiswürdigung im Zivil- und Verwaltungsprozeß; in: 46. D.J.T., Band I, Gutachten, Teil 2 B, München und Berlin 1966

T h i e m e , Werner: Entscheidungen in der öffentlichen Verwaltung, Köln, Berlin, Bonn, München: Heymann 1981

T i p k e , Klaus/Kruse, Heinrich Wilhelm: Abgabenordnung, Finanzgerichtsordnung, 10. Auflage, Köln 1980, Stand April 1988

U l e , Carl Hermann: Verwaltungsprozeßrecht, 9. Auflage, München 1987

U l e , Carl Hermann: Verwaltungsreform als Verfassungsvollzug; in: Festschrift zum 150jährigen Bestehen des Carl Heymanns Verlag "Recht im Wandel", Köln-Berlin-Bonn-München 1965; zitiert: Ule in Heymanns-FS; Hrsg: Ule, Carl Hermann/Schwab, Karl Heinz/Nipperdey, Hans Carl/Ulmer, Eugen/Seidl-Hohenveldern, Ignaz

U l e , Carl Hermann: Verwaltungsverfahren und Verwaltungsprozeß (- Zur Vereinheitlichung des Verwaltungsverfahrens- und Verwaltungsprozeßrechts -); in: Verwaltungsarchiv 62 (1971), 114

U l e , Carl Hermann/Laubinger, Hans-Werner: Verwaltungsverfahrensrecht, 3. Auflage, Köln-Berlin-Bonn-München 1986

U l e , Carl Hermann: Zur Bedeutung des Rechtsstaatsbegriffes in der Rechtsprechung des Bundesverwaltungsgerichts; in: DVBl 1963, 475

V e r b a n d Deutscher Rentenversicherungsträger (Hrsg): Kommentar zum Recht der gesetzlichen Rentenversicherung - Sozialgesetzbuch - Zehntes Buch - Verwaltungsverfahren, Schutz der Sozialdaten, Zusammenarbeit der Leistungsträger und ihre Beziehungen zu Dritten, Weinheim/Bergstraße, Stand Juli 1987; zitiert: RentenverS-Komm. SGB-X

V e r b a n d   Deutscher Rentenversicherungsträger (Hrsg): Kommentar zum Recht der gesetzlichen Rentenversicherung, Sozialgesetzbuch - Erstes Buch - Allgemeiner Teil - SGB I, Weinheim/Bergstraße, Stand 10.7.1987; zitiert: RentenverS-Komm SGB I

V o g e l ,   Klaus: Die Lehre vom Verwaltungsakt nach Erlaß der Verwaltungsverfahrensgesetze; in: BayVBl 1977, 617

W a g n e r ,   Frido: Der öffentliche Dienst im Staat der Gegenwart; in: VVDStRL 37 (1979), 215

W a h l ,   Rainer: Verwaltungsverfahren zwischen Verwaltungseffizienz und Rechtsschutzauftrag; in: VVDStRL 41 (1983), 151

W a s s e r m a n n ,   Rudolf (Hrsg): Reihe Alternativ Kommentare, Kommentar zur Zivilprozeßordnung, Neuwied-Darmstadt 1987

W a s s e r m a n n ,   Rudolf: Der soziale Zivilprozeß - Zur Theorie und Praxis des Zivilprozesses im sozialen Rechtsstaat - Neuwied-Darmstadt 1978

W e b e r - Grellet,   Heinrich: In dubio pro quo? - Zur Beweislast im Steuerrecht -; in: StuW 1981, 48

W e n g e r ,   Karl/Brünner, Christian/Oberndorfer, Peter (Hrsg): Grundriß der Verwaltungslehre, Wien-Köln 1983

W e n z i g ,   Herbert: Die Mitwirkungspflicht des Steuerpflichtigen und ihre Grenzen; in: DStZ 1986, 375

W e y r e u t h e r ,   Felix: Probleme der Rechtsprechung zum Enteignungsverfahren, in: DVBl 1972, 93

W e y r e u t h e r ,   Felix: Modifizierende Auflagen in: DVBl 1984, 365

W i n d h o f f - Héritier,   Adrienne: Politikimplementation - Ziel und Wirklichkeit politischer Entscheidungen -; Königstein/Ts, 1980

W i t t m a n n ,   Rolf: Mitwirkungspflicht und Aufklärungspflicht in der AO - Reduktion der Mitwirkungspflicht durch finanzbehördliches Verhalten?; in: Die Förderung politischer Parteien über Spendensammelvereine, 1986, 151; in: StuW 1987, 35

W o l f f ,   Hans J./Bachof, Otto: Verwaltungsrecht I; 9. Aufl.,München 1974

W o l f f ,   Hans J./Bachof, Otto: Verwaltungsrecht III, 4. Auflage, München 1978

W o l l m a n n , Hellmut (Hrsg): Politik ein Dickicht der Bürokratie-
Beiträge zur Implementationsforschung -; Opladen
1980

Z e h , Wolfgang: Wille und Wirkung der Gesetze - Verwaltungswissen-
schaftliche Untersuchung am Beispiel des Städte-
bauförderungsgesetzes, Bundesimmissionsschutzgesetz, Fluglärmgesetz und Bundesausbildungsförde-
rungsgesetz -; Heidelberg 1984

Z w e n g , Johann/ Scheerer, Reinhart/ Buschmann, Gerhard: Handbuch
der Rentenversicherung, Band 1, Stuttgart-Berlin-
Köln-Mainz, Stand Januar 1988

E i n l e i t u n g

Das Ziel eines Verwaltungsverfahrens bildet eine bestimmte Entscheidung der jeweils handelnden Behörde. Entscheiden bedeutet, die Auswahl unter mehreren Alternativen zu treffen[1], ausgerichtet auf ein Ziel, das für den Entscheider etwa durch Normen vorgegeben ist oder während des Entscheidungsprozesses gebildet wird[2]. Das wesentliche Fundament für eine Entscheidung, die eine Zielvorgabe optimal verwirklichen will, bilden die Informationen, die der Entscheider seinem Entschluß zugrunde legt[3]. Entscheiden ist Informationsverarbeitung[4]. Damit bildet das Informationsproblem eine wichtige Komponente des Entscheidungsproblemes[5]. Zur Erreichung optimaler oder doch befriedigender Entscheidungen wird ein bestimmter Informationsfundus unabdingbar. Wenn Informationen fehlen oder unrichtig sind, wächst die Wahrscheinlichkeit, daß auch die Qualität der Entscheidung selbst sinkt. Die Qualität der Entscheidung ist untrennbar mit der Menge und der Güte der Informationen verknüpft, auf die sie sich gründet[6].

Die vorliegende Untersuchung widmet sich dem Informationsprozeß im Verwaltungsverfahren. Zur Beschaffung von Informationen in einem solchen Verfahren stehen die das Verfahren durchführende Behörde und die Beteiligten - die Verfahrenssubjekte - zur Verfügung.

---

1) Thieme, Entscheidungen in der öffentlichen Verwaltung, S.7;
   Mag, Entscheidung und Information, S.3
2) Thieme a.a.O. S.42 f.
3) Mag a.a.O. S.4
4) Thieme a.a.O. S.132
5) vgl. Mag a.a.O. S.4; Thieme a.a.O. S.132
6) Thieme a.a.O. S.132

Der Bundesgesetzgeber hat in § 24 Abs. 1 Satz 1 VwVfG
formuliert:

"Die Behörde ermittelt den Sachverhalt von
Amts wegen."

Angeordnet wird die Amtsermittlung, der Untersuchungsgrundsatz. Mit Blickrichtung auf die Verfahrensbeteiligten heißt es in § 26 Abs. 2 Satz 1 und 2 VwVfG:

"Die Beteiligten sollen bei der Ermittlung des Sachverhaltes mitwirken. Sie sollen insbesondere ihnen
bekannte Tatsachen und Beweismittel angeben."

Eingebunden in den Prozeß der Informationsbeschaffung
werden so beide Verfahrenssubjekte. Diese kumulative
Aufgabenzuweisung führt zu der Notwendigkeit, die Funktionen und Pflichten beider im Zuge der Tatsachensammlung näher zu zeichnen. Dies deshalb, weil die Tatsa-
chenerforschung für beide Verfahrenssubjekte ein durchaus lästiger und/oder arbeits- und kostenintensiver Vorgang sein kann. Man denke nur an die Fülle von zu klärenden Sachverhaltsfragen im Vorfeld einer Genehmigung
von industrieellen Großprojekten oder die Darstellung
des Betriebsergebnisses am Schlusse eines Wirtschafts-
jahres zur Durchführung der Besteuerung.

Geht es um eine den Beteiligten belastende Entscheidung,
wird dieser kein besonderes Interesse daran haben, an
der Sachverhaltsklärung mehr als unumgänglich mitzuwir-
ken. Bildet eine begünstigende Entscheidung das Verfahrensziel, werden Behörden vielfach versucht sein, den
Standpunkt einzunehmen, es sei Sache des Beteiligten,
ihnen den entscheidungsrelevanten Sachverhalt vorzutra-
gen und gegebenenfalls sogar nachzuweisen.

Es ist aber nicht nur ein Interessengegensatz der vorstehend skizzierten Art, der zu unterschiedlichen Auffassungen von den Pflichten und Aufgaben des jeweils
Anderen im Ermittlungsverfahren führt. Der Verfahrensbeteiligte hat eine Perspektive gerichtet auf "seinen
Fall". Er wird von der Behörde erwarten - wegen der Geltung des Untersuchungsgrundsatzes -, in seinem Fall alle
"Hebel in Bewegung zu setzen" und ihre gesamten Ermittlungsmöglichkeiten auszuschöpfen, um die Wahrheit festzustellen und ihm "Recht zu tun". Behörden werden demgegenüber ihren gesamten Leistungsauftrag im Blick haben.
Sie werden bemüht sein, ihre Ermittlungen in jedem Einzelfall auf das notwendige Minimum zu reduzieren, um
auch für die übrigen Fälle ausreichende Kapazitäten zur
Verfügung zu haben. Willkommenes Mittel zur Beschränkung
von Eigenermittlungen ist ihnen der verstärkte und möglichst weitgehende Einsatz der Verfahrensbeteiligten.

Im Hinblick auf die eingangs genannten Vorschriften des
VwVfG entbehrt keiner der wechselseitigen Standpunkte
einer gewissen Berechtigung.

Dieser Problemaufriß führt zu einer ersten Eingrenzung
der Untersuchung. Sie bezweckt nicht, den Informationsprozeß im Verwaltungsverfahren vollständig und abschließend darzustellen, es geht um die Konkretisierung
der Rollen, die die Verfahrenssubjekte in diesem Informationsprozeß zu übernehmen und auszufüllen haben.

Die Aufgaben, die die öffentlichen Verwaltungen zu erfüllen haben, sind von einer kaum zu übersehenden Viel-
falt. Es geht um den Bau von Straßen, Brücken oder Kern-
kraftwerken, den Betrieb von Schulen und Universitäten,
die Anerkennung von Kriegsdienstverweigerern und die

- 4 -

Abnahme von Prüfungsleistungen, die Erhebung von Abgaben
und die Gewährung von Renten oder Wohngeld. Es ist kaum
zu erwarten, daß ein einheitlich-uniform ausgestalteter
Informationsprozeß allen diesen unterschiedlichen Aufgaben gerecht werden könnte. Dem tragen die jeweiligen
Verfahrens- und/oder Fachgesetze dadurch Rechnung, daß
sie jeweils besondere verfahrensadäquate Regelungen für
die Tatsachensammlung vorsehen[1]. Dieser Umstand legt
die weitere Eingrenzung der Untersuchung auf bestimmte
Verwaltungsbereiche nahe. Nur eine solche bereichsbezo-
gene Betrachtung ermöglicht konkrete Aussagen über die
bereichsspezifische Verteilung der Rollen der Verfahrenssubjekte bei der Sachverhaltsermittlung. Die Untersuchung behandelt zum einen den Bereich öffentlicher
Verwaltung, in dem die Abgabenordnung gilt, zum anderen
jenen, der unter der Verfahrensherrschaft des SGB-X
steht. Gewählt wurden so ein Bereich der Eingriffsverwaltung, der den Behörden besonders weitreichende Befugnisse verleiht, sowie die klassischen Felder der Leistungsverwaltung. So kann besonders deutlich hervortre-
ten, ob und wie sich die Aufgaben der Verfahrenssubjekte
bei der Sachverhaltsermittlung bereichsspezifisch verändern.

Das erste Kapitel der Untersuchung zeichnet zunächst den
Informationsprozeß von der Bestimmung des Ermittlungsgegenstandes bis hin zur Tatsachenfeststellung. Ein besonderes Gewicht wächst dabei dem Inhalt des Untersuchungsgrundsatzes zu, da dieser die Aufgaben der Verfahrenssubjekte bei der Informationssammlung entscheidend zu
bestimmen vermag. Die klassische Alternative zum Untersuchungsgrundsatz bildet die Verhandlungsmaxime.

---

1) vgl. dazu die Beispiele im III. Kapitel dieser Untersuchung

Verschiebt man die Aufklärung des Sachverhaltes auf die
Mitwirkung der Verfahrensbeteiligten hin, setzt man sich
der Frage aus, ob so nicht der Verhandlungsgrundsatz
eingeführt wird und ob dieses für das Verwaltungsverfahren unter der Perspektive der Verfassung möglich ist.
Dessen Begriffsinhalt bedarf deshalb ebenfalls einer
kurzen Darstellung.

Angesprochen wurde bislang die Bedeutung zutreffender
Sachverhaltsermittlung allein im Hinblick auf die zu
treffende, den Verfahrensabschluß bildende, Entscheidung. Verwaltungsverfahren hat neben der Erarbeitung
einer Entscheidung aber weitere Funktionen zu erfüllen,
für die die Sachverhaltskenntnis ebenfalls Bedeutung
hat, angesprochen sei etwa die Rechtsschutzfunktion des
Verfahrens. Darüber hinaus eröffnen die Verfahrensfunk-
tionen die Perspektive auf die Einstrahlung der Verfassung auf dieses Verfahren und damit auch auf die Methode, nach der dort Sachverhaltsermittlung betrieben wird.
Aus diesen Gründen unternimmt das erste Kapitel auch
eine Darstellung dieser Aufgaben.

Das II. Kapitel wendet sich alsdann der Frage zu, ob der
Untersuchungsgrundsatz als Ermittlungsform für das Ver-
waltungsverfahren bereits im Grundgesetz verankert ist.
Wenn und soweit dies der Fall ist, wäre es bereits dem
Gesetzgeber verwehrt, partiell den Verhandlungsgrundsatz
einzuführen, indem er ausschließlich den Beteiligten die
Sachverhaltsklärung aufbürdet.

Im III. Kapitel werden spezielle Regelungen des Informationsprozesses in den behandelten Verwaltungsbereichen
daraufhin überprüft, ob und wie sie eine Aufgabenverteilung zwischen den Verfahrenssubjekten vorsehen.

"Die Verpflichtung des Gerichtes zur Aufklärung des
Sachverhaltes endet dort, wo die Partei ihrer Pflicht
zur Mitwirkung am Rechtsstreit nicht nachkommt"[1]. Diesen Leitsatz enthält das Urteil des Bundesverwaltungsgerichtes vom 8. Juli 1959. Ob die Verletzung einer Mitwirkungspflicht so weitgehende oder überhaupt Folgen für
den Fortgang der Ermittlungstätigkeit von Behörden ausserhalb solches speziell vorsehender Vorschriften haben
kann, wird im IV. Kapitel untersucht.

---

1) BVerwG NJW 1959, 2134

I. Kapitel

Elemente und Einbettung des Informationsprozesses

Der Untersuchungsgrundsatz bezieht sich ausschließlich
auf die tatsächlichen Grundlagen der Entscheidung, legt
Rahmenbedingungen fest, unter denen sich die Ermittlung
des entscheidungserheblichen Sachverhaltes vollzieht[1].
Gleiches gilt für den Verhandlungsgrundsatz. Die Verfahrenseinleitung und die Bestimmung des Verfahrensgegenstandes unterliegen der Dispositions- oder der Offizialmaxime. Da die Bestimmung des Verfahrensgegenstandes den
entscheidungserheblichen Sachverhalt festlegt, gewinnt
sie so Einfluß auf den sich anschließenden oder bereits
ablaufenden Informationsprozeß. Eine Betrachtung des
Informationsprozesses, genauer der Tatsachensammlung,
setzt also voraus, den Vorgang der Verfahrenseinleitung
und der Bestimmung des Ermittlungsgegenstandes von dieser abzugrenzen.

1. Offizial- und Dispositionsmaxime

Das VwVfG (§ 22) kennt sowohl die Verfahrenseinleitung
von Amts wegen wie auch auf einen Antrag des Beteiligten
hin.

---

1) vgl. etwa: Clausen in Knack, VwVfG § 24 Rn 3; Ule, Verwaltungsverfahrensrecht S.164 f.; Pestalozza in Boorberg-FS, S.185,
   186; Grunsky, Grundlagen S.163; Kropshofer, Untersuchungsgrundsatz S.44

a) Der Verfahrensbeginn

Liegt die Entscheidung, ob und worüber ein Verwaltungsverfahren stattfindet, bei einem Beteiligten, so ist die
Verfahrenseinleitung von der Dispositionsmaxime getragen[1]. Ist der Behörde die Aufgabe zugewiesen, von sich
aus tätig zu werden und ohne Beteiligung der Betroffenen
den Verfahrensgegenstand festzulegen, so gilt die Offizialmaxime[2]. Die Geltung der Offizialmaxime gibt nun
noch keine Auskunft darüber, ob die Behörde zum Erlaß
eines Verwaltungsaktes oder zum Abschluß von Verträgen
lediglich berechtigt oder aber verpflichtet ist. Die
Antwort auf diese Frage richtet sich jeweils ausschließlich nach dem in der Sache jeweils anwendbaren materiellen Recht außerhalb des VwVfG[3]. Ist die Behörde hiernach zum Erlaß eines Verwaltungsaktes verpflichtet, muß
sie bei dem Bekanntwerden entsprechender Anhaltspunkte
auch ein auf diesen abzielendes Verwaltungsverfahren
einleiten[4]. Gewährt ihr das anzuwendende materielle
Recht ein Entschließungsermessen, so entscheidet sie
auch über die Verfahrenseinleitung nach ihrem pflichtgemäßen Ermessen.

Erst nachdem ein Verfahren, sei es auf Antrag des Betroffenen oder auf Betreiben der Behörde, eingeleitet
worden ist, findet die Tatsachensammlung in den Bahnen
des Untersuchungsgrundsatzes statt.

---

1) Grunsky, Grundlagen S.24
2) Grunsky a.a.O.
3) Kopp, VwVfG § 22 Rn.5
4) Kopp, VwVfG § 22 Rn.5; Stelkens/Bonk/Leonhardt, VwVfG § 22 Rn.7

Klar und unproblematisch scheint die Abgrenzung zu sein,
doch weist die Dispositionsmaxime auf der Tatsachenebene
Berührungspunkte mit dem Untersuchungsgrundsatz auf[1]:
Auch die Stellung eines wirksamen Antrages, als Form der
Disposition, erfordert ein Minimum an sachlicher Information. Soweit das Gesetz keine besonderen Anforderungen
für den Antragsinhalt vorsieht, sind die Mindeststandards einer wirksamen Antragstellung gering. Es reicht
aus, wenn der Antrag die Person des Antragstellers hinreichend deutlich bezeichnet und der Behörde erkennbar
macht, welches Ziel der Antragsteller anstrebt[2]. Sieht
das Gesetz nicht ausdrücklich Schriftform[3] für die
wirksame Antragstellung vor, so genügt es, wenn der Antrag mündlich oder auch durch schlüssiges Verhalten gestellt wird[4].

aa) Die Verwendung von Formblättern

Erhöhte Anforderungen an eine wirksame Antragstellung
finden sich in den Fällen, in denen das Gesetz die Verwendung von amtlichen Formularen vorsieht, so zum Beispiel in § 325 Abs. 4 LAG, § 46 Abs. 3 BAföG oder in
§ 42 Abs. 2 Satz 3 EStG. Jeder, der einmal einen Antrag
auf Lohnsteuerjahresausgleich oder eine Einkommensteuer-
erklärung[5] ausgefüllt hat, weiß, wie umfangreich und
ins Detail gehend derartige Formulare sein können. Sollten alle dort geforderten Angaben bereits für die Wirksamkeit der Antragstellung unverzichtbar sein, so wäre
die Tatsachenermittlung von Amts wegen stark zurückge-

1) Kropshofer, Untersuchungsgrundsatz S.45
2) Kopp, VwVfG § 22 Rn.18; Stelkens/Bonk/Leonhardt, VwVfG § 22
   Rn.12
3) etwa: § 64 VwVfG; § 46 I BAFöG; §§ 72 II, 81 I AFG
4) Meyer/Borgs, VwVfG § 22 Rn.7; Stelkens/Bonk/Leonhardt, VwVfG
   § 22 Rn.12; BVerwG MDR 63, 527
5) beide Formulare sind inhaltsgleich

drängt. So weitreichende Konsequenzen für den Tatsachenvortrag im Zuge der Antragstellung knüpfen sich an die
Verwendung von Formblättern jedoch nicht. Eine recht
großzügige Handhabung bei der Verwendung von Formblättern judiziert das Bundesverwaltungsgericht[1]. Es untersucht Vorschriften, die die Verwendung von Formblättern
zur Pflicht machen, daraufhin, ob es sich lediglich um
sogenannte "Ordnungsvorschriften" handelt, deren Verletzung die Wirksamkeit einer in anderer Form erfolgten
Antragstellung nicht infrage stellen[2]. Eine solche Ord-
nungsvorschrift sah das Bundesverwaltungsgericht in
§ 325 Abs. 4 LAG, wozu es ausführte[3]:

"Der Sinn der Gesetzesvorschriften über Formblätter für
Anträge kann nicht der sein, daß nur Anträge auf Formblättern rechtswirksam sein könnten, formlose schriftli-
che oder mündliche Anträge aber keinerlei Rechtswirkung
zu äußern vermöchten. Eine derartige Formstrenge würde
zu der sozialen Zielsetzung des Lastenausgleichsrechts,
das überwiegend mit alten, minderbemittelten und ge-
schäftsungewandten Personen zu tun hat, nicht passen.
Dem Zweck der Vorschrift, ..., wird vielmehr vollauf
genügt, wenn Antragsteller, die mündlich oder schriftlich ihr Begehren nach der Ausgleichsleistung bei der
zuständigen Stelle unmißverständlich zum Ausdruck gebracht haben, zwar gehalten sind, die zur Bearbeitung
erforderlichen Angaben auf dem amtlichen Formblatt zu
machen, die Einreichung des ausgefüllten Formblattes
aber für die nach dem Gesetz erforderliche Willensäuße-
rung - Begehren der Ausgleichsleistung - nicht wesens-
notwendig ist."

Das Bundesverwaltungsgericht vollzieht so zwei Schritte:
Es reduziert die Angaben, die für eine wirksame Antragstellung notwendig sind, auf das allgemein übliche Maß,
sie müssen nur so weit gehen, daß sie erkennen lassen,

der Antragsteller begehre Ausgleichsleistungen. Alsdann
befreit es den Antragsteller davon, diese Angaben in
einer bestimmten Form zu machen. Zur Pflicht wird die
Ausfüllung und Einreichung des amtlichen Vordruckes dem
Antragsteller erst im weiteren Verfahrenslauf. Das Bundesverwaltungsgericht schält so einen Sachvortrag aus
der Antragsphase heraus und transponiert ihn als Mitwirkungspflicht in den sich anschließenden, vom Untersuchungsgrundsatz beherrschten, Ermittlungsprozeß.

Nicht ganz so weit geht der Bundesfinanzhof. Er hält die
Verwendung von amtlichen Vordrucken oder aber von sol-
chen, die diesen entsprechen, für unverzichtbar[1]. Zur
Begründung führt er aus[2]:

"Die Ausfüllung von Antrags- oder Erklärungsvordrucken
soll das FA in die Lage versetzen, über einen Vergü-
tungs- oder Besteuerungstatbestand rasch und abschlies-
send zu entscheiden. Dazu bedarf es einer Beantwortung
aller Fragen, und zwar so, daß die Prüfung, was steuer-
pflichtig (vergütungsfähig) ist oder nicht, dem FA überlassen bleibt (...). Das mag im Einzelfall als übertrie-
ben formal empfunden werden, ist aber Voraussetzung für
ein effektives Besteuerungsverfahren. Soll die Finanzverwaltung funktionieren, muß sie von allen Tatsachen
Kenntnis erlangen, die aus ihrer Sicht entscheidungserheblich sind. Was sie im Regelfall als entscheidungserheblich ansieht, ergibt sich aus den amtlichen Vordrucken, wobei für sie außer den positiven Angaben auch ver-
neinende Antworten von Wert sein können."

Der Bundesfinanzhof scheint recht weitgehende inhaltli-
che Anforderungen an einen wirksamen Antrag zu stellen.
Wenn er zwar die Verwendung amtlicher Vordrucke für unabdingbar hält, so ergibt sich hieraus allerdings noch

1) BFH BStBl. II 1972, 725,726; vgl. auch: Drenseck in: Schmidt
   EStG § 42 Anm. 2
2) BFH a.a.O.

nicht, wie weit die amtlichen Formblätter auch ausgefüllt sein müssen, damit sie zu einem wirksamen Antrag
führen. Nach der Auffassung des Bundesfinanzhofes gehören zu den essentialia eines Antrages auf einen Lohnsteuerjahresausgleich gemäß § 42 EStG die Personalien,
die Bezifferung des Bruttojahresarbeitslohnes, die Angabe der einbehaltenen Lohnsteuer[1] sowie die eigenhändige
Unterschrift[2]. Fehlt eine dieser Sachverhaltsangaben,
so liegt der Behörde kein wirksamer Antrag vor, und eine
- weitere - Tatsachenermittlung findet nicht statt.
Stellt man die Positionen des Bundesverwaltungsgerichtes
und die des Bundesfinanzhofes einander gegenüber, so
wird offenbar, wie schwierig im Einzelfall die Feststellung sein kann, ob eine Tatsachenbenennung noch zur Phase der Antragstellung oder schon in den Prozeß der sich
daran anschließenden Tatsachenermittlung gehört.

bb) Gesetzliche Anforderungen an den Antragsinhalt

Ein gesteigertes Maß an Sachverhaltsangaben setzt eine
wirksame Antragstellung ferner in den Fällen voraus, in
denen das Gesetz selbst ausdrücklich bestimmte Anforderungen stellt. In einem Antrag auf eine Investitionszulage müssen gemäß § 5 Abs. 3 Satz 4 InvZulG die Wirt-
schaftsgüter, Ausbauten und Erweiterungen, für die eine
Investitionszulage beansprucht wird, so genau bezeichnet
werden, daß ihre Feststellung bei einer Nachprüfung möglich ist. Hier muß der Antragsteller also weit mehr tun,
als nur seine Personalien angeben und deutlich machen,
er begehre eine Investitionszulage.

---

1) BFH BStBl. II 1974, 590,591; vgl. auch: Drenseck in: Schmidt,
EStG § 42 Anm. 2; Grube in: Littmann, EStG §§ 42-42c Rn.26;
a.A.: FG Berlin EFG 1974, 442; zweifelnd: FG Rhl.-Pf. EFG 1984,
310,311
2) BFH BStBL. II 1984, 13,14; BStBl. II 1984, 436 ff.; in § 42
Abs. 2 S. 4 EStG ausdrücklich angeordnet

cc) <u>Beginn der Amtsermittlung</u>

Soweit eine wirksame Antragstellung selbst bestimmte
tatsächliche Angaben einschließt, beschränkt sich die
Amtsermittlung auf die Überprüfung der Richtigkeit dieser Angaben, vermag diese aber nicht zu ersetzen; denn
die Tatsachenermittlung in Ausrichtung auf eine konkrete
Entscheidung hin betreibt die Behörde erst, wenn ein
Verwaltungsverfahren eingeleitet worden ist. Herrscht
die Dispositionsmaxime und ist kein wirksamer Antrag
gestellt, so findet kein Verfahren und somit auch keine
vom Untersuchungsgrundsatz getragene Sachverhaltsermittlung statt. Wenn ein Bürger einen Antrag stellt und ihn
mit nur ungenügenden tatsächlichen Angaben versieht, so
ist die Behörde jedoch aus ihrer Auskunfts- und Bera-
tungspflicht[1] gehalten, darauf hinzuwirken, daß er den
Antrag ergänzt[2]. Ist dies geschehen, der Antrag wirksam
gestellt und das Verfahren eingeleitet, so setzt die
Amtsermittlungspflicht ein, und die Behörde hat für die
Erschließung des übrigen entscheidungserheblichen Informationsmaterials Sorge zu tragen[3].

b) <u>Die Dispositionsmaxime im weiteren Verfahrensverlauf</u>

Die Dispositionsmaxime wäre unvollständig gekennzeichnet, wollte man ihren Wirkungsbereich auf die Phase der
Verfahrenseinleitung beschränken. Der Antragsteller kann
seinen Antrag auch nach Einleitung des Verwaltungsverfahrens ändern oder zurücknehmen[4], so weiter über den

---

1) vgl. § 25 VwVfG
2) Clausen in: Knack VwVfG § 22 Rn. 4.5; Stelkens/Bonk/<u>Leonhardt</u>
   VwVfG § 22 Rn.12
3) Stelkens/Bonk/<u>Leonhardt</u>, VwVfG § 22 Rn. 12; Wolff, Verwaltungsrecht III § 156 IV b.2 (S.284)
4) Clausen in: Knack VwVfG § 22 Rn. 4.8; Stelkens/Bonk/<u>Leonhardt</u>
   § 22 Rn. 15a; Kopp VwVfG § 22 Rn.33 ff.

- 14 -

Verfahrensgegenstand disponieren und die Richtung der
Sachverhaltsermittlung beeinflussen.

Anzutreffen ist die Dispositionsmaxime darüber hinaus
selbst in Verfahren, deren Einleitung von Amts wegen
geschieht, wie in dem Veranlagungsverfahren zur Einkom-
mensteuer. Das Einkommensteuergesetz enthält zahlreiche
sogenannte unselbständige Antragstatbestände[1]. Sie
betreffen nur einen oder mehrere Punkte des Verfahrensgegenstandes und werden nicht selbständig, sondern innerhalb der Gesamtentscheidung über den Verfahrensgegenstand mitbeschieden[2]. Solche unselbständigen Anträge
finden sich in erster Linie innerhalb einer Steuererklärung. Sie werden durch den Einkommensteuerbescheid mit-
entschieden. Zu nennen sind etwa die Anträge auf Begünstigung des nicht entnommenen Gewinns (§ 10a Abs. 1
EStG), auf Berücksichtigung außergewöhnlicher Belastungen (§§ 33 Abs. 1, 33a Abs. 1 EStG), auf ermäßigte Besteuerung außerordentlicher Einkünfte (§§ 34 Abs. 1, 34b
Abs. 1 EStG) und auf Steuerermäßigung bei Belastung mit
Erbschaftsteuern (§ 35 EStG)[3]. Wenn ein Steuerpflichtiger nicht gemäß § 33 Abs. 1 EStG den Antrag stellt, im
Zuge der Besteuerung seines Einkommens ihm entstandene
außergewöhnliche Belastungen zu berücksichtigen, so
richtet sich die Tatsachenfeststellung der Behörde auch
nicht auf derartige außergewöhnliche Belastungen. Der
Steuerpflichtige kann so in diesem von Amts wegen einzu-
leitenden Verfahren über einzelne Punkte des Verfahrensgegenstandes disponieren und den Umfang der Ermittlungen
beeinflussen.

---

1) Söhn in: H/H/Sp AO und FGO § 86 AO Rn. 10
2) Söhn a.a.O.
3) Söhn a.a.O.

c) Wirkungsweise der Dispositionsmaxime

Die vorstehenden Ausführungen haben gezeigt, daß die
Dispositionsmaxime verschiedentlich auf den Untersuchungsgrundsatz einwirkt. Dort, wo die Verfahrenseinleitung und die Bestimmung des Verfahrensgegenstandes, das
"Ob und Worüber" des Verfahrens, dem Bürger obliegen,
hängt es von dessen Entscheidung ab, ob und in welchem
Umfange der Untersuchungsgrundsatz in Funktion gesetzt
wird. Erfordert die Antragstellung bestimmte Sachverhaltsangaben, richtet sich die Amtsermittlung nicht auf
deren originäre Gewinnung, sondern nur auf die Überprüfung der Richtigkeit dieser Angaben. Auch in Verfahren,
die von Amts wegen eingeleitet werden, können sogenannte
unselbständige Antragstatbestände die Reichweite behördlicher Ermittlungstätigkeit beschränken. Wenn der Bürger
seine Disposition in Form eines selbständigen oder unselbständigen Antrages getroffen und die hierzu gegebenenfalls erforderlichen Sachverhaltsangaben geliefert
hat, vollzieht sich die weitere Informationssammlung in
den Bahnen des Untersuchungsgrundsatzes.

2. Die Bestimmung des Ermittlungsgegenstandes

Den Begriff des "Verfahrensgegenstandes" verwendet das
VwVfG selbst nicht[1], und doch hat jedes Verwaltungsverfahren wie jedes Gerichtsverfahren auch einen Verfahrensgegenstand[2]. Der Verfahrensgegenstand des Verwal-

---

1) Kopp, VwVfG Vorbem § 9 Rn.5, welcher diesen Umstand u.a. damit
   erklärt, daß das VwVfG nicht nur auf Verwaltungsverfahren
   i.S.v. § 9 Anwendung findet
2) Weyreuther in DVBl 1984, 365,366; Kopp, VwVfG Vorbem § 9 Rn.5;
   vgl. auch Obermayer Boorberg-FS, S.128; a.A. Finkelnburg/Läs-
   sig, VwVfG § 10 Rn.8

tungsverfahrens entspricht dem Streitgegenstand des Pro-
zeßrechts[1].

Geschieht die Einleitung des Verfahrens auf einen Antrag
des Beteiligten hin, so legt dieser mit der beantragten
Entscheidung das Ziel des Verfahrens fest[2]. Wird das
Verfahren von Amts wegen eingeleitet, bestimmt die Behörde das Verfahrensziel[3]. Diese recht allgemeine Feststellung gibt für die Verfahrenseinleitung von Amts wegen nun noch keine Auskunft darüber, wann, warum und mit
welchem Ziel Behörden ein Verwaltungsverfahren in Gang
setzen. Finanzbehörden etwa benötigen für die Verfahrenseinleitung einen begründeten Anlaß[4]. Hierfür genügen abstrakte Anhaltspunkte, nach denen unter Berücksichtigung der allgemeinen Erfahrungen der Finanzbehörde
die Vermutung begründet ist, daß ein steuergesetzlicher
Tatbestand erfüllt worden ist[5]. Wenn die Finanzbehörde
beispielsweise erfährt, daß jemand sich als Arzt oder
Anwalt niedergelassen hat, so wird sie ein Besteuerungsverfahren einleiten, an dessen Ende die Entscheidung
stehen soll, ob und in welchem Umfange der Betreffende
Einkünfte aus selbständiger Arbeit im Sinne des § 18
EStG erzielt. Eine Art "Anfangsvermutung" zeichnet so am
Beginn des Verfahrens den Gegenstand der Ermittlungen.

Die jeweils als Ziel des Verfahrens vorgegebene Entscheidung kann nur dann rechtmäßig getroffen werden,

---

1) Kopp a.a.O.; vgl. auch Obermayer Boorberg-FS, S. 111,128
2) Kopp, VwVfG Vorbem § 9 Rn.4, § 22 Rn.10; Stelkens/Bonk/Leon-
   hardt, VwVfG § 22 Rn.15a; Söhn in: H/H/Sp, AO u. FGO, § 86 AO
   Rn.6
3) vgl. Kopp, VwVfG Vorbem § 9 Rn.4
4) Söhn in: H/H/Sp, AO u. FGO, § 86 AO Rn.14
5) Tipke/Kruse, AO u. FGO, § 86 AO Rn.2; Söhn in: H/H/Sp, AO u.
   FGO, § 88 AO Rn.13 ff.

wenn die Voraussetzungen erfüllt sind, die die im Einzelfall anzuwendenden Fachgesetze in ihren Tatbeständen
enthalten. Ist das Ziel des Verfahrens - mehr oder min-
der[1] - festgelegt, so muß deshalb notwendigerweise in
der zweiten Stufe zur Entscheidung das maßgebliche
Rechtssatzprogramm zusammengestellt werden. Hierzu gehören in dem gegebenen Beispiel von Arzt und Anwalt die
Vorschriften über Werbungskosten, Sonderausgaben und
außergewöhnliche Belastungen und vieles mehr[2]. Ist als
weiteres Beispiel Wohngeld beantragt worden, so rechnen
zu dem erforderlichen Rechtssatzprogramm etwa die Vorschriften über die Einkommensermittlung (§§ 9 ff. WoGG),
die Antragsberechtigung (§ 3 WoGG) oder die allgemeinen
Ablehnungsgründe (§ 18 WoGG).

Die Tatbestandsmerkmale all dieser Vorschriften geben
dann das Gerüst für den erforderlichen Ermittlungsrahmen[3]. In diesen Ermittlungsrahmen gehört eine Tatsache
dann, wenn die jeweilige Entscheidung bei ihrer Berücksichtigung anders ausfallen würde, als dies bei ihrer
Nichtbeachtung der Fall wäre, sie entscheidungsrelevant
ist[4]. All diese entscheidungsrelevanten Tatsachen bilden das in dem Verfahren zu absolvierende Ermittlungsprogramm.

Es ist jedoch keineswegs so, daß die nach diesem am Beginn des Verfahrens ins Auge gefaßten Verfahrensziel
zusammengestellten Rechtssätze das Ermittlungsprogramm
bereits abschließend determinieren. Beantragt etwa ein

---

1) zu dieser Einschränkung sogleich im Text
2) siehe dazu § 2 Abs. 2 ff. EStG
3) Clausen in: Knack, VwVfG § 24 Rn.3.1; Pestalozza in: Boorberg-
   FS, S.185,189; Peters, SGB-X § 20 Anm. 2b 1
4) Söhn in: H/H/Sp, AO u. FGO, § 88 AO Rn.13

Hilfesuchender Pflegegeld und ergeben sich im Verfahren Anhaltspunkte für andere Hilfearten nach dem BSHG, so muß die Behörde auch deren Voraussetzungen prüfen[1]. Ähnlich im Besteuerungsverfahren: Erfährt die Behörde im Verfahren gegen Arzt oder Anwalt, daß dieser auch eine Eigentumswohnung vermietet, so hat sie ihre Ermittlungen auf die Einkünfte aus Vermietung und Verpachtung auszudehnen. Das Ermittlungsprogramm ist mithin im Laufe des Verfahrens zu ergänzen durch die Tatbestandsmerkmale der Rechtssätze, für deren Anwendung sich im Verfahren ein begründeter Anlaß ergibt.

Das in einem Verfahren zu absolvierende Ermittlungsprogramm bildet mithin eine Art "Checkliste" mit einer Fülle von Einzelpunkten. Die Summe dieser Einzelpunkte bildet "den Sachverhalt", den die Behörde gemäß § 24 Abs. 1 VwVfG von Amts wegen zu ermitteln hat. Würde diese "Checkliste" jeweils erst am Beginn eines jeden Verfahrens entwickelt werden, so wäre ein effektiver und gleichmäßiger Verwaltungsvollzug nahezu unmöglich. Eine sinnvolle Abhilfe können hier etwa Formulare bieten, die das jeweils zu bewältigende Ermittlungsprogramm im Hinblick auf die zu treffende Entscheidung bereits standardisiert vorbereitet haben.

3. Methoden der Informationsbeschaffung

Der Untersuchungsgrundsatz und die Verhandlungsmaxime sind die klassischen Modelle, Informationsbeschaffung und -sammlung zu organisieren. Ihre Inhalte sind zunächst zu konkretisieren, denn bereits die Begriffs-

---

1) BVerwG DVBl 1966, 386; Clausen in: Knack, VwVfG § 24 Rn 3.1; vgl. auch: Dechsling in: DÖV 1985, 714,717 f.

strukturen können Aufschluß über oder Anhaltspunkte für die Rollen der Verfahrenssubjekte bei der Tatsachenermittlung ergeben.

a) Der Untersuchungsgrundsatz

Gleichlautend[1]) formulieren die §§ 24 Abs. 1 VwVfG, 88 Abs. 1 AO und 20 Abs. 1 SGB-X zum Untersuchungsgrundsatz:

"Die Behörde ermittelt den Sachverhalt von Amts wegen. Sie bestimmt Art und Umfang der Ermittlungen; an das Vorbringen und an die Beweisanträge der Beteiligten ist sie nicht gebunden."

§ 88 Abs. 1 Satz 3 AO fügt dem hinzu:

"Der Umfang dieser Pflichten richtet sich nach den Umständen des Einzelfalles."

Dieser Nachsatz bildet bereits den Übergang zur einer möglichen Begrenzung der Amtsermittlungspflicht und mag deshalb an dieser Stelle, da es um die Grundstrukturen des Begriffes geht, einstweilen dahinstehen.

aa) Untersuchungsgrundsatz als konkrete Ermittlungsvorgabe?

Den vorstehend genannten Programm- oder Kernsätzen des Untersuchungsgrundsatzes ist nun noch recht wenig darüber zu entnehmen, wie die Behörde das ihr unbekannte Tatsachenmaterial erschließen soll[2]). Versehen ledig-

---

1) In § 88 Abs. 1 S.1 AO wird der Begriff "Behörde" lediglich durch "Finanzbehörde" ersetzt
2) vgl. Martens, Verwaltungsverfahren, S.82 Rn.122; Pestalozza in Boorberg-FS, S.185,190

lich mit diesen Formulierungen vermögen weder die Behörde noch die Verfahrensbeteiligten sich ein Bild darüber zu machen, wie der bevorstehende Informationsprozeß ablaufen wird. Ist es an der Behörde, durch Fragen an die Beteiligten das Informationsfundament der zu erarbeitenden Entscheidung zu gründen oder sollen diese zunächst aus eigener Initiative vortragen und die Behörde verfahrensleitend den Rahmen des Vortrages vorgeben und eingrenzen, um alsdann, ohne an diesen Vortrag gebunden zu sein, weitere Ermittlungen oder Beweiserhebungen durchzuführen? Zur Klärung dieser Fragen tragen auch die Absätze 2 der §§ 24 VwVfG, 88 AO, 20 SGB-X nichts bei, wo angeordnet ist:

> "Die Behörde hat alle für den Einzelfall bedeutsamen, auch die für die Beteiligten günstigen Umstände zu berücksichtigen."

Berücksichtigt werden können aber nur solche Informationen, die sich der Behörde zuvor erschlossen haben. Die "Kernmarkierungen" des Untersuchungsgrundsatzes geben also noch keinen verbindlichen Arbeitsplan, nach dem die für die Entscheidung relevanten Sachverhaltsquellen erschlossen werden. Hierzu bedarf es der Konkretisierung mittels weiterer Vorschriften, wie sie in den Verfahrensordnungen[1] und in den einzelnen Fachgesetzen[2] zahlreich enthalten sind. Bei der Fülle vorgegebener Verwaltungszwecke ist es kaum denkbar, daß eine zentrale Norm abschließend oder auch nur einführend den Arbeitsplan vorgibt, nach dem die Behörde den jeweiligen Tatsachenkomplex zu durchleuchten hat. Wenn die Besteue-

---

1) vgl. etwa: §§ 93, 97 AO
2) vgl. etwa: §§ 9a, 10c EStG, 6 Abs. 4 UStG, 16 ff. AußensteuerG, 23 ff. WoGG

rungsgrundlagen eines Gewerbebetriebes im Wege einer
Außenprüfung[1] ermittelt werden sollen, so ist hierbei
ein völlig anderes Prozedere anzutreffen, wie wenn es um
die Richtigkeit und Vollständigkeit der Angaben in einem
Antrag auf Gewährung von Wohngeld[2] geht. Bei der Aus-
senprüfung begeben sich Mitarbeiter der Behörde in die
räumliche Sphäre des Steuerpflichtigen, sehen - auch
gegen den Willen des Betroffenen - Belege und Bücher
durch, befragen Mitarbeiter und Kunden, tragen so die
Sachverhaltsermittlung aktiv. Infolge einer Wohngeldbe-
antragung hingegen beschränkt sich die Ermittlungstätigkeit in der Regel auf die Kenntnisnahme und Überprüfung
von Erklärungen und Unterlagen, die der Antragsteller -
wenn auch gegebenenfalls nach Aufforderung - zur Verfügung gestellt hat. Trotz ihrer nahezu gegensätzlichen
Erscheinungsformen stehen beide Ermittlungsverfahren
unter der Herrschaft des Untersuchungsgrundsatzes. Inhalt dieses Untersuchungsgrundsatzes kann deshalb nicht
ein konkretes Verfahren zur Erschließung von Sachverhaltsquellen sein. Der Untersuchungsgrundsatz bildet
vielmehr einen Oberbegriff, unter dem sich bestimmte
Leitlinien der Amtsermittlung versammeln. Deutlich wird
dies bei der Betrachtung von Versuchen, den Untersuchungsgrundsatz einer Definition zu unterziehen.

bb) Ansätze zur Begriffsbestimmung

Daß es sich bei der Suche nach dem Begriffsinhalt[3] um
ein durchaus schwieriges Unterfangen handelt, sei exem-
plarisch an einem Versuch demonstriert, der letztlich

---

1) §§ 193 ff. AO
2) §§ 23 ff. WoGG
3) Martens, Verwaltungsverfahren S. 121, spricht von einem
   "Begriffskoloß"

erfolglos geblieben ist. In jüngerer Zeit ist Marx[1] zu
einer Begriffsbestimmung aufgebrochen. Nachdem er den
Anwendungsbereich des Untersuchungsgrundsatzes in den
Prozeßordnungen dargestellt[2] und einige Definitionsver-
suche vorgestellt[3] hat, hält er als Zwischenergebnis[4]
fest, "daß weitgehend Einigkeit darüber besteht, daß
sich in dem Begriff "Untersuchungsgrundsatz" einzig das
Problem der Bestimmung und Reichweite gerichtlicher
Sachverhaltsaufklärung verbirgt." Wegen der Abgrenzung
des Untersuchungsgrundsatzes zur Dispositionsmaxime[5]
und der inhaltlichen Verschiedenheit beider Begriffe ist
diese Feststellung zutreffend und geboten, zur inhaltlichen Klärung des einen wie des anderen Begriffes reicht
sie freilich nicht aus. Marx beginnt alsdann die Abgrenzung der Untersuchungsmaxime zur Verhandlungs-, Disposi-
tions- und Offizialmaxime[6], untersucht Berührungspunkte
zu anderen Rechtsinstituten[7], gibt pragmatischen Erwägungen[8] Raum und geht dann zur "rechtlichen Gebotenheit
der Untersuchungsmaxime" über, ohne das erklärte Ziel[9]
einer Begriffsbestimmung erreicht zu haben.

Ein ganz ähnliches Bild bietet der Blick in die gängigen
Kommentierungen zum VwVfG. Dort findet sich keine ein-
heitliche und abschließende Ausformung des Begriffes.
Clausen[10] verzichtet völlig auf den Ansatz einer Be-

---

1) Marx, Notwendigkeit und Tragweite S.5 ff.; auch Kropshofer, Untersuchungsgrundsatz, S. 44 ff., unternimmt eine Begriffsbestimmung, die nicht zu Ende geführt wird
2) a.a.O. S. 5 ff.
3) a.a.O. S. 15 ff.
4) a.a.O. S. 19
5) vgl. dazu vorstehend S. 7 ff.
6) a.a.O. S. 21
7) a.a.O. S. 26
8) a.a.O. S. 34
9) a.a.O. S. 5
10) in: Knack, VwVfG § 24 Rn 3

griffsbestimmung. Er weist lediglich darauf hin, der Untersuchungsgrundsatz enthalte als grundlegendes Merkmal, daß die Behörde und nicht die Beteiligten den Sachverhalt ermittelt. Dies bedeute nicht, daß nicht auch Verfahrensbeteiligte der Behörde Beweismittel und -ergebnisse an die Hand geben könnten. Bei Zweifeln bleibe die Behörde jedoch zu einer eigenen Prüfung verpflichtet[1]. Der Inhalt des Untersuchungsgrundsatzes wird so kaum beschrieben oder gar definiert. Hierin findet sich lediglich eine Einleitung zu den dann folgenden Kommentierungen der zahlreichen Facetten des Untersuchungsgrundsatzes.

Dem Charakter einer solchen Einleitung stehen auch die übrigen Begriffsbeschreibungen näher als einer Definition, wenngleich sie bereits präziser werden. Stelkens[2] stellt als prägendes Merkmal des Untersuchungsgrundsatzes in den Vordergrund, daß die Behörde den Sachverhalt zu erforschen habe, ohne an den Vortrag und das Beweisangebot der Beteiligten gebunden zu sein. So solle verhindert werden, daß es zu einer nur den Beteiligten günstigen Sachverhaltsfeststellung kommen könne. Kopp[3] und Obermayer[4] sehen den Kern des Untersuchungsgrundsatzes darin, daß die Behörde die volle Verantwortung für die Richtigkeit des von ihr ermittelten Sachverhalts trage. Entscheidungserhebliche Tatsachen habe sie auch dann festzustellen und zu berücksichtigen, wenn sie nicht von den Beteiligten vorgebracht worden seien[5]. Denn nur die

---

1) Clausen a.a.O. Rn 3
2) in: Stelkens/Bonk/Leonhardt, VwVfG § 24 Rn 2
3) VwVfG § 24 Anm. 2
4) VwVfG § 24 Rn 8; so auch: Berg in: Die Verwaltung 1976, 161, 162; Kropshofer, Untersuchungsgrundsatz S.69
5) Obermayer a.a.O.

Feststellung des wirklichen Sachverhalts biete die Gewähr dafür, daß die Verwaltungsentscheidung frei von der
Willkür der Parteien zustande komme[1]. Borgs[2] verbindet
beide Elemente miteinander. Untersuchungsgrundsatz bedeute, daß die Behörde verpflichtet sei, den wahren
Sachverhalt ohne Bindung an den Vortrag der Beteiligten
zu erforschen. Die Behörde und nicht die Verfahrensbeteiligten trügen die Verantwortung für die Richtigkeit
des ermittelten Sachverhalts[3].

Wenn die Behörde den Sachverhalt von Amts wegen ohne
Bindung an den Vortrag der Beteiligten ermittelt, so ist
evident, daß sie auch die Verantwortung für diese Tätigkeit tragen muß, denn den Beteiligten kann diese mangels
einer gleichwertigen Verfahrensherrschaft schlechter-
dings nicht übertragen werden. Die Zuweisung einer Verantwortung trägt nun nicht viel zur Begriffsklärung bei,
wenn nicht der Inhalt der übertragenen Verantwortung
präzisiert wird. Ersetzt man lediglich die Formulierung
"die Behörde ermittelt den Sachverhalt von Amts wegen"
durch den Satz "die Behörde trägt die Verantwortung für
die Ermittlung des Sachverhalts", so ist außer einem
Wortspiel noch nicht viel gewonnen.

cc) Ableitung und Bestimmung der Begriffsmerkmale

Da von dem legislativen Ist-Zustand in den betrachteten
Verfahrensordnungen auszugehen ist, muß die Bestimmung
der Begriffsmerkmale von den normierten Vorgaben aus
erfolgen.

-----

1) Kopp a.a.O.
2) in: Meyer/Borgs VwVfG § 24 Rn 1
3) Borgs a.a.O.

(1) <u>Initiativrecht und Initiativpflicht</u>

Die erste und wichtigste Ausprägung dieser Verwaltungsverantwortung ist ein Initiativrecht und eine Initiativpflicht der Behörde zur Sachverhaltsermittlung[1]. Sobald ein Verwaltungsverfahren eingeleitet ist, sei es
von Amts wegen oder auf Antrag des Betroffenen, hat sie
aus eigener Initiative die notwendigen Schritte zu er-
greifen, um das entscheidungserhebliche Material zusammenzutragen. Einer dieser Schritte kann es auch sein,
die Verfahrensbeteiligten im Rahmen auferlegter Mitwirkungspflichten als Informationsquelle zu aktivieren.

(2) <u>Nichtbindung an den Vortrag der Beteiligten</u>

Die zweite wesentliche Komponente des Untersuchungsgrundsatzes bildet die umfassende Sachverhaltsermittlung
ohne Bindung an den Vortrag und die Beweisanträge der
Verfahrensbeteiligten. Diese Feststellung überrascht
zunächst, wenn man sich einen der strukturellen Unterschiede in der Sachverhaltsermittlung von Gerichten und
Behörden vergegenwärtigt.

(a) <u>Mangel und Ausgleich der Kontradiktion</u>

Der Behörde steht regelmäßig nur ein Verfahrensbeteilig-
ter gegenüber, weshalb sich eine kontradiktorische Situation im Regelfalle nicht ergeben wird[2]. Hierin fin-

---

1) Haverkämper, Verfassungsrechtliche Grundlagen, S.67; Pestalozza
   in Boorberg-FS, S.185, 168; Becker, Allgemeines Verwaltungsverfahren S. 43
2) Anders etwa in Dreiecksverhältnissen des Baurechtes bei Einwen-
   dungen des Nachbarn. Hier findet sich eine Annäherung an die
   kontradiktorische Situation des Zivilprozesses. Eine unterschiedliche Interessenlage der Beteiligten und auch der entscheidenden Behörde folgt jedoch aus dem Umstand, daß stets
   eine Maßnahme der entscheidenden Behörde den Streitgegenstand
   bildet. Solche Konstellationen mögen als Ausnahme vernachläs-
   sigt bleiben.

det sich ein deutlicher Strukturunterschied der Amtsermittlung im Verwaltungsverfahren zu der im Verwaltungsprozeß; denn als wichtiges Aufklärungsmittel fehlt dem
Verwaltungsverfahren der von den streitenden Parteien
getragene kontroverse Tatsachenvortrag[1]. Unbekannt ist
eine solche Situation jedoch auch anderen Verfahrensordnungen nicht. Wenn die Staatsanwaltschaft gemäß § 160
StPO den Sachverhalt zusammenträgt, muß auch sie in der
Regel auf kontroversen Sachvortrag verzichten. In einer
ähnlichen Lage befinden sich de jure selbst die Strafge-
richte, denn die Staatsanwaltschaft ist aus § 160 Abs. 2
StPO zur Neutralität und Objektivität verpflichtet und
nicht Partei des Strafprozesses[2].

Da Verwaltungsbehörden in aller Regel nach ihren fachli-
chen Aufgaben gegliedert sind, verfügen sie in eben diesem Bereich über ein erhebliches permanentes Informationsfundament, sind "insider"[3]. Finanzbehörden etwa
kennen die bei ihnen geführten Steuerpflichtigen über
einen Zeitraum von mehreren Jahren oder gar Jahrzehnten
und sind so über die "steuerlich relevante Grundsitua-
tion" des einzelnen Steuerpflichtigen gut im Bilde. Hat
ein Steuerpflichtiger über einige Jahre hinweg Einkünfte
aus Kapitalvermögen erklärt und bei der neuerlichen Ver-
anlagung eine solche Erklärung unterlassen, so wird das
Finanzamt Nachforschungen anstellen. Derartige Erkenntnisquellen aus eigener Sachkunde haben Verwaltungsgerichte in diesem Umfange nicht, da sie die Verfahrensbeteiligten kaum über mehrere Jahre "betreuen" und auch
bei der Verwertung des behördlichen Aktenmaterials auf
Hinweise der Verfahrensbeteiligten angewiesen sind. Der

---

1) Berg in: Die Verwaltung 1976, 161,163; Meyer/Borgs VwVfG § 24
   Rn 1
2) Roxin, Strafverfahrensrecht S. 48
3) Berg in: Die Verwaltung 1976, 161,163; Meyer/Borgs VwVfG § 24
   Rn 1

so verstandene Informationsfundus der Behörde mag einen Ausgleich für den Mangel kontradiktorischen Sachvortrages bieten[1].

(b) Verbleibende Möglichkeiten der Bindung an Beteiligtenvorbringen

Da Rede und Gegenrede - Kontradiktion - im Verwaltungsverfahren in der Regel nicht stattfinden, können zwei vor einer Verwaltungsbehörde streitende Beteiligte den Sachverhalt nicht für die Behörde bindend unstreitg stellen, indem sie übereinstimmend - auch wahrheitswidrig - vortragen. Parteiwillkür[2] bei der Sachverhaltsfeststellung ist unter diesem Aspekt mithin ausgeschlossen, weshalb einige den § 24 Abs. 1 Satz 2 VwVfG für überflüssig halten[3].

Denkbar bleibt die Bindung an den Vortrag der Beteiligten auch im Verwaltungsverfahren jedoch in Gestalt eines Geständnisses (§ 288 ZPO) sowie eines Anerkenntnisses (§ 307 ZPO). Der Beteiligte könnte einen von der Behörde vermuteten Sachverhalt "gestehen" oder einen von dieser geltend gemachten Anspruch anerkennen, jeweils mit der Wirkung, daß die Behörde an diese Erklärung gebunden ist und auf weitere Ermittlungen verzichten muß. Eine Bindung an das Vorbringen der Beteiligten in dieser Form schließt § 24 Abs. 1 Satz 2 VwVfG jedoch weitgehend aus[4]. Etwas anderes gilt für das Anerkenntnis bzw. den

---

1) Berg a.a.O.; Borgs a.a.O.
2) Ule in VerwA 62, 114, 126 und Becker, Allgemeines Verwaltungsverfahren S. 44, sehen im Schutz vor der Willkür der Verfahrensbeteiligten im Zuge der Sachverhaltsermittlung eine Hauptaufgabe des Untersuchungsgrundsatzes
3) so: Pestalozza in Boorberg-FS, S.185, 186; vgl. auch Berg in Die Verwaltung 1976, 161, 164
4) Stelkens/Bonk/Leonhardt, VwBfG § 24 Rn 8; Kopp, VwVfG § 24 Rn 16; für den Verwaltungsprozeß: BVerwGE 4, 312,315; BVerwG JZ 1972, 119,120

Verzicht dann, wenn der Beteiligte über den Verfahrensgegenstand verfügen kann. Verzicht und Anerkenntnis
berühren dann nicht die Sachverhaltsfeststellung, sondern beinhalten eine Verfügung über den Anspruch, den
Verfahrensgegenstand[1).

Denkbar wäre eine Beschränkung der Ermittlungspflicht im
Verwaltungsverfahren durch den Vortrag des Beteiligten
im weiteren, wenn die Behörde an sein konkretes Begehren
gebunden wäre. Beantragte jemand Pflegegeld, so wäre die
Behörde gehindert, andere Hilfen zu gewähren und den
entsprechenden Sachverhalt zu ermitteln, selbst wenn sie
Anhaltspunkte dafür im Verfahren gewonnen hätte. Ähnlich
im Baurecht: Beantragt ein Bauwilliger eine Bauerlaubnis
und stehen dem nachbarschützende Vorschriften entgegen,
so dürfte die Behörde ohne konkreten Auftrag des Bauwil-
ligen nicht über einen Dispens nachdenken. In beiden
Fällen[2) ist die Behörde jedoch zu einer umfassenden
Ermittlung und Entscheidung aufgerufen. Sie hat den
Sachverhalt auch dahingehend zu beleuchten, ob weitere
Hilfearten in Betracht kommen[3), und muß sich aus eige-
nem Antrieb der Frage eines Dispenses stellen. An den
Vortrag der Beteiligten, deren konkretes Begehren, ist
sie nicht gebunden, wenn die sachgerechte Erledigung des
Falles ein darüber Hinausgehen der Ermittlungen erfordert. An Grenzen ihrer Ermittlungspflicht stößt die Behörde erst, wenn die Dispositionsmaxime gilt[4) und sie
den von den Beteiligten bestimmten Verfahrensgegenstand
verläßt.

---

1) Kopp, VwVfG § 24 Rn.16; Stelkens/Bonk/Leonhardt, VwVfG § 24
   Rn 8
2) Pflegegeld: BVerwG DÖV 1966, 286; Dispens: Stelkens/Bonk/Leon-
   hardt VwVfG § 24 Rn 8; Clausen in: Knack VwVfG § 24 Rn 3.1
3) Eines Antrages bedarf es hierfür gem. § 5 BSHG nicht
4) dazu vorstehend S. 7 ff.

(3) Nichtbindung an Beweisanträge

Gemäß § 24 Abs. 1 Satz 2 VwVfG ist die Behörde auch
nicht an die Beweisanträge der Beteiligten gebunden.
Eine andere Regelung sieht in diesem Punkte etwa die
StPO vor. Die Absätze 3 bis 5 des § 244 StPO enthalten
eng umgrenzte Voraussetzungen, unter denen ein Beweisan-
trag abgelehnt werden darf, d.h. im übrigen ist das Gericht verpflichtet, diesen Anträgen nachzukommen. Der
Untersuchungsgrundsatz des Verwaltungsverfahrens stellt
die Behörde sehr viel freier. Nach pflichtgemäßem Ermessen kann sie über die Auswahl der Beweismittel entscheiden[1].

(4) Verpflichtung zur Objektivität

Das behördliche Ermittlungsverfahren unterscheidet sich
in einem weiteren erheblichen Punkt von dem der Gerichte: Die ermittelnde Behörde selbst ist eine der Parteien
des Verwaltungsrechtsverhältnisses, der Ausgang des Verwaltungsverfahrens hat Konsequenzen für sie[2]. Die am
Ende des Verfahrens stehende Entscheidung legt fest, ob
die ermittelnde Behörde dem Beteiligten z.B. eine Leistung erbringen muß oder berechtigt ist, in dessen Rechte einzugreifen. Die den Abschluß eines gerichtlichen
Verfahrens bildende Entscheidung hingegen berechtigt
oder verpflichtet niemals das entscheidende Gericht
selbst. Die so vorgezeichnete Interessiertheit der Behörde am Verfahrensausgang kann Zweifel an der Objektivität bei der Sachverhaltsermittlung begründen. Dem hat
der Gesetzgeber in § 24 Abs. 2 VwVfG[3] Rechnung getragen

---

1) vgl. § 26 VwVfG; zur Ablehnung von Beweisanträgen: Söhn in:
   H/H/Sp AO u. FGO § 88 AO Rn 44 ff
2) Berg, Die Verwaltung 1976, 161,164; Meyer/Borgs VwVfG § 24 Rn 7
3) Soweit § 24 Abs. 2 VwVfG an die Vollständigkeit der Ermittlungen appelliert, unterstreicht er lediglich die sich insoweit
   bereits aus Abs. 1 ergebende Verpflichtung

und angeordnet, daß auch die den Beteiligten günstigen Umstände zu berücksichtigen sind. Behörden werden so aus gegebenem Anlaß zur Neutralität ermahnt und verpflichtet.

Diesen Anlaß übersieht Pestalozza[1] und hält den Neutralitätsappell für überflüssig und sogar schädlich. Bei dem Bürger erwecke er Mißtrauen, bei der unterstellt parteilichen Verwaltung riefe er Mißgunst und Unlust hervor. Ein Bürger, der einem Entscheidungs- und Ermittlungsträger gegenübersteht, welcher selbst am Verfahrensausgang interessiert ist, wird aber eher beruhigt zur Kenntnis nehmen, daß dieser Entscheidungsträger zur Neutralität verpflichtet ist. Behörden hingegen werden Umständen, die die - vermeintlichen - eigenen Rechte vermindern oder Pflichten vergrößern, häufig nur mit verminderter Aufmerksamkeit nachspüren. Diesem natürlich verminderten Aufklärungsinteresse mag der Neutralitätsappell entgegenwirken.

(5) Der Begriffsinhalt

Es ist deutlich geworden, daß sich der Begriff des Untersuchungsgrundsatzes nicht für alle Verfahrensordnungen inhaltsgleich feststellen läßt. Er paßt sich dem Charakter des jeweiligen Verfahrens an. Der Untersuchungsgrundsatz des Verwaltungsverfahrens zeichnet sich durch folgende Leitlinien aus:

- Die Behörde hat ein Initiativrecht und eine Initiativpflicht zur umfassenden Erforschung des relevanten Sachverhaltes;

---

1) in: Boorberg-FS, S. 185, 187 f.

- der Umfang ihrer Ermittlungstätigkeit wird innerhalb
des Verfahrensgegenstandes nicht durch den Vortrag der
Verfahrensbeteiligten eingeschränkt;

- Auswahl und Einsatz der Beweismittel stehen in ihrem
pflichtgemäßen Ermessen;

- sie hat bei der Sachverhaltsermittlung ihre Neutralität
zu wahren.

Diese Leitlinien versammeln sich unter dem Begriff des
Untersuchungsgrundsatzes im Verwaltungsverfahren, füllen
ihn aus und vermögen so die Aufgabe einer Definition zu
übernehmen.

b) Inhalt der Verhandlungsmaxime

Kennzeichnendes Merkmal der Verhandlungsmaxime ist, daß
sie die Beibringung des entscheidungsrelevanten Tatsachenstoffes und der notwendigen Beweise den streitenden
Parteien auferlegt[1]. Seit dem Inkrafttreten der ZPO von
1877 ist der Zivilprozeß der klassische Standort dieses
Verfahrensgrundsatzes[2]. Er basiert auf der Annahme, daß
jede Partei an der Ermittlung des Sachverhaltes interessiert sei und das ihr Günstige vortrage[3]. Zusammenge-
nommen ergäben die Darstellungen beider Parteien aber
ein zutreffendes Bild der Wirklichkeit[4]. Überwiegend
entnehmen die Zivil-Prozessualisten dem Verhandlungsgrundsatz die ausschließliche Zuständigkeit der Parteien
zur Bestimmung des Sachverhaltes: Das Gericht dürfe keine Tatsachen verwerten, die die Parteien nicht vorgetra-
gen hätten, und sei andererseits an eine übereinstimmend

---

1) Rosenberg/Schwab, Zivilprozeßrecht § 78 I 1. (S.452)
2) Rosenberg/Schwab, Zivilprozeßrecht § 78 I 2. (S.453)
3) Rosenberg/Schwab a.a.O.
4) Rosenberg/Schwab a.a.O.; BVerfGE 52, 131, 153 f.

vorgetragene Tatsachendarstellung gebunden[1]. Der Verhandlungsgrundsatz gewährt den streitenden Parteien mithin das Privileg, darüber zu befinden, welche Tatsachen
in den Prozeß eingeführt werden und welche nicht. Dieses
bezeichnet man als das "Prinzip der formellen Wahrheit",
dem die Untersuchungsmaxime als das "Prinzip der materiellen Wahrheit" gegenübergestellt wird, weil das Gericht dort schrankenlos die Wahrheit des Streitstoffes
untersuchen dürfe und müsse[2].

Das so gezeichnete - klassische Bild - des Verhandlungsgrundsatzes ist einer heftigen Diskussion[3], wenn nicht
gar Wandlung, ausgesetzt. In Bewegung hin auf ein Mehr
an richterlicher Aufklärung im Zivilprozeß wird die Tatsachensammlung neuen Begriffen unterstellt, wie der von
Wassermann[4] postulierten "Kooperationsmaxime" oder der
von Bender[5] konstatierten "Aufklärungsmaxime". Ausge-
schnitten aus der Kritik an der herkömmlichen Auffassung
sei lediglich die Frage, inwieweit die Parteien das Gericht an ihren - auch wahrheitswidrigen - Tatsachenvortrag binden können, da es diese Frage ist, die den wesentlichen Unterschied beider Verfahrensmaxime ausmachen
soll[6].

Sehr eingehend hat sich Eike Schmidt in jüngerer Zeit
dieser Frage zugewandt[7]. Wenn man den Parteien die Be-

1) etwa: Hartmann in Baumbach, ZPO Grundz § 128 Anm 3 C; Rosen-
berg/Schwab, Zivilprozeßrecht § 78 II 1 (S.455); Leipold JZ
1982, 441
2) Rosenberg/Schwab, Zivilprozeßrecht § 78 I 5 (S.454)
3) Die Positionen markieren etwa Leipold JZ 1982, 441, auf der
einen und Bender JZ 1982, 709 ff., sowie Schmidt DuR 1984, 24
auf der anderen Seite; weitere Nachweise zum Streitstand bei
Hartmann in Baumbach, ZPO Grundz § 128 Anm 3 D, und Rüßmann in:
AK-ZPO vor § 284 Rn 3 ff.
4) Der soziale Zivilprozeß S. 109
5) in JZ 1982, 709, 711
6) vgl. S. 23, 27
7) in DuR 1984, 24 ff; vgl. auch: Rüßmann in AK-ZPO vor § 284
Rn 12 ff.

fugnis zugestehe, den Richter dazu zu zwingen, gegebenenfalls sogar sehenden Auges eine Rechtsfolge an einen
fiktiven Sachverhalt zu knüpfen, so befinde man sich
außerhalb des allgemeinen Normverständnisses[1]. Ansatzpunkt dessen sei es, daß Rechtsnormen erlassen würden,
um bestimmte tatsächliche Erscheinungen des Soziallebens
zu regeln[2]. Ein generalisierter Lebenssachverhalt bilde
den Tatbestand der Norm, zum Zwecke der Rechtsanwendung
müsse überprüft werden, ob der rekonstruierte Einzelfall
mit jenem Obersatz divergiere oder mit ihm kongruent
sei[3]. Nur wenn der wahre Sachverhalt diesem Prozeß zugrunde gelegt werde, könne der jeweilige Rechtssatz
"programmgemäß" angewendet werden[4].

Ausgehend von diesem normtheoretischen Ansatz führt
Schmidt aus, daß auch die die Tatsachenermittlung be-
stimmenden Vorschriften der ZPO eine Tendenz zur Auf-
findung der materiellen Wahrheit in sich trügen[5]: § 138
Abs. 1 ZPO ermahne die Parteien zur Vollständigkeit und
Wahrhaftigkeit, was § 138 Abs. 2 auf den prozessualen
Diskurs erstrecke[6]. § 138 Abs. 3 ZPO bringe hingegen
lediglich eine Lockerung der Verifikationsnotwendigkeit,
was sich aus der generell zu vermutenden besseren Sachnähe der Parteien rechtfertige[7]. Bis auf den Zeugenbe-
weis könnten im übrigen sämtliche Beweise von Amts wegen
erhoben werden[8].

Auch die Vertreter des herkömmlichen Verständnisses der
Verhandlungsmaxime konzedieren die Feststellung der

---

1) Schmidt a.a.O. S. 27
2) Schmidt a.a.O.
3) Schmidt a.a.O. S. 27 f.
4) Schmidt a.a.O. S. 28
5) Schmidt a.a.O. S. 32 ff.
6) Schmidt a.a.O. S. 33
7) Schmidt a.a.O. S. 34
8) Schmidt a.a.O. S. 35

- 34 -

Wahrheit als Ziel des Prozesses[1]. Die Verhandlungsmaxime sei eingeführt worden, da eben diese - materielle - Wahrheit mit einem kontradiktorischen Vortrag besser zutage gefördert werde, als mit einer gerichtlichen Inquisition[2].

Nach beiden Auffassungen dient mithin auch der Verhandlungsgrundsatz vom Ansatz her dem Ziel der Wahrheitsfindung, gemeint ist die Wahrheit im materiellen Sinne. Der von den Vertretern der herkömmlichen Auffassung von der Verhandlungsmaxime für rechtens und möglich gehaltene Mißbrauch dieser Verfahrensmaxime durch das wahrheitswidrige Zusammenwirken der Prozeßparteien kann jedenfalls nicht ein prägendes Charakteristikum dieser Maxime sein; denn zur Entscheidung gelangen sollen auch bei der Verwendung des Verhandlungsgrundsatzes tatsächlich vorhandene Vorgänge und nicht fiktive Sachverhalte.

Daß es einen Verhandlungsgrundsatz, verstanden als Privileg der Beteiligten, darüber zu befinden, welche Tatsachen sie der Behörde als Grundlagen ihrer Entscheidung benennen wollen und welche nicht, im Verwaltungsverfahren mit regelmäßig nur einer "Partei", die Kenntnis über den Sachverhalt besitzt, nicht geben kann, liegt auf der Hand. Gleichwohl diskutiert das verwaltungsrechtliche Schrifttum den Verhandlungsgrundsatz als alternative Ermittlungsform auch für das Verwaltungsverfahren[3]. Soweit im folgenden der Verhandlungsgrundsatz dem Untersuchungsgrundsatz als Alternative für das Verwaltungsverfahren gegenübergestellt wird, geschieht dies stets in

---

1) Rosenberg/Schwab, Zivilprozeßrecht § 78 I 5. (S.454); vgl. auch: BVerfGE 52, 131, 153 f.
2) Rosenberg/Schwab a.a.O.
3) etwa: Tipke/Kruse, AO u. FGO § 88 AO Rn 1; Sähn in H/H/Sp, AO u. FGO § 88 AO Rn 3; Stelkens/Bonk/Leonhardt, VwVfG, § 24 Rn 2; Kopp, VwVfG § 24 Rn 2

dessen Ausgestaltung zum Nachweisgrundsatz (dargestellt: II.2.b aa und bb); denn nur so ist der Verhandlungs- grundsatz für den Regelfall des Verwaltungsverfahrens überhaupt denkbar.

4. Die Tatsachenfeststellung, die Beweislast und die
   Folgen einer unvollständigen Tatsachenermittlung

Der Untersuchungsgrundsatz gibt der Verwaltung die Leit- linien[1] an die Hand, nach denen sich die Sammlung der für die Entscheidung bedeutsamen Informationen vollzieht oder aber zumindest vollziehen soll. Der Begriff des Untersuchungsgrundsatzes, wie er vorstehend entwickelt wurde, gibt jedoch keine Auskunft darüber, wann die Er- mittlungen beendet werden dürfen oder müssen.

Die Sammlung der Informationen vom Sachverhalt in den Bahnen des Untersuchungsgrundsatzes mündet in die Feststellung des entscheidungsrelevanten Tatsachenmate- riales oder schließt mit der Erkenntnis ab, daß bestimm- te entscheidungsrelevante Tatsachen nicht festgestellt werden konnten. Die Tatsachenfeststellung ist nicht ein rein faktischer Vorgang, gleichsam wie eine Fotografie der Wirklichkeit, sondern ein rechtlich in vielerlei Hinsicht determiniertes Geschehen[2]. Die Bestimmung des entscheidungserheblichen Tatsachenmateriales erfolgt ebenso unter Einfluß und Vorgaben des Rechtes, wie das Gewinnen einer Überzeugung vom Vorhandensein oder der Nichtexistenz dieser Tatsachen.

Bleibt eine Tatsache unaufgeklärt und muß dennoch ent- schieden werden, rückt das Instrumentarium der Beweis- last in den Mittelpunkt des Interesses.

---

1) Dazu vorstehend S. 31
2) Martens, Verwaltungsverfahren S. 120 ff. Rn 185,187

Ein lohnenswertes Unterfangen ist die Betrachtung und Bestimmung der Grenzen des Untersuchungsgrundsatzes nur dann, wenn das Einhalten oder das Überschreiten der Grenzen Konsequenzen für die Entscheidung und die Aufgabenerfüllung des Entscheiders hat, weshalb auf die Folgen einer mangelhaften Sachverhaltsaufklärung einzugehen ist.

a) Die Überzeugung vom Sachverhalt

Im Steuer- wie auch im Sozialrecht ist der entscheidungserhebliche Sachverhalt in der Regel nicht Gegenstand der eigenen Wahrnehmung des innerhalb der Behörde zuständigen Organwalters. Er ist darauf angewiesen, die zur Entscheidung erforderlichen Informationen aus den ihm zugänglichen und nach dem jeweiligen Beweisrecht zulässigen Quellen zu schöpfen[1]. Der Prozeß der Tatsachenfeststellung verläuft deshalb, abgesehen von der eigenen Wahrnehmung durch Augenschein, in der Beurteilung von Informationen über Tatsachen[2], der Beweiswürdigung. Das nach der jeweiligen Verfahrensordnung anzuwendende Beweisrecht gibt dem Entscheider die zulässigen Beweismittel und Beweisverbote vor, woran sich ein weiteres Mal die rechtliche Einfärbung der Tatsachenfeststellung dokumentiert.

Rechtlich vorgezeichnet ist dem entscheidenden Organwalter auch der Gewißheitsgrad, mit dem er auf der Grundlage des vorhandenen Informationsmaterials vom Vorliegen der entscheidungsrelevanten Tatsachen überzeugt sein muß. Weder die AO noch das SGB-X enthalten Vorschriften

---

1) vgl. Martens, Verwaltungsverfahren S. 101 Rn 156; zum Beweisrecht etwa: Söhn in H/H/Sp AO u. FGO § 88 AO Rn 84 ff.
2) Martens, Verwaltungsverfahren S.122 Rn. 187

über diesen Gewißheitsgrad, gleichwohl läßt die ganz
überwiegende Auffassung eine Tatsachenfeststellung dann
zu, wenn die Behörde mit an Sicherheit grenzender Wahrscheinlichkeit vom Vorliegen des relevanten Sachverhalts
überzeugt ist[1]. Erreicht ist diese Wahrscheinlichkeit
dann, wenn "kein vernünftiger die Lebensverhältnisse
überschauender Mensch noch zweifelt"[2] bzw. eine "andere
Auffassung bei vernünftiger Überlegung nicht denkbar
ist"[3]. Es gilt mithin das Prinzip der freien Beweiswürdigung.

Ein geringeres Maß an Wahrscheinlichkeit genügt zur Tatsachenfeststellung in all denjenigen Fällen, in denen
das Gesetz ausdrücklich eine Glaubhaftmachung ausreichen
läßt[4]. Gleiches gilt für Bereiche, in denen der Natur
der Sache nach auch bei Ausschöpfung aller Aufklärungsmittel Ungewißheit zurückbleiben muß[5]. Einen der Natur
der Sache nach zu vermindernden Wahrscheinlichkeitsgrad
ließ das Bundessozialgericht etwa zur Feststellung des
ursächlichen Zusammenhanges zwischen einer Feindeinwir-
kung und einer die Berufsunfähigkeit begründenden Ge-
sundheitsstörung ausreichen[6].

Führen die Ermittlungen nicht zu dem jeweils zu fordern-
den Wahrscheinlichkeitsgrad in der Überzeugung des
Ent--

---

1) Stelkens/Bonk/Leonhardt VwVfG § 24 Rn 5; Kopp VwVfG § 24 Rn 22;
   Clausen in Knack, VwVfG § 24 Rn 5; Ule/Laubinger Verwaltungsverfahrensrecht S.201; Peters SGB-X § 20 Anm 2d 3; Tipke/Kruse
   AO u. FGO § 88 AO Rn 10; Söhn in H/H/Sp AO u. FGO § 88 AO Rn
   80; a.A.: Martens, Verwaltungsverfahren S.102 ff; ders. in JuS
   1978, 247,250
2) Clausen in Knack VwVfG § 24 Rn 5
3) Stelkens/Bonk/Leonhardt VwVfG § 24 Rn 5
4) Söhn in H/H/Sp AO u. FGO § 88 AO Rn 80; so etwa in § 161 AO,
   §§ 1 III, 45 II Nr. 6 BVG; 55 I ArVNG; 6 FRG, 4 FANG
5) Kopp VwVfG § 24 Rn 22; Clausen in Knack VwVfG § 24 Rn 5; BSGE
   32, 203,208; BVerwGE 41,53,58
6) BSGE 32, 203 ff.

scheiders, so bleiben die Tatsachen unerweislich. Auf
dem Weg zur Entscheidung gilt es dann, sich den Beweislastregeln zuzuwenden[1].

b) Die Stellung der Beweislast

Da menschliche Erkenntnis Grenzen unterliegt und auch
der Untersuchungsgrundsatz dem Entscheider keine absoluten, sondern ebenfalls nur tatsächlich und rechtlich
begrenzte Erkenntnismöglichkeiten an die Hand gibt, können am Ende auch des von dieser Verfahrensmaxime beherrschten Informationsprozesses unaufgeklärte Tatsachen
stehen[2]. Selbst die Ausschöpfung aller vorhandener Beweismittel kann vielfach ein non liquet nicht verhindern[3]. Eine solche Situation darf die Verwaltung nicht
zum Anlaß nehmen, wegen der verbliebenen Zweifel von
einer Entscheidung abzusehen[4]. Aus dem non liquet in
der Tatfrage darf kein non liquet in der Rechtsfolge
werden[5].

Soll nun trotz des unaufgeklärten Sachverhaltes entschieden werden, bedarf es besonderer Regeln, die dem
Entscheider den Weg weisen, wie die verbliebenen Zweifel
zu überwinden sind[6]. Die Grundsätze der objektiven Beweislast sind es, die die Folgen bestimmen, wenn eine

---

1) dazu etwa Kopp VwVfG § 24 Rn 24 ff; Söhn in H/H/Sp AO u. FGO
   § 88 AO Rn 151 ff; Peschau, Die Beweislast im Verwaltungsrecht
   1983; sowie sogleich S. 39
2) vgl. Weber-Grellet in StuW 1981, 48; Rupp AöR 85 (1960), 301,
   317; Rosenberg/Schwab Zivilprozeßrecht § 118 I 1 (S.714)
3) Weber-Grellet a.a.O.
4) Pestalozza in: Boorberg-FS, S.185, 195; Martens, Verwaltungsverfahren S.103; Weber-Grellet in: StuW 1981, 48; Söhn in:
   H/H/Sp AO u. FGO § 88 AO Rn 151
5) Rosenberg/Schwab Zivilprozeßrecht § 118 I 1 (S.714)
6) vgl. Rosenberg/Schwab a.a.O.

entscheidungsrelevante Tatsache nicht festgestellt oder nicht bewiesen werden kann[1]. Ihnen ist zu entnehmen, ob so zu entscheiden ist, als sei die zweifelhafte Tatsache gegeben oder nicht, ihre Existenz oder Nichtexistenz zum Zwecke der Sachentscheidung zu fingieren ist[2].

Eine objektive Beweislast in diesem Sinne kennt sowohl das Besteuerungs-[3] wie auch das Sozialverwaltungsverfahrensrecht[4]. Im Besteuerungsverfahren hat der Steuergläubiger die Beweislast für die den staatlichen Besteuerungsanspruch im Einzelfall begründenden oder erhöhenden Tatsachen zu tragen, die Folgen der Beweislosigkeit einer den Steueranspruch aufhebenden oder mindernden Tatsache treffen hingegen den Steuerpflichtigen[5]. Im Sozialverwaltungsverfahren trägt nach der Grundregel die Beweislast für rechts- oder anspruchsbegründende Tatumstände derjenige, der ein Recht oder einen Leistungsanspruch geltend macht[6]. Bei Verfahren, die auf eine Beitragszahlung und damit auf einen belastenden Verwaltungsakt gerichtet sind, wirkt die Nichterweis-

---

1) Rosenberg/Schwab a.a.O.; Söhn in: H/H/Sp AO u. FGO § 88 AO Rn 153; Peschau, Die Beweislast im Verwaltungsrecht S.11 f.; Weber-Grellet in: StuW 1981, 48
2) Peschau, Die Beweislast im Verwaltungsrecht S.12
3) Klein/Orlopp AO § 88 Anm 2; Tipke/Kruse AO u. FGO § 88 AO Rn 11 b; Söhn in: H/H/Sp AO u. FGO § 88 AO Rn 157; Ritter in: FR 1985, 34 ff (Krit.); Darstellung der Entwicklung in der Rechtsprechung bei: Weber-Grellet in: StuW 1981, 48 ff; Martens in: StuW 1981, 322 ff; ders. Verwaltungsverfahren S.109 ff
4) Peters SGB-X § 20 Anm 2 e; Hauck/Haines SGB-X K § 20 Rn 12; allgemein zum Verwaltungsrecht: Meyer/Borgs VwVfG § 24 Rn 2; Clausen in: Knack VwVfG § 24 Rn 4; Obermayer VwVfG § 24 Rn 83 f; Stelkens/Bonk/Leonhardt VwVfG § 24 Rn 16; a.A.: Martens, Verwaltungsverfahren S. 101 ff, 114; ders. in: StuW 1981, 322 ff; der mit einer jeweils der Sache anzupassenden Reduzierung des Überzeugungsgrades bei der Tatsachenfeststellung auskommen will
5) Söhn in: H/H/Sp AO u. FGO § 88 AO Rn 160 f mit zahlreichen Nachweisen
6) Peters SGB-X § 20 Anm 2e 2

lichkeit von anspruchsbegründenden Tatsachen zu Lasten
der Behörde[1].

Von dieser objektiven oder materiellen Beweislast - auch
Feststellungslast genannt[2] - ist die subjektive Beweislast (Beweisführungslast, formelle Beweislast)[3] zu unterscheiden. Sie meint die einer Partei obliegende Last
zur Vermeidung des Prozeßverlustes den Beweis einer
streitigen Tatsache führen zu müssen[4]. Hier geht es
nicht um die Verteilung der Folgen bei einer vom Entscheider nicht aufzuklärenden Tatsache, sondern darum,
daß eine Tatsache bereits dann als nicht gegeben fest-
steht, wenn es der beweisbelasteten Partei nicht ge-
lingt, ihre Existenz nachzuweisen. Auf anderweitig bestehende Aufklärungsmöglichkeiten kommt es nicht an. Die
Existenz einer solchen Beweisführungslast verneint die
ganz überwiegende Auffassung für das Verwaltungsverfahren, da sie mit dem Untersuchungsgrundsatz nicht zu vereinbaren sei[5].

---

1) Hauck/Haines SGB-X K § 20 Rn 12
2) Rosenberg/Schwab, Zivilprozeßrecht § 118 I 2a (S.715); Weber-
Grellet in: StuW 1981, 48
3) Rosenberg/Schwab a.a.O. § 118 I 2b (S.715)
4) Rosenberg/Schwab a.a.O. § 118 I 2b (S.715); Söhn in: H/H/Sp AO
u. FGO § 88 AO Rn 153; Weber-Grellet in: StuW 1981, 48
5) Meyer/Borgs VwVfG § 24 Rn 2; Clausen in: Knack VwVfG § 24 Rn 4;
Stelkens/Bonk/Leonhardt VwVfG § 24 Rn 15; Söhn in: H/H/Sp AO u.
FGO § 88 AO Rn 154; Hauck/Haines SGB-X K § 20 Rn 12; Peters
SGB-X § 20 Anm 2e 1; Rosenberg/Schwab Zivilprozeßrecht § 118 I
2b (S.715); a.A.: Martens, Verwaltungsverfahren S.93 ff; ders.
in StuW 1981, 322,329 ff; der auch auf Widersprüche in der
Rechtsprechung hinweist; Söhn (in H/H/Sp AO u. FGO § 88 AO Rn
156) sieht eine Ausnahme dort, wo der Gesetzgeber dem Beteiligten eine Beweisführungslast und das Risiko der Beweislosigkeit
auferlegt. Vgl. auch: Tietgen, Beweislast S.20 ff; BVerwGE 39,
247, 255 f; Rechtsprechungsnachweise bei Martens, Verwaltungsverfahren S.110; zu den Nachweispflichten noch unten S. 119 ff.

Das Verhältnis der objektiven Beweislast zur Sachverhaltsermittlung läßt sich bereits aus dem Wesen der ersteren ableiten: Zur Anwendung gelangen können und dürfen die Regeln der objektiven Beweislast erst dann, wenn die Sachverhaltsaufklärung beendet ist[1]. Da sich die Frage nach der Beweislast erst nach dem Abschluß des Informationsprozesses und nur wegen derjenigen entscheidungserheblichen Tatsachen stellt, die nicht haben ermittelt werden können, beeinflußt die objektive Beweislast den Gang und den Umfang der gebotenen Ermittlungen nicht.

Die Grenzen behördlicher Ermittlungspflichten können demnach nicht dadurch (mit-)bestimmt werden, daß es eine Tatsache zu ermitteln gilt, hinsichtlich derer die Behörde oder der Beteiligte (objektiv) beweisbelastet ist. Die objektive Beweislast hinsichtlich einer bestimmten Tatsache hat mithin keinen Einfluß auf die Verteilung der Rollen der Verfahrenssubjekte im Zuge der Ermittlung dieser Tatsache.

c) Folgen der mangelhaften Tatsachensammlung

Die Bedeutung von Grenzen behördlicher Sachaufklärungspflichten erschließt sich in vollem Umfange erst dann, wenn die Folgen von Ermittlungsmängeln betrachtet werden. Kommt die Behörde ihrem Ermittlungsauftrag nur unzureichend nach und verletzt damit ihre im Untersuchungsgrundsatz fußende Sach-Aufklärungspflicht, leidet

---

1) Marx, Notwendigkeit und Tragweite S.153; Michael, Objektive Beweislast S.38; Tipke/Kruse AO u. FGO § 88 AO Rn 11 b; Söhn in: H/H/Sp AO u. FGO § 88 AO Rn 151; Hauck/Haines SGB-X K § 20 Rn 12; Peters SGB-X § 20 Anm 2e 1

- 42 -

das Verwaltungsverfahren an einem wesentlichen Mangel[1].
Das von § 9 VwVfG umfaßte Verwaltungsverfahren schließt
entweder mit einem Verwaltungsakt oder mit einem öffentlich-rechtlichen Vertrag[2] ab, was eine erste Differenzierung in der Betrachtung von Fehlerwirkungen fordert.

aa) Fehlerwirkungen auf und durch Verwaltungsakte

Ergeht die das Verfahren abschließende Entscheidung der
Behörde in Form eines Verwaltungsaktes, so führt dieser
Verfahrensfehler zwar nicht zur Nichtigkeit, wohl aber
zur Rechtswidrigkeit des Verwaltungsaktes[3]. Die sich
daraus ergebenden Konsequenzen für den Verwaltungsprozeß
sind unterschiedlich, je nach dem, ob es sich um eine
gebundene oder eine Ermessensentscheidung[4] handelt.

---

1) Hufen, Fehler im Verwaltungsverfahren S.113; Clausen in: Knack
   VwVfG § 24 Rn 8; Kopp VwVfG § 24 Rn 13; Söhn in: H/H/Sp AO u.
   FGO § 88 AO Rn 167; Peters SGB-X § 20 Anm 2 f
2) Den öffentlich-rechtlichen Vertrag behandelt das SGB-X in den
   §§ 53 ff, die den Regelungen der §§ 54 ff VwVfG weitgehend entsprechen. Die AO enthält keine Vorschriften über den öffentlich-rechtlichen Vertrag, erwähnt ihn jedoch in § 78 Ziff. 3.
   Zur Zulässigkeit öffentlich-rechtlicher Verträge im Geltungsbereich der AO siehe etwa Söhn in: H/H/Sp AO u. FGO § 78 AO Rn 36
   ff
3) Obermayer VwVfG § 24 Rn 40; Clausen in: Knack VwVfG § 24 Rn 8;
   Stelkens/Bonk/Leonhardt VwVfG § 24 Rn 17; Kopp VwVfG § 24
   Rn 13; Kühn/Kutter/Hofmann AO u. FGO § 88 AO Anm 5; Söhn in:
   H/H/Sp AO u. FGO § 88 AO Rn 167; Hauck/Haines SGB-X § 20
   Rn 16; Peters SGB-X § 20 Anm 2 f; vgl. auch: Meyer/Borgs VwVfG
   § 24 Rn 6; anders: Berg in Die Verw 1976, 161,187, der den Verwaltungsakt zwar auch für rechtswidrig hält, dies jedoch nicht
   deshalb, weil die Verwaltung ihre Ermittlungspflichten verletzt
   hätte, sondern weil eine Norm angewendet worden sei, deren tatsächliche Voraussetzungen nicht gegeben seien. Berg übersieht,
   daß Ermessensentscheidungen bei einer unzureichenden Sachverhaltsaufklärung auch dann vom Verwaltungsgericht aufzuheben
   sind, wenn die tatbestandlichen Voraussetzungen der angewende-
   ten Norm vorliegen, die Behörde diese aber nicht in Erfahrung
   gebracht hat (dazu sogleich im Text)
4) Den Ermessensentscheidungen gleichzustellen in diesem Zusammenhang sind Entscheidungen, die der Verwaltung eingeräumte Beur-
   teilungsspielräume umsetzen: Peters SGB-X § 20 Anm 2 f; Stel-
   kens/Leonhardt VwVfG § 24 Rn 17

Bei gebundenen Verwaltungsakten kommt wegen § 46 VwVfG[1])
eine Aufhebung der verfahrensfehlerhaft zustande gekom-
menen Entscheidung nur in Betracht, wenn eine andere
Entscheidung in der Sache selbst getroffen werden kann,
also auch ein materieller Rechtsverstoß festgestellt
werden muß[2]). In diesen Fällen hat das Gericht die unterbliebenen Ermittlungen selbst durchzuführen und zu
prüfen, ob der Verwaltungsakt von dem nunmehr neu und
vollständig ermittelten Sachverhalt getragen wird[3]).
Allein von dieser Prüfung hängt es ab, ob die erhobene
Klage Erfolg hat oder nicht[4]).

Grundsätzlich anders verhält es sich im Anwendungsbereich von Normen, die der Verwaltung ein Ermessen ein-
räumen, da § 46 VwVfG bereits nach seiner Entstehungsge-
schichte auf diese nicht anzuwenden ist[5]). Werden wesentliche Verfahrensvorschriften im Ermessensbereich
verletzt, so läßt sich zudem in der Regel nicht ausschließen, daß bei Vermeidung des Verfahrensfehlers eine
andere Entscheidung in der Sache hätte getroffen werden
können[6]). Dieses gilt in besonderem Maße für die Feststellung der die Entscheidung tragenden Tatsachen, denn
eine fehlerfreie Ermessensausübung ist ohne einen vollständig und fehlerfrei ermittelten Sachverhalt nicht

---

1) Entsprechende Regelungen enthalten die §§ 42 SGB-X und 127 AO
2) Obermayer VwVfG § 24 Rn 41; Clausen in: Knack VwVfG § 24 Rn 8;
   Söhn in: H/H/Sp AO u. FGO § 88 AO Rn 167; Peters SGB-X § 20
   Anm 2 f
3) Clausen in: Knack VwVfG § 24 Rn 8; Söhn in: H/H/Sp AO u. FGO
   § 88 AO Rn 168; Peters SGB-X § 20 Anm 2 f
4) Obermayer VwVfG § 24 Rn 41; Clausen in: Knack VwVfG § 24 Rn 8;
   Söhn in: H/H/Sp AO u. FGO § 88 AO Rn 167; Peters SGB-X § 20
   Anm 2 f
5) Stelkens/Bonk/Leonhardt VwVfG § 46 Rn 7 m.w.N.; Klappstein in:
   Knack VwVfG § 46 Rn 4.4 m.w.N.; BVerwG DÖV 1981, 178,179; zu
   § 42 SGB-X Pickel SGB-X § 42 Anm 4; zu § 127 AO: Spanner in:
   H/H/Sp AO u. FGO § 127 AO Rn 11; a.A.: Degenhart DVBl 1981,
   201,207; VGH München NVwZ 1982, 510,513
6) Stelkens/Bonk/Leonhardt VwVfG § 46 Rn 7; Pickel SGB-X § 42
   Anm 4

- 44 -

durchführbar[1]. Auch der Wortlaut des § 46 VwVfG schließt deshalb seine Anwendung auf Ermessensentscheidungen aus.

Die Sachaufklärungspflicht der Gerichte ist bei Ermessensentscheidungen auf die von der Behörde bei Erlaß der Entscheidung zugrunde gelegten Tatsachen begrenzt[2]. Erweisen sich diese als unvollständig, so hat das Gericht ihre Unvollständigkeit festzustellen und in Anfechtungsfällen die Entscheidung aufzuheben. Handelt es sich um eine Verpflichtungsklage, so ergeht ein Bescheidungsurteil. In keinem Falle darf das Verwaltungsgericht die unterbliebenen Ermittlungen nachholen und anstelle der Behörde die Ermessensentscheidung treffen[3].

Fehler bei der Tatsachensammlung beeinflussen darüber hinaus die Möglichkeiten der Verwaltung, den Verwaltungsakt selbst aufzuheben. Da der wesentliche Verfahrensmangel einer unzureichenden Sachverhaltsaufklärung den am Ende des Verfahrens stehenden Verwaltungsakt rechtswidrig werden läßt, richten sich die Möglichkeiten seiner Änderung oder Rücknahme nach den Vorschriften über rechtswidrige Verwaltungsakte[4].

Auswirkungen haben Mängel im Informationsprozeß aber nicht nur auf den das Verfahren abschließenden Verwal-

---

1) Peters SGB-X § 20 Anm 2 f; Stelkens/Bonk/Leonhardt VwVfG § 40 Rn 28 m.w.N.
2) Söhn in H/H/Sp AO u. FGO § 88 AO Rn 169
3) Peters SGB-X § 20 Anm 2 f; Clausen in Knack VwVfG § 24 Rn 8; Obermayer VwVfG § 24 Rn 42; Söhn in: H/H/Sp AO u. FGO § 88 AO Rn 169; Meyer/Borgs VwVfG § 24 Rn 6
4) Kühn/Kutter/Hofmann AO u. FGO § 88 AO Anm 5; vgl. auch: Stelkens/Bonk/Leonhardt VwVfG § 26 Rn 13; Hauck/Haines SGB-X K § 21 Rn 10; zu den Einschränkungen, die sich aus einer entsprechenden Anwendung des § 46 BVwVfG ergeben können, sogleich im Text

tungsakt selbst, dieser kann wiederum weitere Folgen
auslösen. Führt die unzutreffende Sachverhaltsermittlung
zu einer unrichtigen Entscheidung und diese wiederum zu
einem Schaden des Betroffenen, so können sich an die in
der mangelhaften Informationsbeschaffung liegende Amtspflichtverletzung Schadensersatzansprüche knüpfen[1].

In Erinnerung zu rufen gilt es sich an dieser Stelle den
Umstand, daß Sachverhaltsermittlung und -feststellung
nicht einen rein faktischen Vorgang, sondern ein viel-
fältig rechtlich determiniertes Geschehen bedeutet[2].
Ausgehend von dieser Erwägung wird es einsichtig, daß
nicht jede unvollständige Sachverhaltsermittlung die soeben skizzierten Fehlerfolgen nach sich ziehen kann,
sondern nur eine solche, die einen Verstoß gegen den
Umfang der sich jeweils aus dem Untersuchungsgrundsatz
ergebenden Ermittlungspflicht darstellt[3]. Eine solche
Einsicht setzt allerdings die Feststellung voraus, daß
der aus dem Untersuchungsgrundsatz resultierenden Ermittlungspflicht Grenzen gesetzt sind, worauf an anderer
Stelle näher einzugehen sein wird. Daß die Ermittlungspflicht dort endet, wo der Behörde weitere Ermittlungen
unmöglich sind, und der entscheidungsrelevante Sachverhalt gleichwohl nicht vollständig geklärt ist, mag für
die Darstellung der Fehlerfolgen als pauschale Aussage
erlaubt und ausreichend sein. Es ergibt sich so eine
Trennung zwischen einer zulässigen und einer unzulässigen Unvollständigkeit der Sammlung entscheidungserhebli-
cher Tatsachen.

---

1) Clausen in Knack VwVfG § 24 Rn 8; Kopp VwVfG § 24 Rn 13; Stel-
   kens/Bonk/Leonhardt VwVfG § 24 Rn 17; Obermayer VwVfG § 24
   Rn 40; Söhn in H/H/Sp AO u. FGO § 88 AO Rn 168; Hauck/Haines
   SGB-X K § 20 Rn 16; Peters SGB-X § 20 Anm 2 f; BGH DÖV 1966,
   467,468
2) dazu vorstehend S. 35 ff.
3) vgl. Söhn in H/H/Sp AO u. FGO § 88 AO Rn 170

Für die gerichtliche Überprüfung gebundener Entscheidungen ist diese Erkenntnis für die Sache selbst folgenlos, da das Gericht umfassend selbst ermitteln muß und - wie soeben gesehen - nur materiell-rechtliche Fehler der Behörde einer Klage zu ihrem Erfolg verhelfen können. Schuldhaft unterlassene Ermittlungen, die erst im Prozeß nachgeholt werden, können jedoch dazu führen, daß der Behörde die Verfahrenskosten gemäß § 155 Abs. 5 VwGO teilweise oder vollständig auferlegt werden[1].

Bei Ermessensentscheidungen bleibt auch für die Sachentscheidung selbst die Feststellung erheblich, ob die Behörde zulässiger- oder unzulässigerweise ihrer Entscheidung einen unvollständigen Sachverhalt zugrunde gelegt hat. Nur bei einer unzulässigen Ermittlungsbegrenzung ergibt sich ein Verfahrensfehler und damit ein Aufhebungsgrund. Schöpft beispielsweise eine Behörde alle ihr zugänglichen Erkenntnismittel aus und stützt hierauf ihre Ermessensentscheidung, so ist diese rechtmäßig auch dann, wenn die Beweisaufnahme im nachfolgenden Gerichtsverfahren zusätzliche Erkenntnisse über den entscheidungsrelevanten Sachverhalt erbringen konnte[2]. So etwa dann, wenn im Prozeß ein Zeuge aussagt, der gegenüber der Behörde zu Angaben nicht bereit war. Allein die Nichtberücksichtigung dieser Aussage läßt die Entscheidung nicht rechtswidrig werden, weil die Ermittlungen nicht pflichtwidrig unterblieben sind.

---

1) Kopp, VwGO § 155 Rn 20 f., § 154 Rn.4
2) Söhn in H/H/Sp AO u. FGO § 88 AO Rn 170; OVG NRW DVBl 1980, 966

Da § 48 VwVfG[1]) die Rücknahme rechtswidriger Verwaltungsakte ermöglicht und nur die unzulässige Unvollständigkeit einen die Rechtswidrigkeit begründenden Verfahrensverstoß zur Folge haben kann, wird die Unterscheidung zunächst erheblich. Das Ausmaß der möglichen Rücknahme rechtswidriger Verwaltungsakte von Seiten der Behörde wird vom Verständnis des § 48 VwVfG geprägt. Einigkeit besteht zunächst darüber, daß die die Rechtswidrigkeit des Verwaltungsaktes begründende Rechtsverletzung auch durch einen Verstoß gegen Verfahrensrecht ausgelöst werden kann[2]). Das der Verwaltung von § 48 VwVfG eingeräumte Rücknahmeermessen soll nach einer Auffassung durch die entsprechende Anwendung des § 46 VwVfG dahingehend eingeschränkt werden, daß eine Rücknahme des Verwaltungsaktes ausscheidet, wenn auch der Betroffene dessen Aufhebung wegen § 46 VwVfG nicht verlangen könnte[3]). Andere halten die Anwendung des § 46 VwVfG auf die Rücknahme von Verwaltungsakten für ausgeschlossen[4]).

Legt man der Betrachtung die erste Auffassung zugrunde, ergibt sich die gleiche Situation wie beim Verwaltungsprozeß: Für gebundene Entscheidungen ist es gleichgültig, ob die Verwaltung zulässig oder unzulässig von

---

1) Eine entsprechende Regelung enthält § 130 AO. Die Rücknahme rechtswidriger Verwaltungsakte im Sozialverwaltungsverfahren regeln die §§ 44, 45 SGB-X. Für die Rücknahme eines rechtswidrigen nicht begünstigenden Verwaltungsaktes enthält § 44 Abs. 1 SGB-X eine ausdrückliche Regelung des Falles, daß die Behörde von einem unrichtigen Sachverhalt ausgegangen ist.
2) statt aller: Kopp VwVfG § 48 Rn 23
3) Kopp VwVfG § 48 Rn 28, § 46 Rn 8; Skouris in NJW 1980, 1721, 1722; Ule/Laubinger Verwaltungsverfahrensrecht § 58 II 2 (Fn 14); Bettermann in Ipsen-FS, S.271,277; Müller in Die Verw 1977, 513, 517
4) Stelkens/Bonk/Leonhardt VwVfG § 46 Rn 3a; Klappstein in Knack VwVfG § 46 Rn 5.3; Meyer/Borgs VwVfG § 46 Rn 12

einem unvollständigen Sachverhalt ausgegangen ist, entscheidend bleibt allein die materielle Rechtsverletzung.
Da § 46 VwVfG auf Ermessensentscheidungen nicht angewendet werden kann[1], wird die Unterscheidung erheblich.
Nur die unzulässige Ermittlungsbeschränkung führt zu
einem Verfahrensfehler und eröffnet der Verwaltung die
Rücknahmemöglichkeit.

Hält man die Anwendung des § 46 VwVfG auf § 48 VwVfG mit
der zweiten Auffassung für ausgeschlossen, gewinnt die
Unterscheidung zwischen zulässiger und unzulässiger Ermittlungsbeschränkung auch für gebundene Entscheidungen
an Bedeutung, da es auf den materiellen Rechtsverstoß
nicht mehr ankommt. Für gebundene Entscheidungen gilt
dann das gleiche wie für diejenigen, hinsichtlich derer
der Verwaltung ein Ermessen eingeräumt ist.

Sieht man in der Ermittlungspflicht der Behörden mit dem
Bundesgerichtshof[2] eine Amtspflicht im Sinne des § 839
BGB, so kann evident nur eine unzulässige Ermittlungsbeschränkung zu einer Verletzung dieser Amtspflicht führen. Unterschiede zwischen der gebundenen und der Ermessensentscheidung ergeben sich insoweit nicht. Diese mögen wiederum bei der Ermittlung des Schadens eine Rolle
spielen, wo auch der Frage nachzugehen ist, ob die angegriffene Entscheidung trotz der Ermittlungsmängel hätte
ergehen dürfen oder nicht.

---

1) vgl. dazu vorstehend S. 43 f.

2) DÖV 1966, 467, 468

bb) Fehlerwirkungen auf öffentlich-rechtliche Verträge

Die Nichtigkeit öffentlich-rechtlicher Verträge regelt § 59 VwVfG[1] abschließend[2]. Seine Wirkungen verlieren kann ein öffentlich-rechtlicher Vertrag des weiteren durch eine Anfechtung infolge von Willensmängeln, nach einem Rücktritt oder einer Kündigung bei Wegfall der Geschäftsgrundlage[3]. Schwebend unwirksam ist ein öffentlich-rechtlicher Vertrag gemäß § 58 VwVfG zum Schutze Dritter und nicht am Vertrag beteiligter Behörden, wie auch bei einem Vertragsschluß durch einen vollmachtlosen Vertreter[4]. Die Möglichkeit einer gerichtlichen Aufhebung sowie einer behördlichen Rücknahme im Falle der hinter der Nichtigkeit zurückbleibenden Rechtswidrigkeit eines öffentlich-rechtlichen Vertrages kennt das Gesetz nicht[5].

Diese im Verhältnis zum Verwaltungsakt erhöhte Bestandskraft von öffentlich-rechtlichen Verträgen[6] führt unmittelbar zu der Feststellung, daß eine unvollständige Sammlung des entscheidungserheblichen Tatsachenmaterials allein die Wirksamkeit öffentlich-rechtlicher Verträge nicht berühren kann[7]. Die Unwirksamkeit des öffent-

---

1) eine entsprechende Regelung enthält § 58 SGB-X
2) Stelkens/Bonk/Leonhardt VwVfG § 59 Rn 6; Pickel SGB-X § 58 Anm 1; Knack VwVfG § 59 Rn 2
3) Stelkens/Bonk/Leonhardt VwVfG § 59 Rn 8; Pickel SGB-X § 58 Anm 2
4) Bonk a.a.O.
5) Pickel SGB-X § 58 Anm 2; Stelkens/Bonk/Leonhardt VwVfG § 59 Rn 7 f; Meyer/Borgs VwVfG § 59 Rn 1; zu den verfassungsrechtlichen Bedenken gegen diesen Zustand: Meyer/Borgs VwVfG § 59 Rn 3 ff; Knack VwVfG § 59 Rn 1.1; Stelkens/Bonk/Leonhardt VwVfG § 59 Rn 6
6) Meyer/Borgs VwVfG § 59 Rn 2 zitiert den dafür gefundenen Begriff des "Bindungsmehrwertes"
7) so auch Obermayer VwVfG § 24 Rn 40; Pestalozza in Boorberg-FS S.185,200 leitet aus der Regelung des § 55 VwVfG die Abdingbarkeit des Untersuchungsgrundsatzes her

lich-rechtlichen Vertrages begründen Ermittlungsfehler
erst dann, wenn sie zu materiell-rechtlichen Fehlern
führen, die den erhöhten Anforderungen des § 59 VwVfG
genügen.

cc) Folgen außerhalb der Rechtmäßigkeit

Der Blick auf die Folgen von Mängeln in der Tatsachensammlung hat gezeigt, von welcher Bedeutung die Auffin-
dung der Grenzen des Untersuchungsgrundsatzes für das
Schicksal der behördlichen Entscheidung ist. Erfaßt und
behandelt wurden dabei nur die Wirkungen auf die Rechtmäßigkeit der Entscheidung, der von Gerichten überprüf-
bare Teil der Fehlerfolgen. Bei einem Blick auf die
übrigen Funktionen[1), die Verwaltung in und mit einem
Verwaltungsverfahren zu übernehmen hat, erschließen sich
die weiteren Folgen, welche sich aus einer unzulässigen
Beschränkung der Sachverhaltsermittlung ergeben können.
Dem von einer Entscheidung Betroffenen sowie der mit der
Entscheidung umzusetzenden Sache vermag die Behörde nur
gerecht zu werden, wenn sie die materiell-rechtlichen
Rechtssätze programmgemäß anwendet. Hierzu gehört die
Vermeidung von materiellen Rechtsverstößen ebenso, wie
die von solchen bei der Sachverhaltsermittlung und
-feststellung. In gleichem Umfange wie die Gerichte kann
die Verwaltung ihren eigenständigen Rechtsschutzauftrag
nur erfüllen, wenn sich auch die Tatsachensammlung im
Rahmen des rechtlich Gebotenen bewegt.

Aus der Sicht der auf einen Gesamtvollzug des jeweiligen
Fachrechtes verpflichteten Behörde führen unterbliebene
Ermittlungen aber auch zu durchaus positiven Aspekten.
Die Behörde gewinnt so Kapazitäten, die sie zur Bewälti-
gung der übrigen von ihr durchzuführenden Verfahren

---

1) dazu nachstehend S. 65 ff.

verwenden kann. Derartige Entlastungseffekte kann eine
unter dem Vorrang und dem Vorbehalt von Gesetz und Recht
(Art. 20 Abs. 3 GG) agierende Verwaltung aber nur aus
zulässigen Einschränkungen bei der Sachverhaltsermittlung erzielen[1].

dd) <u>Einfluß der Verletzung von Mitwirkungspflichten</u>

Die Erörterung der Wirkungen einer Verletzung von Mitwirkungspflichten auf die Folgen einer unzureichenden
Tatsachensammlung im Vorfeld einer behördlichen Entscheidung in Form eines Verwaltungsaktes schließt den
Kreis der Darlegungen betreffend die Fehlerfolgen.

Erste Berührungspunkte zwischen den Folgen einer unzureichenden Tatsachensammlung und der Verletzung von Mitwirkungspflichten[2] finden sich bereits bei der Erörterung der Frage, ob die Behörde trotz der Unvollständigkeit des gewonnenen Tatsachenmaterials ihrer Ermittlungspflicht nachgekommen ist, es sich also um eine zulässige oder unzulässige Unvollständigkeit[3] handelt.
Angesprochen wird so der Kern der Untersuchung, ob und
wieweit sich die Verletzung einer Mitwirkungspflicht als
Grenze des der Verwaltung vom Untersuchungsgrundsatz
auferlegten Ermittlungsprogrammes darstellen kann. Die
Antwort darauf bedarf einer an späterer Stelle vorzuneh-
menden differenzierten Betrachtung.

---

1) zu den Fragen "ökonomische Ermittlungsgrenzen" vgl. S. 233 ff.
2) Eine der weiteren Folgen der Verletzung von Mitwirkungspflichten bildet die Berücksichtigung dieses Umstandes im Rahmen der
Beweiswürdigung: <u>Stelkens</u>/Bonk/Leonhardt VwVfG § 26 Rn 12;
Meyer/<u>Borgs</u> VwVfG § 26 Rn 7
3) dazu vorstehend S. 45

Ein weiteres Mal können sich Fehlerfolgen und Mitwirkungspflichten begegnen, wenn es um die Bestimmung der
Reichweite gerichtlicher Überprüfungsmöglichkeiten geht.
Diese kann der Gesetzgeber mittels Präklusionsregelungen
einschränken[1]. Solche Vorschriften können die Mitwirkung des Betroffenen an der Aufklärung des Sachverhaltes
zeitlich etwa auf das Verwaltungsverfahren befristen und
den späteren Vortrag ausschließen[2]. Präklusionsvor-
schriften bringen so eine echte Begrenzung der Amtsermittlung im Gerichtsverfahren.

Außerhalb gesetzlicher Präklusionsregelungen wollen
einige das Institut der Verwirkung zum Einsatz bringen
und so die Amtsermittlungspflicht der Gerichte weiter
zurückdrängen[3]. Mit dem Beteiligungsrecht des Betroffenen am Verfahren korreliere eine Beteiligungslast, die
sich dahin auswirke, daß der Betroffene, der sich nicht
beteilige, die Rechte aus seiner Beteiligung ganz oder
zum Teil verlieren könne[4].

Auf den Bereich der Sachverhaltsermittlung mögen so gefaßte Erwägungen nicht so recht passen. Gegenstand der
Verwirkung sind Ansprüche und Gestaltungsrechte[5]. Bei
der Aufgabe, den entscheidungsrelevanten Sachverhalt
vollständig zusammenzutragen, handelt es sich um ein
Recht und eine Pflicht des erkennenden Gerichtes[6],

---

1) Stelkens/Bonk/Leonhardt VwVfG § 26 Rn 12 m.w.N.
2) Stelkens a.a.O.
3) Redeker NJW 1980, 1593,1597 f; Stelkens/Bonk/Leonhardt VwVfG
   § 26 Rn 12 a.E.; Wolff Verwaltungsrecht III § 156 IV c 2; auch:
   Kopp VwVfG § 24 Rn 19
4) Redeker NJW 1980, 1593, 1597
5) Heinrichs in Palandt BGB § 242 Anm 9 a
6) vgl. vorstehend S. 25 bezogen auf das Verwaltungsverfahren

nicht aber des Betroffenen. Bereits vom Ansatz her erweist sich das Institut der Verwirkung als nicht geeignet, die Ermittlungsbefugnisse von Gerichten zu beschneiden.

Bedeutung mag die Verletzung von Mitwirkungspflichten
auch dort gewinnen, wo die Rücknahme des durch die unzureichende Tatsachensammlung rechtswidrig gewordenen Verwaltungsaktes erfolgen soll. Ein rechtswidriger begün-
stigender Verwaltungsakt darf gemäß § 48 Abs. 2 VwVfG
nicht zurückgenommen werden, soweit der Begünstigte auf
den Bestand des Verwaltungsaktes vertraut hat und sein
Vertrauen unter Abwägung mit dem öffentlichen Interesse
an einer Rücknahme schutzwürdig ist. Soll der Verwaltungsakt zurückgenommen werden, so kann sich die Verletzung von Mitwirkungspflichten bei der Beurteilung der
Schutzwürdigkeit des Betroffenen auswirken[1].

Schlägt sich die unzureichende Tatsachensammlung in
einer Amtspflichtverletzung nieder, kann die Verletzung
von Mitwirkungspflichten zu einer Anspruchsminderung
wegen Mitverschuldens im Rahmen des § 254 BGB führen[2].

5. Die Einbettung des Informationsprozesses

Die Anordnung des Untersuchungsgrundsatzes in § 24 VwVfG
gehört zu den allgemeinen Vorschriften über das Verwaltungsverfahren, weshalb ihr Geltungsbereich auf eben
dieses beschränkt ist. Bevor eine Einschränkung des Un-

---

1) Stelkens/Bonk/Leonhardt VwVfG § 26 Rn 13; Hauck/Haines SGB-X K
§ 21 Rn 10 zu § 45 Abs. 2 u. 3
2) Meyer/Borgs VwVfG § 26 Rn 9; Stelkens/Bonk/Leonhardt VwVfG § 26
Rn 13; Kopp VwVfG § 24 Rn 19; Wolff Verwaltungsrecht III § 156
IV c 2; Hauck/Haines SGB-X K § 21 Rn 10; Peters SGB-X § 21
Anm 6

tersuchungsgrundsatzes untersucht werden kann, muß lo-
gisch vorrangig festgestellt werden, ob er überhaupt
gilt, ob sich die Verwaltung i n einem Verwaltungsverfahren bewegt. Daß dies auch im Bereich hoheitlicher
Tätigkeit für die Zeitspanne von der Verfahrenseinleitung bis hin zum Ergehen der Entscheidung nicht selbstverständlich ist, mögen die nachstehenden Ausführungen
belegen.

Im Anschluß sollen die Funktionen des Verwaltungsverfahrens dargestellt werden, d.h. diejenigen Ziele, die die
Verwaltung im und mit dem Verwaltungsverfahren erreichen
soll. Erst die Betrachtung dieser Verfahrenszwecke macht
deutlich, welchen Stellenwert der Informationsprozeß im
Verwaltungsverfahren insgesamt hat. Hieran offenbart
sich auch, inwieweit die Verfassung in das Verwaltungsverfahren einstrahlt. Diese verfassungsrechtliche "Einfärbung" des Verwaltungsverfahrens eröffnet alsdann die
Fragestellung nach den Vorgaben der Verfassung für den
Informationsprozeß.

a) Verfahrensbegriff der Verfahrensgesetze

§ 9 VwVfG - nahezu wortgleich § 8 SGB-X, die AO entbehrt
einer entsprechenden Vorschrift - umreißt den Begriff
des Verwaltungsverfahrens:

"Das Verwaltungsverfahren im Sinne dieses Gesetzes
ist die nach außen wirkende Tätigkeit der Behörden,
die auf die Prüfung der Voraussetzungen, die Vorbereitung und den Erlaß eines Verwaltungsaktes oder
auf den Abschluß eines öffentlich-rechtlichen Vertrages gerichtet ist; es schließt den Erlaß des Verwaltungsaktes oder den Abschluß des öffentlich-rechtlichen Vertrages ein."

Der Verfahrensbegriff dieser Vorschriften beinhaltet
zwei Eingrenzungen behördlicher Tätigkeit: er erfaßt
diese nur, soweit sie nach außen wirkt und in den Erlaß
eines Verwaltungsaktes oder den Abschluß eines öffentlich-rechtlichen Vertrages mündet. Beide Begrenzungen
des Anwendungsbereiches der Vorschriften der Verfahrensgesetze sind zum Gegenstand kontroverser Stellungnahmen
im Schrifttum geworden.

aa) Diskussion um die Außenwirkung

Ausgehend vom Wortlaut der Vorschriften fordern Kopp[1]
und Clausen[2] eine unmittelbare Außenwirkung der eine
Entscheidung vorbereitenden Behördentätigkeit. Eine solche sei nur dann anzunehmen, wenn das Behördenhandeln
schon im Vorfeld der Entscheidung darauf gerichtet sei,
in die verfahrens- oder materiellrechtliche Rechtssphäre
eines oder mehrer Bürger einzugreifen oder gestaltend
oder feststellend in Bezug auf diese Rechtsposition des
Bürgers tätig zu werden[3]. Die Abgrenzung sei grundsätzlich ebenso zu treffen wie bei der Bestimmung eines Verwaltungsaktes im Rahmen des § 35 VwVfG[4]. Ein Unterschied liege jedoch darin, daß die in einem Verwaltungsverfahren nach § 9 möglichen Verfahrenshandlungen zwar
alle auf den Bürger und seine Rechtspositionen gerichtet
seien, eine regelnde Wirkung wie ein Verwaltungsakt aber
nicht hätten[5]. Der Begriff der Außenwirkung sei zwar
weiter als der der "unmittelbaren Rechtswirkung nach
außen" im Sinne von § 35[6], eine nur mittelbare Außen-

---

1) VwVfG § 9 Rn 3
2) in Knack: VwVfG § 9 Rn 3.2
3) Clausen a.a.O.
4) Kopp, VwVfG § 9 Rn 4
5) Clausen a.a.O.
6) Kopp a.a.O.

wirkung, wie sie etwa verwaltungsinternen Weisungen,
Mitwirkungsakten von Ausschüssen oder anderen Behörden
zukommen könne, reiche nicht aus[1].

Dieses Verständnis der Außenwirkung stößt ganz überwiegend auf Ablehnung[2]. Die Kriterien zur Abgrenzung von
Verwaltungsakt und vorbereitender Maßnahme würden unbesehen auf § 9 VwVfG übertragen[3]. Bei einer solchen
Prämisse unterfiele ein großer Teil der auf ein Verfahren bezogenen behördlichen Tätigkeit nicht dem Begriff
"Verwaltungsverfahren", es sei denn, der Begriff der
rechtlichen Außenwirkung werde bis zur Substanzlosigkeit
verwässert und damit für § 35 VwVfG untauglich gemacht[4]. Außenwirkungen könnten durchaus auch Vorberei-
tungsmaßnahmen entfalten, indem sie etwa die verfahrensrechtliche Lage des an der Endentscheidung interessier-
ten Bürgers unmittelbar nachteilig beeinflussen[5]. Daß
der Begriff des Verwaltungsverfahrens nicht mit der
außenwirksamen Behördentätigkeit gleichzusetzen sei,
intendiere das VwVfG selbst an zahlreichen Stellen: In
§ 11 gehe es nicht um die Fähigkeit, an behördlichen Tätigkeiten beteiligt zu sein, § 14 Abs. 3 ziele nicht auf
die Bestellung eines Bevollmächtigten für Handlungen

---

1) Clausen in Knack, VwVfG § 9 Rn 3.2; abweichend insoweit Kopp,
   VwVfG § 9 Rn.18, der sich dort m.E. mit seinen Ausführungen in
   Rn 3,4 in Widerspruch setzt
2) Meyer/Borgs, VwVfG § 9 Rn 5,6; Stelkens/Bonk/Leonhardt, VwVfG
   § 9 Rn 10-12; Finkelnburg/Lässig, VwVfG § 9 Rn 17,18; Schmidt-
   Aßmann, Jura 1979, 505,513; ders. Städte- und Gemeindebund
   1977, 9,13; Bäumler, BayVBl 1978, 492,495; ders. DVBl 1978,
   291, 295; Held, Der Grundrechtsbezug des Verwaltungsverfahrens,
   S.23 f.; vgl. auch Ule/Laubinger, Verwaltungsverfahrensrecht,
   S.156 f.; nicht eindeutig: Eibert BayVBl 1978, 496
3) Finkelnburg/Lässig, VwVfG § 9 Rn 17
4) Meyer/Borgs, VwVfG § 9 Rn 5
5) Finkelnburg/Lässig, VwVfG § 9 Rn 17; Krause, Rechtsformen des
   Verwaltungshandelns S. 318

der Verwaltung ab[1]), § 29 Abs. 1 Satz 2 nehme den Ent-
scheidungsentwurf als eine bestimmte Art interner Vorbe-
reitungshandlungen von einer bestimmten Regelung, der
Akteneinsicht, aus, was systematisch verfehlt wäre, wenn
nach § 9 alle nur intern wirksamen Vorbereitungshandlun-
gen von allen Verfahrensvorschriften hätten ausgenommen
werden sollen[2]).

Ein weiteres Argument gegen das wortgetreue Verständnis
von § 9 wird aus dem Umstand gewonnen, daß auf diesem
Wege Mitwirkungsakte dritter Behörden nicht dem Begriff
des Verwaltungsverfahrens zu unterstellen seien, womit
einzelne Teile des Verfahrens herausgetrennt würden[3]).
Als Folgen entfielen wesentliche, im VwVfG erstmals normierte, Verfahrensrechte gegenüber der mitwirkenden Behörde, wie das Anhörungsrecht, § 28, das Akteneinsichts-
recht, § 29, wie auch der Geheimhaltungsanspruch aus
§ 30[4]).

Wollte man nur die punktuellen Behördenakte mit eigener
Außenwirkung als Verwaltungsverfahren zusammenfassen,
ließe sich von einer systematischen Normierung des Verwaltungsverfahrens nicht sprechen[5]). Schon nach dem
Wortlaut des § 9 sei Verwaltungsverfahren u.a. die Tätigkeit von Verwaltungsbehörden, die "auf die Vorbereitung eines Verwaltungsaktes oder öffentlich-rechtlichen
Vertrages gerichtet ist". Das Gesetz begreife mithin die
eine externe Maßnahme vorbereitende Tätigkeit durchaus
als Verwaltungsverfahren[6]).

---

1) Meyer/Borgs, VwVfG § 9 Rn 3
2) Schmidt-Aßmann, Jura 1979, 505, 513
3) Bäumler, BayVBl 1978, 492, 495
4) Bäumler a.a.O.; dagegen: Eibert, BayVBl 1978, 496
5) Schmidt-Aßmann, Jura 1979, 505, 513
6) Finkelnburg/Lässig, VwVfG § 9 Rn 17

- 58 -

Nach § 9 seien vorbereitende Tätigkeiten ohne Außenwirkung auf die Rechtsstellung des Bürgers von solchen abzugrenzen, die sie verletzen oder beeinträchtigen könnten, womit das Vorverfahrensstadium vom eigentlichen
Verwaltungsverfahren zu scheiden sei[1]. Abzustellen sei
auf den Beginn des Verfahrens, § 22[2]. Der Inbegriff des
verfahrensrelevanten Geschehens in der Zeitspanne zwischen Verfahrensbeginn und -ende müsse als Verwaltungsverfahren verstanden werden[3].

Dieses weitgefaßte Verständnis des Verwaltungsverfah-
rensbegriffes wird von anderen dahingehend eingeschränkt, daß nur solche Handlungen erfaßt würden, die
sich zwar im verwaltungsinternen Bereich abspielten,
denen wegen ihrer Einflußnahme auf den Inhalt der behördlichen Entscheidung als Verfahrensziel jedoch eine
mittelbare Außenwirkung zukomme[4]. Nicht zum Verwaltungsverfahren zu rechnen seien Tätigkeiten, wie die
technische Vorbereitung einer mündlichen Verhandlung
oder eines Erörterungstermins oder die Anweisung, das
Verfahren zu beschleunigen, da sie keinerlei Einfluß auf
die Inhalte der das Verfahren abschließenden Entscheidung nähmen[5].

---

1) Finkelnburg/Lässig, VwVfG § 9 Rn 18
2) Finkelnburg/Lässig a.a.O.
3) Meyer/Borgs, VwVfG § 9 Rn 5; Finkelnburg/Lässig, VwVfG § 9
   Rn 18; Bäumler, BayVBl 1978, 492, 495; vgl. auch: Stelkens/
   Bonk/Leonhardt, VwVfG § 9 Rn 12
4) Ule/Laubinger, Verwaltungsverfahrensrecht S.156f.; Schmidt-Aßmann, Städte- und Gemeindebund 1977, 9,13; ders. Jura 1979,
   505, 513; wohl auch Eibert, BayVBl 1978, 496
5) Ule/Laubinger, Verwaltungsverfahrensrecht S.158

bb) Stellungnahme

Die systematische Auslegung des § 9 VwVfG führt dazu, daß Verwaltungsverfahren auch die auf einen Verwaltungs- akt oder einen öffentlich-rechtlichen Vertrag gerichte- ten Handlungen einer Behörde einschließt, die selbst keine - unmittelbare - Außenwirkung haben:

Dies folgt zunächst aus den soeben genannten Verfahrens- regelungen. Darüber hinaus betreffen die Mitwirkungsver- bote des § 20 VwVfG den gesamten eine Entscheidung vor- bereitenden Verfahrensgang. Gleiches gilt für die Befan- genheitsregelung des § 21 VwVfG. Befangene oder ausge- schlossene Personen dürfen in Ausrichtung auf eine be- hördliche Entscheidung hin auch nicht an solchen Maßnah- men mitwirken, die selbst keine unmittelbare Außenwir- kung haben.

§ 23 VwVfG ordnet Deutsch als Amtssprache nicht nur für unmittelbar nach außen dringende Maßnahmen an, sondern erfaßt den gesamten eine Entscheidung vorbereitenden Vorgang.

§ 25 VwVfG verpflichtet die Behörden zu Beratung und Auskunft. Diese Verpflichtung trifft sie nicht nur dann, wenn sie den Beratungsbedarf im Zuge außenwirksamer Maß- nahmen erkennt, sondern auch, wenn ihr dies bei einem rein internen Vorgang, wie etwa der Lektüre eines Schreibens, bewußt wird.

Auch die Geheimhaltungspflicht, § 30 VwVfG, und die Ak- teneinsicht, § 29 VwVfG, müssen sich lückenlos auf den gesamten Vorgang beziehen, der zu der nach außen wirken- den Entscheidung führt.

Die Anordnung des Untersuchungsgrundsatzes, § 24 VwVfG,
kann sich ebenfalls nicht auf die Bereiche einer Ent-
scheidungsvorbereitung beschränken, die unmittelbar nach
außen wirken. Regeln will § 24 VwVfG den gesamten Informationsprozeß, auch soweit er innerhalb der Behörde ab-
läuft.

Mit einzubeziehen in das von § 9 umfaßte Verwaltungsverfahren sind auch Mitwirkungsakte dritter Behörden, wie
etwa gutachterlicher Stellungnahmen oder für die "entscheidende" Behörde bindende Weisungen[1]. Wenn beispielsweise das in § 28 festgeschriebene Anhörungsrecht
gewährleisten soll, daß nicht "über den Kopf des Betroffenen hinweg"[2] entschieden wird, so muß dieses Recht
sinnvollerweise dort gewährt werden, wo die eigentliche
Entscheidung getroffen wird, also bei der anweisenden
Behörde. Zwar bedeutet dies nicht, daß die Anhörung vor
der mitwirkenden oder anweisenden Behörde stattfinden
muß, doch darf die anweisende Behörde den Vortrag der
Beteiligten nicht unberücksichtigt lassen, wenn die Endentscheidung rechtsfehlerfrei ergehen soll[3]. Die Anhörung ist nicht Selbstzweck und bloße Formalität, sie
soll den Beteiligten die Möglichkeit eröffnen, auf die
Entscheidung der Behörde Einfluß zu nehmen[4]. Die Anhö-
rungspflicht schließt die Verpflichtung ein, die Ausführungen der Beteiligten zur Kenntnis zu nehmen und sie
bei der Entscheidungsfindung zu berücksichtigen[5].

---

1) Meyer/Borgs, VwVfG § 9 Rn 6; Stelkens/Bonk/Leonhardt, VwVfG § 9
   Rn 15; Bäumler, BayVBl 1978, 492,495
2) Eibert, BayVBl 1978, 496
3) Stelkens/Bonk/Leonhardt, VwVfG § 9 Rn 15; Meyer/Borgs, VwVfG
   § 9 Rn 6; für Anhörung vor anweisender Behörde: Kopp DÖV 1980,
   504,507
4) Stelkens/Bonk/Leonhardt, VwVfG § 28 Rn 15; Meyer/Borgs, VwVfG
   § 28 Rn 19
5) Meyer/Borgs a.a.O.; Stelkens/Bonk/Leonhardt a.a.O.; für das gerichtliche Verfahren: BVerfGE 11, 218,220; E 18, 380,383; E 22,
   114,119

Einfluß auf die Entscheidung kann aber nur bei der anweisenden Behörde genommen werden, weshalb das Anhörungsrecht zumindest in dieser "mittelbaren" Ausgestaltung auch vor der mitwirkenden Behörde gelten muß.

Auch die Befangenheitsvorschriften der §§ 20, 21 müssen
auf den eine andere Behörde bindend anweisenden Bediensteten anwendbar sein[1]. Der "böse Schein" der Partei-
lichkeit[2] träfe auch die Endentscheidung, die ein etwa
nach § 20 ausgeschlossener Bediensteter im Wege der Weisung "vermittelt" hätte.

Selbst wenn sich die Mitwirkung der weiteren Behörde an
einem mehrstufigen Verwaltungsakt in einer gutachterlichen Stellungnahme erschöpft, kann die Geltung des VwVfG
nicht ausgeschlossen sein. Der Angehörige des von der
Verwaltungsentscheidung Betroffenen bleibt auch von vor-
ausgehenden gutachterlichen Stellungnahmen ausgeschlossen. Wenn Schmidt-Aßmann[3] demgegenüber darauf abstellt,
Gutachten würden häufig nur zu sachlichen Detailfragen
eingeholt, ohne daß dem Amtswalter der Gegenstand des
eigentlichen Verwaltungsverfahrens und dessen Adressat
zur Kenntnis gelangten, weshalb eine Interessenkollision
im Sinne des § 20 gar nicht möglich sei, so läßt sich
etwas salopp zunächst erwidern: und häufig eben doch.
Zudem verlangt § 20 nicht das Bewußtsein vom Vorhandensein einer Interessenkollision, da die Befangenheit in

---

1) so bzgl. Weisungen von Angehörigen der Aufsichtsbehörde: Kopp,
   VwVfG § 20 Rn 6; Clausen in Knack, VwVfG § 20 Rn 4; BayVGH,
   BayVBl 1981, 401,403 allgemein bei mehrstufigen Verwaltungsakten: Stelkens/Bonk/Leonhardt, VwVfG § 9 Rn 15; Meyer/Borgs,
   VwVfG § 9 Rn 6 a.E.
2) Kopp, VwVfG § 20 Rn 2
3) Städte- und Gemeindebund 1977, 9,13; ihm folgend: Eibert BayVBl
   1978, 496,497

den Fällen des § 20 Abs. 1 unwiderleglich vermutet
wird[1]. Fehlen kann ein solches Bewußtsein auch dort, wo
der Amtswalter aus anderen Gründen nicht weiß, daß
Adressat seiner Maßnahme ein Angehöriger ist, so etwa
ein Polizeibeamter, der ein falsch parkendes Fahrzeug
abschleppen läßt, nicht wissend, daß Halter ein Angehöriger ist. Auch wenn eine solche Handlung objektiv nicht
parteilich ist, muß sie gleichwohl als verfahrensfehlerhaft gekennzeichnet werden[2].

Zurückhaltung ist angezeigt, so es darum geht, behördliche Handlungen im Vorfeld einer Entscheidung dem Verwaltungsverfahren zu entziehen, indem man ihnen die "mittelbare Außenwirkung", den Einfluß auf den Inhalt der
Entscheidung, abspricht[3]. Ule/Laubinger[4] bringen als
Beispiel die Weisung, ein Verfahren zu beschleunigen.
Von großer Bedeutung kann eine solche Weisung für den
Betroffenen sein, da es für die Folgen einer Entscheidung von hohem Interesse sein kann, wann sie ergeht:
steigende Zinsen können das Warten auf eine Bauerlaubnis
zu einem kostspieligen Unterfangen werden lassen; die
schleppende Festsetzung und Einforderung von Steuer-
schulden kann die Liquidität eines Betriebes über einen
langen Zeitraum erhalten.

Klammerte man Teile der die Entscheidung vorbereitenden
Tätigkeit der Behörde aus dem Wirkungsbereich des § 9
aus, wie die Beiziehung von Akten, die Einholung von
Auskünften bei dritten Behörden, Weisungen etc., so

---

1) Kopp, VwVfG § 20 Rn 7; Stelkens/Bonk/<u>Leonhardt</u>, VwVfG § 20
   Rn 8; Knack-Clausen, VwVfG § 20 Rn 3
2) Kopp, VwVfG § 20 Rn 7
3) Ule/Laubinger, Verwaltungsverfahrensrecht S.158; Schmidt-Aßmann, Städte- und Gemeindebund 1977, 9,13; ders. Jura 1979,
   505,513; wohl auch Eibert, BayVBl 1978, 496
4) Verwaltungsverfahrensrecht S. 158

- 63 -

führte dies auch - für die vorliegende Untersuchung von besonderem Interesse - zu einer Nichtgeltung des positivrechtlich in § 24 statuierten Amtsermittlungsgrundsatzes. Eine bindende Weisungen erteilende Behörde wäre aus § 24 VwVfG nicht verpflichtet, zuvor den entscheidungsrelevanten Sachverhalt zu ermitteln.

Die Versuche, den Verfahrensbegriff des § 9 VwVfG auf außenwirksame Maßnahmen der Behörde zu beschränken oder scheinbar nicht mittelbar nach außen wirkende Verfahrenshandlungen von ihm auszugrenzen, führen zu Rechtsunsicherheit und Rechtszersplitterung. Es wäre häufig zweifelhaft, auf welche behördlichen Tätigkeiten in Vorbereitung einer Entscheidung das VwVfG anzuwenden ist. Ein solches Verständnis vom Verfahrensbegriff des § 9 VwVfG steht im Widerspruch zu Aussagen und Wertungen in anderen Normen des VwVfG, wie auch zur Intention des Gesetzgebers, durch ein einheitliches Verfahrensrecht die Arbeit der Behörden für den Staatsbürger übersichtlicher und verständlicher zu machen, um so einen Beitrag zur Rechtssicherheit zu leisten[1].

Verwaltungsverfahren im Sinne des § 9 VwVfG soll hier im Anschluß an Borgs[2] umfassend als das gesamte verfahrensrelevante Geschehen vom Verfahrensbeginn bis hin zum Wirksamwerden der Entscheidung verstanden werden. Diesem Verfahrensverständnis steht auch der Wortlaut des § 9 VwVfG nicht entgegen. Eine "nach außen wirkende" Tätigkeit ist nicht nur eine solche, die "nach außen gerichtet" ist im Sinne des § 35 VwVfG. Gerichtet sein muß das

---

1) Amtl. Begr. BT-Drucks 7/910 S.29 (dort Ziff. 5.2)
2) in Meyer/Borgs, VwVfG § 9 Rn 5; Finkelnburg/Lässig, VwVfG § 9 Rn 18; Bäumler, BayVBl 1978, 492,495; vgl. auch: Stelkens/Bonk/ Leonhardt, VwVfG §´9 Rn 12

Handeln der Behörde auf einen konkreten Verwaltungsakt
oder einen bestimmten öffentlich-rechtlichen Vertrag.
Über diese nach außen wirksamen Handlungsformen wird
auch der sie vorbereitenden Tätigkeit eine bestimmte
Außenwirkung vermittelt.

Die vorstehenden Ausführungen gelten auch für das SGB-X,
denn der § 8 SGB-X entspricht dem § 9 VwVfG. Obwohl die
AO keine diesen Vorschriften ähnliche Regelung enthält,
überträgt Söhn[1] die zu § 9 VwVfG diskutierten Einschränkungen des Verfahrensbegriffes unbesehen auf das
Verfahren vor den Finanzbehörden. Einer solchen Verfahrensweise steht schon entgegen, daß § 9 VwVfG keine abschließende und allgemein gültige Definition des Verwal-
tungsverfahrensbegriffes enthält, sondern nur klar-
stellt, auf welche Verwaltungsverfahren[2], die sich im
Rahmen der §§ 1, 2 VwVfG bewegen, die allgemeinen und
die besonderen Verfahrensvorschriften des VwVfG Anwendung finden. Deshalb ist es ansich verfehlt, von einer
Legaldefinition zu sprechen. Das Fehlen einer den Verfahrensbegriff im Sinne der §§ 9 VwVfG, 8 SGB-X einen-
genden Vorschrift läßt es als unbedenklich erscheinen,
Verfahren im Steuerrecht zumindest ebenso umfassend zu
begreifen, wie in den Verfahren, die der Geltung des
VwVfG oder des SGB-X unterstehen.

---

1) in H/H/Sp, AO u. FGO, § 86 AO Rn 2

2) so weist die Amtl. Begründung expressis verbis auch auf weitere
   Verfahrensarten hin, BT-Drucks 7/910 S.42; vgl. auch: Ule/Lau-
   binger, Verwaltungsverfahrensrecht S.154

cc) Eingrenzung nach Handlungsformen

§§ 9 VwVfG und 8 SGB-X beschränken sich auf Verwaltungsverfahren, die den Erlaß eines Verwaltungsaktes oder den
Abschluß eines öffentlich-rechtlichen Vertrages zum Ziele haben. Die Beschränkung auf diese Handlungsformen
wird als "unnötig eng und beinahe willkürlich" kriti-
siert, da die dogmatische Qualifizierung der Behörden-
entscheidung nicht über die Zuerkennung von Verfahrens-
rechten entscheiden dürfe[1]. Nach der amtlichen Begründung[2] soll das Eigengewicht einer Reihe von Vorschriften, wie die über das rechtliche Gehör, Akteneinsicht,
ausgeschlossene Personen etc., ihre allgemeine Bedeutung
über den eigentlichen Anwendungsbereich hinaus bewirken.
Ein solches Eigengewicht kann auch dem Untersuchungsgrundsatz zukommen, insbesondere soweit das Grundgesetz
ihn generell oder partiell für Verwaltungsverfahren gebietet (siehe dazu nachstehend Seite 81 ff).

b) Funktionen des Verwaltungsverfahrens

"Das Verwaltungsverfahren ist die Verwaltung in Ak-
tion"[3], wie es Wahl beschreibt. Diese Formulierung läßt
anschaulich werden, welche Bedeutung Verwaltungsverfahrensrecht hat, denn ganz überwiegend vollzieht sich Ver-
waltungstätigkeit in und durch Verfahren[4].

---

1) Pietzcker, VVDStRL 41 (1983), 193,215; Vogel, BayVBl 1977,
   617,619; Held, Der Grundrechtsbezug des Verwaltungsverfahrens,
   S.23; auch: Krause, Rechtsformen des Verwaltungshandelns, S.49;
   Degenhart, DVBl 1982, 872, 873; vgl. auch: Becker, Das allgemeine Verwaltungsverfahren in Theorie und Gesetzgebung, S.17;
   Melichar, VVDStRL 17 (1959), 183,196 f.; Bettermann, VVDStRL 17
   (1959), S.118,122,135; Bullinger, VVDStRL 30 (1972), S.337
   (Diskussionsbeitrag)
2) BT-Drucks 7/910 S.42
3) Wahl in VVDStRL 41 (1983), 151,153
4) Wahl a.a.O.

Die Funktionen des Verwaltungsverfahrens sind identisch mit den Aufgaben, die die Verwaltung mit und bei ihren Aktionen zu erfüllen hat[1]. Verwaltungsverfahren bildet ein "magisches Vieleck"[2] von Funktionen, dessen Ecken sich kaum abschließend bestimmen lassen und zu denen wohl immer neue hinzustoßen werden.

aa) Gesetzmäßigkeit, Gerechtigkeit und Sachrichtigkeit

Art. 20 Abs. 3 GG bindet die Verwaltung an Gesetz und Recht. Verwaltungsverfahren dient deshalb zunächst der Durchsetzung des materiellen Rechts[3], der Herbeiführung gesetzmäßiger Entscheidungen[4]. Es soll sicherstellen oder doch wahrscheinlich machen, daß die behördliche Entscheidung der materiellen Rechtslage entspricht. Da das materielle Recht der Verwaltung durch die Gewährung von Ermessen und Beurteilungsspielräumen oder im Bereich von Planungsentscheidungen Gestaltungsspielräume eröffnet, die eine Vielzahl von noch rechtmäßigen Entscheidungen zulassen, muß die Verwirklichung von Gerechtigkeit im Mantel der Rechtmäßigkeit Ziel von Verfahren sein, worauf insbesondere das Bundesverfassungsgericht mehrfach hingewiesen hat[5].

---

1) Wahl a.a.O. S.157
2) Wahl a.a.O. S.157 im Anschluß an F.X. Kaufmann, Bürgernahe Sozialpolitik, S.537
3) Berg, Die verwaltungsrechtliche Entscheidung bei ungewissem Sachverhalt, S.17; Maurer, Allgemeines Verwaltungsrecht § 19 Rn 8 S.363; Held, Der Grundrechtsbezug des Verwaltungsverfahrens, S.34
4) BVerfGE 42, 64,73; E 46, 325,333; E 52, 131,153; E 53, 30,74 (Sondervotum); Held a.a.O.
5) BVerfGE 42, 64,73; E 46, 325,333; E 52, 131,153; E 53, 30,74 (Sondervotum); Held a.a.O.; Becker, Allgemeines Verwaltungsverfahren, S.38; Berg a.a.O., S.17 u. 245; Kopp, Verfassungsrecht S.54

Verwaltungshandeln erschöpft sich keineswegs im Gesetzesvollzug, in der Rechtsverwirklichung. Der Auftrag der
Verwaltung geht darüber hinaus, sie hat nicht nur Recht,
sondern vielmehr Politik zu verwirklichen[1]. Verwaltung
soll Staatszwecke rechtlicher wie außerrechtlicher Art
umsetzen[2] und dafür sorgen, daß der Bürger angemessen
leben kann[3]. Politische Vorgaben aus dem wirtschaftli-
chen, sozialen oder etwa kulturellen Bereich hat sie in
praktische Gegenwart zu transponieren[4]. Verwaltung hat
den politischen Willen gleichmäßig, rechtmäßig und
rechtzeitig zu vollziehen[5]. In Bereichen, in denen die
gesetzliche Regelungsdichte abnimmt, eröffnet sich ein
Raum für gestaltende Verwaltung, die den nur umrissenen
gesetzgeberischen Willen mit eigenständigen Überlegungen
und Wertungen ergänzt[6]. Verwaltung ist danach diejenige
Organisation, die die soziale, wirtschaftliche und politische Ordnung in dem Rahmen und in Verfolgung jener
Ziele verwirklicht, die ihr die Rechtsordnung und die
politischen Entscheidungen vorgeben[7]. Ihrer bedient
sich der Staat, um seine Ziele, Planungen und Entscheidungen durchzusetzen. Nur dann, wenn die Verwaltung mit
ihrer jeweiligen Entscheidung der ihr übertragenen Aufgabe dient, handelt sie in der Sache richtig[8]. Sach-
richtiges Verwaltungshandeln zeichnet sich nicht durch

---

1) F.X. Kaufmann, Bürgernahe Sozialpolitik, S.23
2) Scholz, VVDStRL 34, 145,152; Schmidt-Aßmann, VVDStRL 34,
   221,229; Held a.a.O. S.35; vgl. auch: Bachof, VVDStRL 30, 193,
   207 ff.
3) Bullinger, VVDStRL 31, 266 f (Diskussionsbeitrag); auch: Martens, JuS 1977, 664,665
4) vgl. Bachof, VVDStRL 30, 193,209; Kopp, Verfassungsrecht S.64;
   Scholz, VVDStRL 34, 145,152
5) Schmidt-Aßmann, VVDStRL 34, 221,232
6) Schmidt-Aßmann a.a.O.; Brünner in Wenger/Brünner/Oberndorfer,
   Grundriß der Verwaltungslehre, S.99
7) Brünner a.a.O.
8) Steinberg, DÖV 1982, 619,620

das Fehlen von Normverstößen, sondern dadurch aus, daß
es der Verwirklichung einer Aufgabe zuträgt, die über
den Einzelfall hinausgeht[1]. Das Verwaltungsverfahren
soll so gestaltet sein, daß die optimale Erfüllung der
der Verwaltung gestellten Aufgaben gefördert und gesichert wird[2].

Gegliedert sind Behörden fachspezifisch nach ihren Aufgaben. Die Aufgaben der Finanzbehörden formuliert § 85
AO so:

"Die Finanzbehörden haben die Steuern nach Maßgabe der
Gesetze gleichmäßig festzusetzen und zu erheben. Insbesondere haben sie sicherzustellen, daß Steuern
nicht verkürzt, zu Unrecht erhoben oder Steuererstat-
tungen und Steuervergütungen nicht zu Unrecht gewährt
oder versagt werden."

Demgegenüber beschreibt § 17 SGB-I die Aufgaben der Leistungsträger:

"(1) Die Leistungsträger sind verpflichtet, darauf
hinzuwirken, daß

1. jeder Berechtigte die ihm zustehenden Sozialleistungen in zeitgemäßer Weise, umfassend und schnell
erhält,

2. die zur Ausführung von Sozialleistungen erforderlichen sozialen Dienste und Einrichtungen rechtzeitig
und ausreichend zur Verfügung stehen und

3. der Zugang zu den Sozialleistungen möglichst einfach gestaltet wird, insbesondere durch Verwendung
allgemein verständlicher Antragsvordrucke.

(2) (gestrichen)

---

1) Steinberg a.a.O.
2) Steinberg a.a.O.; Degenhart, DVBl 1982, 872,874; v. Mutius, NJW
   82, 2150,2151

(3) In der Zusammenarbeit mit gemeinnützigen und
freien Einrichtungen und Organisationen wirken die
Leistungsträger darauf hin, daß sich ihre Tätigkeit
und die der genannten Einrichtungen und Organisationen zum Wohl der Leistungsempfänger wirksam ergänzen
.... "

So gibt der Gesetzgeber den jeweiligen Fachverwaltungen
die Ziele vor, an denen sie ihre Tätigkeit auszurichten
haben. Das Verwaltungsverfahren muß stets dazu dienen,
die Erfüllung der jeweiligen Fachaufgaben zu sichern und
zu fördern. Nur wenn es in diesem Sinne fachspezifisch
gestaltet, verstanden und angewendet wird, kann das Verfahrensrecht die Erfüllung der Fachaufgaben sichern und
fördern und so einen Beitrag zu Sachrichtigkeit der Verwaltungsentscheidung leisten.

Rechtsprechung[1] und Rechtslehre[2] haben in jüngerer
Zeit die Wirksamkeit, die Effizienz, staatlichen Handelns als Wert für das Verwaltungsverfahren entdeckt.
Als lediglich formales Prinzip verstanden, bedeutet
Effizienz eine Zweck-Mittel-Relation: Mit minimalen Mitteln sollen bestimmte Zwecke verwirklicht werden oder
bei gleichbleibendem Mitteleinsatz sollen möglichst viele Ziele erreicht werden[3]. Übertragen auf das Verwaltungsverfahren bedeutet dies: Es ist bei möglichst ge-
ringem Kosten-, Zeit-, Personal- und Organisationsauf-
wand ein Maximum an Richtigkeit der zu treffenden Ent-

1) BVerwG NJW 84, 188,189; BVerfGE 60, 253,270 f.; BVerfGE 61, 82,
114,116
2) Wahl, VVDStRL 41, 151,162 ff.; Pietzcker, VVDStRL 41, 193,194
ff.; v.Mutius, NJW 82, 2150 ff.; Steinberg, DÖV 1982, 619,620
ff.; Degenhart, DVBl 1982, 872; Ossenbühl, NVwZ 1982, 465;
Herrmann, BayVBl 1984, 193; Schwarze, DÖV 1980, 580,591; Kopp,
DÖV 1979, 890, 892; Häberle, AöR 1973, 625,631
3) v.Mutius, NJW 82, 2150,2151

scheidung zu verwirklichen[1]. Da Verwaltung rechtmäßig
zu handeln hat und die Gewährung von Rechtsschutz selbst
eine Aufgabe von Verwaltungsverfahren ist[2], muß Ziel
effizienten Verwaltungshandelns auch die Wahrung der
Rechte der Betroffenen sein[3]. Effizient ist Verwaltung
dann, wenn sie rechtzeitig, wirtschaftlich und pro Zeit-
einheit möglichst oft rechtmäßig, gerecht und sachlich
richtig handelt[4]. Die so verstandene Verwaltungseffizienz war eines der vordringlichen Ziele bei der Schaffung des VwVfG[5] und ist zentrales Postulat bei Ausgestaltung und Durchführung von Verwaltungsverfahren[6].

bb) Rechtsschutz

Eine weitere wichtige Aufgabe von Verwaltungsverfahren
bildet die selbständige Gewährung von Rechtsschutz[7].
Die Rechtsschutzfunktion von Verfahren läßt sich begreifen als Rechtsschutz i m Verfahren und Rechtsschutz
d u r c h Verfahren[8].

---

1) v.Mutius a.a.O.
2) vgl. nachstehend bb)
3) Degenhart, DVBl 1982, 872 f.
4) Wahl, VVDStRL 41, 151,163
5) v.Mutius, NJW 82, 2150 m.w.N.; Schmidt-Aßmann, Jura 1979, 505,508 f.
6) Steinberg, DÖV 1982, 619,620 f.
7) Kopp, VwVfG Vorbem § 1 Rn 4; ders. Verfassungsrecht S.54,67; ders. BayVBl 1980, 97,101; Steinberg, DÖV 1982, 619,620; Degen-hart, DVBl 1982, 872,874 ff.; Ossenbühl, NVwZ 1982, 465,466; Wahl, VVDStRL 41, 151,160; Blümel, Grundrechtschutz, S.23,26; Kimminich in: 5. AtomR-Symposium, S.263,266; Schmidt-Aßmann, VVDStRL 34, 221,265 ff.; ders. Jura 1979, 505,508; Redeker, NJW 1980, 1593,1594; Baum, DÖV 1980, 425,428; Sellner, BauR 1980, 391,392; Dolde, NVwZ 1982, 65,69; Ossenbühl in Eichenberger-FS, S.183,193; Schwarze, Funktionaler Zusammenhang, S.33, 44, 48; Finkelnburg/Lässig, VwVfG, Vor § 9 Rn 19; Häberle, VVDStRL 30, 43, 121 f.; ders. Verfassung als öffentlicher Prozeß, S.679; Neuser, Diss S.24 ff.; Eibert, Diss S.31 ff.
8) Ossenbühl in Eichenberger-FS, S.183, 188; Held, Grundrechtsbe-zug, S. 64

- 71 -

In einem Verfahren ist Rechtsschutz gegen Maßnahmen der
Behörde zu gewähren, die eine Entscheidung vorbereiten,
dabei aber bereits selbst in Rechte des Betroffenen eingreifen[1], wie etwa die Anordnung der Staatsanwaltschaft
nach § 81a StPO. Hier sind Verfahrensvorschriften angesprochen, die zu derartigen Eingriffen ermächtigen und
sie gleichzeitig begrenzen.

Im Vordergrund der Betrachtungen steht der Rechtsschutz
durch Verfahren, der gewährt wird, indem Verfahren eine
Gestaltung erfährt, die die Rechtmäßigkeit[2] der Endentscheidung und ihre Überprüfbarkeit sichert.

(1) Sicherung des Gerichtsschutzes

Als Vorstufe zum Verwaltungsprozeß hat das Verwaltungsverfahren zunächst den Weg dorthin offenzuhalten und
abzusichern[3], eine Forderung, die sich aus der Vorwirkung des Art. 19 Abs. 4 GG ins Verwaltungsverfahren hinein ableitet[4]. Der Adressat einer Maßnahme soll mittels
Verfahrensregelungen in den Stand gesetzt werden, zu
prüfen und sachgerecht zu entscheiden, ob und mit welcher Argumentation er den Rechtsweg beschreiten will.
Den Verwaltungsgerichten soll ermöglicht werden, effektiven Rechtsschutz zu gewähren[5].

Wenn dem Bürger die tatsächlichen Grundlagen der behördlichen Entscheidung und die Erwägungen, die zu ihr ge-

---

1) eingehend hierzu: Held, Grundrechtsbezug, S. 65, 66 ff.
2) Held a.a.O. S. 65, 68 ff.
3) Degenhart, DVBl 1982, 872,874; Held, Grundrechtsbezug, S. 41
   f.; Eibert, Diss S.24; Kopp, Verfassungsrecht S.155 ff.; vgl.
   auch Goerlich, Grundrechte als Verfahrensgarantien, S.350 ff.
4) BVerfGE 69, 1, 49; E 61, 82,110; E 22, 49,81 f.
5) Eibert, Diss S.24; Held, Grundrechtsbezug, S.41 f.

führt haben, verborgen bleiben, so wird er, lediglich
gestützt auf sein Gefühl, ihm sei Unrecht geschehen,
häufig die Gefahr laufen, aussichtslose Klagen zu erheben[1]. Er kann sich kein Bild davon machen, welche
seiner Belange die Behörde in ihre Entscheidungsfindung
einbezogen und welchen Stellenwert sie ihnen zugewiesen
hat. Ein solches Informations- und Einschätzungsdefizit
gefährdet andererseits die Funktionstüchtigkeit der Verwaltungsgerichte, indem sie als Folge von Überlastung
mit überflüssigen, weil aussichtslosen, Klagen wirksamen, in der Bedeutung von rechtzeitigem, Rechtsschutz zu
gewähren nicht in der Lage sind[2].

Zur Steuerung derartiger Gefahren hält das VwVfG einen
Katalog von Regelungen bereit, an deren erster Stelle
der Zwang zur Begründung belastender Verwaltungsakte zu
nennen ist, § 39 VwVfG. Die in der Begründung gegebenen
Informationen sollen es dem Bürger ermöglichen, die Aus-
sichten eines Rechtsbehelfes abzuschätzen[3], eine Aufgabe von Begründung, die das VwVfG in § 45 Abs. 3 Satz 1
zum Ausdruck bringt[4]. Daneben dient die Begründungspflicht auch der Kontrolle der Verwaltung durch Auf-
sichtsbehörden, Rechtsbehelfsinstanzen und Gerichte[5],

---

1) Kopp, Verfassungsrecht S.155
2) Kopp a.a.O.
3) BVerfGE 6, 32,44; BVerwGE 38, 191,194; E 22, 215,217 f.; E 12,
   20,25 f.; München NJW 82, 2685, 2686; KG NJW 79, 2574; 2575;
   Badura in: Erichsen/Martens, Allgemeines Verwaltungsrecht § 41
   II 3, S.360 f.; Kopp, Verfassungsrecht S.159 f.; ders. VwVfG
   § 39 Rn 1; Ule, DVBl 1963, 475,477; Feneberg, DVBl 1965, 222,
   223; Schick, JuS 1971, 1,3; Held, Grundrechtsbezug S.41 f.;
   Ebert, Diss S. 25 f.
4) Held a.a.O.; Eibert a.a.O. S.26
5) BVerwGE 62, 317,340; E 39, 197,204; BVerwG VRspr 11, 879; vgl.
   BVerfGE 39, 334,354; BSGE 27, 34,38; BFH BB 1967, 1028; KG NJW
   1979, 2574,2575; Kopp, VwVfG § 39 Rn 1; ders. Verfassungsrecht
   S. 160 f.; Eibert, Diss. S.29

was Bedeutung vorrangig dort erlangt, wo Gerichte aufgerufen sind, Ermessensentscheidungen zu überprüfen[1]. Eine Ermessensüberprüfung im Rahmen des § 114 VwGO können Verwaltungsgerichte nur in dem Umfange vornehmen, soweit die Behörde ihnen mitteilt, welches Tatsachenmaterial sie verarbeitet, welche Rechtsgrundlagen sie herangezogen und welche von der Entscheidung berührten Interessen sie gegeneinander abgewogen hat[2]. Einblick in die behördliche Entscheidungsfindung zur Vorbereitung oder Vermeidung von Rechtsbehelfen kann sich der Betroffene auch im Wege der Akteneinsicht, § 29 VwVfG, verschaffen, ein Institut, das ein sinnvolles Beschreiten des Rechtsweges fördert und damit dem Rechtsschutz selbst zugute kommt[3].

Den nachfolgenden Gerichtsschutz sichern auch etwa Formvorschriften oder Hinweispflichten der Behörde. Die Einlegung von Rechtsbehelfen würde wesentlich erschwert, ließe der angegangene Bescheid die erlassende Behörde nicht erkennen[4]. Eine fehlende Rechtsbehelfsbelehrung erschwert dem in der Regel rechtsunkundigen Bürger die Wahrung seiner Rechte ganz erheblich[5].

---

1) Kopp, Verfassungsrecht S.160 f.; Eibert, Diss S. 29 m.w.N. sowie Nachweise in Fn. 3 auf S. 72

2) Eibert, Diss. S.29 f. m.w.N.; BVerwG VRspr 11, 879

3) Haueisen, NJW 1967, 2291,2294; Maurer, JuS 1976, 485,488; Eibert, Diss S.26 m.w.N.; Held, Grundrechtsbezug S.42

4) Kopp, VwVfG § 37 Rn 26; Eibert, Diss S.27

5) Eibert, Diss S.27; auch: Renkl, Der Anspruch auf rechtliches Gehör, S.177

(2) Selbständiger Rechtsschutzauftrag

Die Rechtsschutzfunktion von Verwaltungsverfahren beschränkt sich nun keineswegs auf die Sicherung von Gerichtsschutz, Rechtsschutz durch Verfahren meint auch
einen völlig selbständigen, von verwaltungsgerichtlicher
Kontrolle gelösten, Rechtswahrungsauftrag[1]. Bedeutung
erlangt dieser Rechtswahrungsauftrag zunächst dort, wo
der verwaltungsgerichtliche Rechtsschutz Lücken läßt, wo
"keine Rechtsschutzmöglichkeit besteht, obwohl Unrecht
geschieht"[2]. Angesprochen seien hier etwa Bereiche, in
denen der Verwaltung Ermessen oder ein Beurteilungsspielraum eingeräumt ist[3].

Ermessensentscheidungen können Verwaltungsgerichte nach
§ 114 VwGO nur daraufhin überprüfen, ob eine Ermessens-
überschreitung oder ein Ermessensfehlgebrauch stattfand.
Der Blick auf die Zweckmäßigkeit der Ermessensausübung
bleibt ihnen verwehrt, obwohl eine zweckwidrige Entscheidung den Bürger ebenso belasten kann wie eine
rechtswidrige[4]. Verwaltungsgerichtliche Kontrolle
erschöpft sich darin zu überwachen, ob sich die Behörde
im Rahmen der ihr vom Gesetz verliehenen Ermächtigung
hält und diese dem Gesetzeszweck entsprechend nutzt[5].
In seiner sinngemäßen Anwendung erlaubt § 114 VwGO eine
in diesem Sinne lediglich eingeschränkte Kontrolle der

1) Degenhart, DVBl 1982, 872, 875; Lorenz, Der Rechtsschutz des
   Bürgers, S.180; Schmidt-Aßmann, Jura 1979, 505,508; ders.
   VVDStRL 34 (1976), 221,265 f.; Wahl, VVDStRL 41 (1983), 151,
   160 f.; Martens, JuS 1977, 664,669; Schwarze, Der funktionale
   Zusammenhang, S.44 ff., 58 ff.; Eibert, Diss S.30 ff.
2) Redeker, NJW 1967, 1297,1299; Kopp, Verfassungsrecht S.151
3) Kopp a.a.O. S. 151; Degenhart, DVBl 1982, 872,875; Held, Grundrechtsbezug, S.43; Eibert, Diss S.35
4) Kopp a.a.O. S.151 f.
5) Kopp, VwGO § 114 Rn 7 f.

Verwaltung auch dort, wo diese einen Beurteilungsspielraum ausfüllt, planerisch gestaltet oder Prognoseentscheidungen trifft[1]. Wenn und soweit der Verwaltung ein
Beurteilungsspielraum zugewiesen ist, bleibt die Kontrollfunktion der Verwaltungsgerichte darauf beschränkt
zu prüfen, ob die Behörde die ihr vorgegebenen Wertmaß-
stäbe zutreffend interpretiert und eingehalten, den
Sachverhalt zutreffend und vollständig ermittelt, keine
wesentlichen entscheidungsrelevanten Gesichtspunkte unberücksichtigt gelassen[2] und sich nicht von sachfremden
willkürlichen Erwägungen leiten lassen hat[3]. Der III.
Senat des Bundesverwaltungsgerichtes bekennt sich im Urteil vom 25. Juni 1981[4] zu dem "Gerichtsschutzdefizit"
in Ansehung des Art. 19 Abs. 4 Satz 1 GG im Bereich von
Beurteilungsspielräumen, indem er ausführt:

"Daß die Einschränkung der verwaltungsgerichtlichen
Kontrolle aufgrund der Zuerkennung einer Beurtei-
lungsermächtigung mit Art. 19 Abs. 4 Satz 1 GG vereinbar ist, wonach jedem, der durch die öffentliche
Gewalt in seinen Rechten verletzt ist, der Rechtsweg
offensteht, hat das Bundesverwaltungsgericht wiederholt, u.a. in den genannten Entscheidungen vom 16.De-
zember 1971 (aaO. S. 205)[5] und vom 13.Dezember 1979
(aaO. S.216 f)[6] begründet. Danach dient zwar der gerichtliche Rechtsschutz der Abwehr von Rechtsverlet-
zungen. Sind aber mehrere rechtmäßige Entscheidungen
denkbar, so verlangt Art. 19 Abs. 4 GG nicht, daß die
Auswahl unter ihnen letztverbindlich vom Gericht getroffen wird."

---

1) Kopp, VwGO § 114 Rn 23
2) BVerwGE 62, 330,334
3) BVerwGE 62, 330,340; E 60, 245,252; BGH NJW 82, 1057, 1059;
   Kopp, VwGO § 114 Rn 30 m.w.N.
4) BVerwGE 62, 330,340 f.
5) BVerwGE 39, 197
6) BVerwGE 59, 213

Prognoseentscheidungen können Gerichte nur insoweit nachprüfen, ob sie von zutreffenden Abgrenzungen, Daten, Werten, Zahlen etc. aus unter Verwendung einer wissenschaftlich vertretbaren Methode getroffen word sind[1]. Eine eigene - möglicherweise richtigere - Einschätzung darf das Gericht auch hier nicht an die Stelle der behördlichen setzen.

In diesen Bereichen kann nur ein geordnetes Verwaltungsverfahren Rechtsschutz gewähren, da sie richterlicher Überprüfung nur mit den dargestellten Einschränkungen zugänglich sind. Eine zentrale Bedeutung wächst auch hier dem Untersuchungsgrundsatz zu, weil nur eine zutreffende Kenntnis des Sachverhaltes eine richtige Entscheidung wahrscheinlich werden läßt.

Außerhalb der Lücken richterlicher Kontrolle von Verwaltungsentscheidungen wird der eigenständige Rechtswahrungsauftrag des Verwaltungsverfahrens offenbar, wenn man die mehrjährige Dauer[2] der meisten Verwaltungsprozesse berücksichtigt, denn "eine allzu lange Verzögerung der endgültigen Erledigung eines Falles führt zu einer Entwertung oder wenigstens zu einer erheblichen Abwertung des durch ein allzu langes und kompliziertes Verfahren dann nur mehr vermeintlich gewährleisteten Rechtsschutzes"[3]. So weist Kopp[4] zutreffend darauf hin, daß die meisten subjektiven öffentlichen Rechte des Bürgers, wie auch die Befugnisse der Verwaltung, auf

---

1) BVerwGE 62, 86,108; Kopp, VwGO § 114 Rn 37 m.w.N.; W. Schmidt, Einführung in die Probleme des Verwaltungsrechts, S. 112 f.
2) Papier, Verwaltungsgerichtsbarkeit S.9 f.; Kloepfer JZ 1979, 209
3) Spanner, DÖV 1958, 651,655
4) Verfassungsrecht S.104

eine unmittelbare Umsetzung ausgerichtet sind und teilweise gegenstandslos werden oder erhebliche Werteinbus-
sen erleiden, wenn ihre Verwirklichung erst am Ende
eines jahrelangen Verwaltungsprozesses steht. Auch in
der zeitlichen Dimension ist das Verwaltungsverfahren
aufgerufen, flankierenden Rechtsschutz zu gewähren[1].

Die Eigenständigkeit verwaltungsverfahrensrechtlichen
Rechtsschutzes leitet sich weiter aus der vom Verwal-
tungsrichter verschiedenen Entscheidungsposition des
Verwaltungsbeamten ab: Verwaltungsgerichte kontrollieren
eine Verwaltungsentscheidung ex post, Behörden entschei-
den ex ante[2]. Im Hinblick auf den Rechtswahrungsauftrag
beider zieht Spanner[3] den Vergleich zur Repressiv- bzw.
Präventivpolizei. Verwaltungsrichter sind wegen § 42
Abs. 2 VwGO auf die Prüfung beschränkt, ob der oder die
Kläger in ihren subjektiven Rechten verletzt sind. Das
Betätigungsfeld der Verwaltung geht über diesen engen
Prüfbereich hinaus, sowohl im Hinblick auf den betroffenen Personenkreis wie auch in Ansehung der zu berücksichtigenden Belange[4]. Letztere unterliegen nicht der
Einschränkung des subjektiven Rechtsbetroffenseins[5], so
etwa dann, wenn ein Berührtsein in eigenen wirtschaftli-
chen Belangen für eine Beteiligung ausreicht[6]. Degenhart[7] beschreibt die Funktion des Verwaltungsverfahrens
insoweit:

---

1) Kopp, Verfassungsrecht S.105; Held, Grundrechtsbezug S.46 f.
   m.w.N.; Eibert, Diss S.37 f. m.w.N.
2) Wahl, VVDStRL 41, 151,160
3) DÖV 1958, 651,655
4) Wahl, VVDStRL 41, 151,160; Degenhart DVBl 1982, 872,875
5) Degenhart DVBl 1982, 872,875
6) Wahl a.a.O. S.160
7) a.a.O. S.875

- 78 -

"Durch die in Aussicht genommene Maßnahme berührte Belange zu ermitteln, schutzwürdige Belange hierbei ab-
zuschichten, demgemäß den Kreis der Betroffenen ein-
zugrenzen, subjektive Rechtspositionen verfahrensmä-
ßiger wie materieller Art zu sichern, dahingehend
lassen sich diese Sicherungsfunktionen umreissen."

Unter diesem Aspekt dokumentiert sich der eigenständige
Rechtswahrungsauftrag von Verwaltungsverfahren in jenen
zahlreichen Fällen, in denen die im Verfahren gewonnenen
Informationen und die zur Kenntnis genommenen Rechte und
Interessen eine eingreifende Entscheidung verhindern[1].

cc) Weitere Funktionen

Die Aufgaben des Verwaltungsverfahrens erschöpfen sich
nicht in der Herbeiführung, Sicherung und Legitimation
gesetzmäßiger, gerechter und sachrichtiger Entscheidungen, der Gewährung von Rechtsschutz sowie der Förderung
von Effizienz, worin sich lediglich die vordringlichen
Postulate an ein geordnetes Verfahren finden. Ein solches Verfahren macht das Verwaltungshandeln im Bereich
seiner Geltung für den Bürger berechenbar und leistet so
einen Beitrag zur Rechtssicherheit und Rechtsklarheit[2].

Verwaltung operiert häufig in Bereichen, in denen ihr
Handeln nur schwach gesetzlich determiniert ist, wie
etwa bei der Anwendung von Generalklauseln, der Ausfüllung von unbestimmten Rechtsbegriffen oder auch der Ermessensausübung. In all diesen Fällen stark verminderter
gesetzlicher Vorgaben kann das Verwaltungsverfahren der

1) Wahl a.a.O. S.161
2) Held, Grundrechtsbezug S.55 m.w.N.; Kopp, Verfassungsrecht S.54

ihren Abschluß bildenden Entscheidung eine zusätzliche
oder besser: ergänzende Legitimation verleihen[1]. Ein
formalisiertes und gerichtlich nachprüfbares Verfahren
soll Gewähr dafür bieten, daß die wesentlichen Faktoren
der Entscheidung geprüft werden und das von der ange-
wandten Norm angestrebte Ziel erreicht wird[2]. Ein
durchschaubares und korrektes Verfahren vermittelt dem
Betroffenen den Eindruck, es sei alles mit rechten Din-
gen zugegangen, und läßt ihn deshalb auch für ihn negative Entscheidungen eher akzeptieren[3]. Die Einbindung
des oder der Betroffenen in den Verfahrensablauf läßt
notwendige Informationen in den Entscheidungsprozeß gelangen, kann zu frühzeitigen Konsensbildungen zwischen
Betroffenen und Behörden führen und so ebenfalls die Ak-
zeptanz von Entscheidungen erhöhen[4]. Werden die Bürger
mit eigenen Rechten, wie der Anhörung oder der Akteneinsicht, am Verfahren beteiligt, so wird ihnen die Möglichkeit gegeben, ihre Kenntnisse, Erwartungen und Argumente frühzeitig einzubringen und den Standpunkt der
Verwaltung weit vor Abschluß des Entscheidungsprozesses
in Erfahrung zu bringen. Beide Seiten erhalten so Gele-
genheit, Überzeugungsarbeit vor dem Output der Entscheidung zu leisten[5]. Die Berücksichtigung aller relevanten
Entscheidungsfaktoren[6], die Anhörung des Bürgers und

---

1) BVerfGE 33, 303,341; E 41, 251,265; E 44, 105,116; E 45, 422,
   430 f.; E 63, 266,287; Wahl, VVDStRL 41, 151,157 f.; v.Mutius,
   NJW 82, 2150,2151; Kopp, BayVBl 1980, 97,101; Degenhart, DVBl
   1982, 872,875; a.A.: aus rechtssoziologischer Sicht: Luhmann,
   Legitimation durch Verfahren, S.203 ff.; auch: Schmitt-Glaeser,
   VVDStRL 31, 179,214 ff.
2) BVerfGE 33, 303,341
3) Weyreuther DVBl 1972, 93,95
4) Wahl VVDStRL 41, 151,164; Hufen NJW 82, 2160,2169
5) Kopp in Fröhler-Festschrift S.231,232 f.; Eibert, Diss S.45 ff.
6) BVerfGE 33, 303,341

- 80 -

das Bemühen, ihn von der Rechtmäßigkeit und Zweckmäßigkeit der zu treffenden Maßnahme zu überzeugen, bilden
den demokratischen Aspekt des Verwaltungsverfahrens[1].
Wird all dies ernst genommen, so ist die am Verfahrens-
ende stehende Maßnahme fundierter begründet, dem Betroffenen und der Allgemeinheit gegenüber besser legiti-
miert, als sie es sein könnte, wenn "von oben nach unten" durchentschieden worden wäre.

In seiner gesetzlich vorgezeichneten Ordnung vereinheit-
licht Verwaltungsverfahren das Verwaltungshandeln, führt
zu Typisierungen, befreit die Verwaltung von der zeit-
raubenden Last, selbst Verfahren zu konstruieren, und
schafft so Rationalisierungseffekte[2].

Das in seinen Funktionen magische Vieleck[3] Verwaltungsverfahren läßt eine abschließende Bestimmung seiner
"Ecken" kaum zu[4]. Welche der Funktionen im Vordergrund
stehen, wird immer auch davon abhängen, von welcher
Seite, aus welcher Position, man das Vieleck betrachtet,
sei es aus der Sicht des betroffenen Bürgers, der agierenden Verwaltung oder der kontrollierenden Rechtsprechung. Die Einschränkung oder Aufgabe der Amtsermittlung
bei der Nichterfüllung von Mitwirkungspflichten muß sich
an allen Funktionen messen lassen, die Verwaltung im und
durch Verfahren zu erfüllen hat, denn eine eindeutige
Präferenz hat keine von ihnen.

---

1) Kopp in Fröhler-Festschrift S.231,232 f.; ders.: Verfassungsrecht S.183 f.,188; Eibert, Diss S.45 f.
2) Becker, Allgemeines Verwaltungsverfahren S. 39; Held, Grundrechtsbezug S.55; Neuser, Diss S.23 f.; Kopp, Verfassungsrecht
S.202
3) vgl. Wahl in VVDStRL 41 (1983), 151,157
4) Aus dem Bereich der Verwaltungswissenschaften kommt die Forderung nach Bürgernähe staatlichen Handelns (vgl. F.X.Kaufmann,
Bürgernahe Sozialpolitik S.23), ein Wert, dem sich auch die Gestaltung des Verwaltungsverfahrens stellen muß

II. Kapitel

Verfassungsrechtliche Verankerung des Untersuchungsgrundsatzes im Verwaltungsverfahren

Die Betrachtung der Funktionen des Verwaltungsverfahrens hat gezeigt, daß einige von ihnen bereits von der Verfassung vorgegeben sind, wie der Zwang zur Erreichung gesetzmäßiger Entscheidungen aus Art. 20 Abs. 3 GG oder der doppelte Rechtsschutzauftrag aus einer Vorwirkung des Art. 19 Abs. 4 GG. Diese Berührung des Verwaltungsverfahrens mit der Verfassung führt zu der Fragestellung, ob der Gesetzgeber verpflichtet ist, für das Verwaltungsverfahren allgemein oder doch für einzelne Bereiche den Untersuchungsgrundsatz als Ermittlungsform vorzusehen. Geführt wird die Diskussion um die verfassungsrechtliche Verankerung des Untersuchungsgrundsatzes vorwiegend mit Blick auf das Verwaltungsprozeßrecht. Da der Untersuchungsgrundsatz des Verwaltungsverfahrens sich jedoch in vielen Punkten von dem des Verwaltungsprozesses unterscheidet (dazu vorstehend S. 25 ff.), muß die verfassungsrechtliche Prüfung im Zuschnitt auf das Verwaltungsverfahren hin erfolgen.

Sollte der Untersuchungsgrundsatz generell und umfassend für das Verwaltungsverfahren von der Verfassung determiniert sein, so müßten sich bereits gesetzliche Regelungen an diesem Verfassungsauftrag messen lassen, die den Untersuchungsgrundsatz außer Funktion setzen, sobald Verfahrensbeteiligte ihren Mitwirkungspflichten nicht nachkommen. Erst recht müßten sich Versuche, den Untersuchungsgrundsatz jenseits legislativer Ermächtigungen zurückzudrängen, dem Verfassungsgebot zur Amtsermittlung stellen.

1. Verwurzelung in Art. 19 Abs. 4 GG

Soweit das Verwaltungsverfahren seinen Rechtsschutzauftrag erfüllt, indem es den nachfolgenden Gerichtsschutz
offenhält und absichert[1], findet sich hierin aus ver-
fassungsrechtlicher Sicht eine Vorwirkung des Art. 19
Abs. 4 GG[2]. Akzeptiert man eine in Art. 19 Abs. 4 GG
angelegte Grundtendenz zur Schaffung umfassenden Rechtsschutzes[3], welcher vielfach bereits nur bei der Rechtsanwendung verwirklicht werden kann[4], so erstreckt sich
die Garantie des Art. 19 Abs. 4 GG auch auf den selbständigen Rechtsschutzauftrag des Verwaltungsverfahrens.
Lorenz[5] beschreibt den von Art. 19 Abs. 4 GG umschlos-
senen Rechtsschutzbereich als einen Kreis, dessen Fläche
von gerichtlichem und verwaltungsinternem Rechtsschutz
bedeckt wird, so daß dieser sich ausweitet, wenn jener
bis an die Grenze des verfassungsrechtlich Möglichen
zurückweicht. Soweit gerichtliche Kontrolle schlechthin
ineffektiv und damit funktionslos ist, füllt das Verwaltungsverfahren den Rechtsschutzbereich allein aus[6].

Wenn sich der Rechtsschutzauftrag des Art. 19 Abs. 4 GG
nur durch ein bestimmtes Verfahren der Sachverhaltsermittlung erfüllen ließe, wäre eben dieses Verfahren dem
Gesetzgeber durch Art. 19 Abs. 4 GG vorgezeichnet. Die
umfassend verstandene Einstrahlung des Art. 19 Abs. 4 GG
in das Verwaltungsverfahren läßt es deshalb konsequent
werden, sich dort nach einer Verankerung des Untersuchungsgrundsatzes umzusehen.

---

1) siehe dazu vorstehend S. 71 ff.
2) BVerfGE 61, 82,110; E 22, 49,81 f.
3) Lorenz, Rechtsschutz S. 179 m.w.N.
4) siehe dazu vorstehend S. 74 ff.
5) Lorenz, Rechtsschutz S. 180
6) Lorenz a.a.O.

Für den Verwaltungsprozeß sind einige Autoren in Art. 19 Abs. 4 GG fündig geworden[1]) und leiten hieraus das Postulat ab, im Garantiebereich dieser Bestimmung habe ausschließlich der Untersuchungsgrundsatz die Tatsachensammlung zu determinieren. Sollten die dort für die Geltung der Untersuchungsmaxime genannten Gründe tragfähig und auf das Verwaltungsverfahren übertragbar sein, so müßte - auch - hier die Zurückdrängung des Untersuchungsgrundsatzes an die sich aus Art. 19 Abs. 4 GG ergebenden Grenzen stoßen.

a) Richterliche Unabhängigkeit

Kropshofer sieht bei einem Zurückdrängen des Untersuchungsgrundsatzes und einem damit einhergehenden Vordringen der Verhandlungsmaxime die richterliche Unabhängigkeit in Gefahr[2]). Art. 19 Abs. 4 GG gewährleiste den Rechtsweg zu Gerichten, die von der gesetzgebenden und vollziehenden Gewalt getrennt (Art. 20 Abs. 2 GG), unabhängig und nur dem Gesetz unterworfen seien[3]). Insoweit bewegt sich Kropshofer auf dem Boden gesicherter Erkenntnisse[4]). Diesen verläßt er jedoch in folgendem: Die von Art. 19 Abs. 4 GG geforderte Unabhängigkeit des Gerichtes beschränke sich nicht auf die funktionale und organisatorische Trennung zwischen rechtsprechender und vollziehender Gewalt sowie die Weisungsunabhängigkeit der Gerichte gegenüber der Verwaltung; ein wesentlicher

1) Kropshofer, Untersuchungsgrundsatz S.49 ff.; Kopp, VwGO § 86 Rn 1; Bauer, Gerichtsschutz S. 89; Lorenz, Rechtsschutz S.271; Schenke in: Bonner Kommentar GG Art. 19 Abs. 4 Rn 86; ders. in: DÖV 1982, 709, 725; Stelkens in: NVwZ 1982, 81,83; Hendrichs in: von Münch GG Art. 19 Rn 53 "Untersuchungsgrundsatz"
2) Kropshofer, Untersuchungsgrundsatz S.50 f.; ansatzweise auch: Stelkens in NVwZ 82, 81,83
3) Kropshofer a.a.O. S.49 f.
4) vgl. etwa: Schmidt-Bleibtreu/Klein, GG Art. 19 Rn 17 m.w.N.

Bestandteil dieser Unabhängigkeit finde sich in der Alleinverantwortlichkeit für die Richtigkeit der Entscheidungen[1]. Diese Alleinverantwortlichkeit, und damit gleichbedeutend Unabhängigkeit, werde den Gerichten genommen, wenn den Beteiligten die Möglichkeit eingeräumt werde, dem Gericht einen allein auf ihren Behauptungen basierenden Sachverhalt zur rechtlichen Überprüfung zu stellen[2].

Wie gesehen[3], haben beide Verfahrensmaximen zur Tatsachensammlung zum Ziel, den der Entscheidung zugrunde zu legenden Sachverhalt so zu rekonstruieren, wie er sich tatsächlich ereignet hat. Dabei stehen sie sich auch in den anzuwendenden Mitteln nicht völlig fern, denn der Untersuchungsgrundsatz kommt ohne die Mitwirkungspflichten der Beteiligten ebenso wenig aus, wie die Verhandlungsmaxime etwa ohne das Fragerecht des Gerichtes gemäß § 139 ZPO oder der Möglichkeit zur Beweiserhebung von Amts wegen. Im Interesse optimaler Wahrheitsermittlung finden sich im Inquisitionsverfahren Elemente der Verhandlungsmaxime und umgekehrt, weshalb es verfehlt ist, beide Maximen in ihrer heutigen Erscheinung als reine Gegensätze aufzufassen[4]. Deutlich wird hieran auch, daß die "reine" Verhandlungsmaxime und der "reine" Untersuchungsgrundsatz heute eigentlich nirgendwo mehr verwirklicht sind[5]. Die Diskussion um die verfassungsrechtliche Zulässigkeit der reinen Verhandlungsmaxime für das Verwaltungsverfahren ist deshalb ausschließlich theoretischer Natur und nahezu überholt.

---

1) Kropshofer a.a.O. S. 50
2) Kropshofer a.a.O. S. 51 f.
3) vorstehend S. 31 ff.
4) Berg, Die verwaltungsrechtliche Entscheidung bei ungewissem Sachverhalt, S.37 ff.; Grunsky, Grundlagen, S.163 ff.; Lang, VerwArch 52 (1961) S.65 ff.; Schmidt-Aßmann in Maunz-Düring-Herzog-Scholz, GG Art. 19 IV Rn 219
5) vgl. etwa Tipke/Kruse, AO u. FGO § 88 AO Rn.1

- 85 -

Bereits von diesem Ansatz her erscheint es als schwer
verständlich, wieso ein Schritt in Richtung auf eine
andere Form der Wahrheitsermittlung hin bereits die
richterliche Unabhängigkeit und damit - laut Kropshofer[1] - die Rechtsschutzgarantie des Art. 19 Abs. 4 GG
infrage stellen soll. Kropshofer übersieht zudem, daß
Art. 19 Abs. 4 GG nur einen einheitlichen Begriff von
"Rechtsweg" und "Gericht" kennt, weshalb es für die Anforderungen, die unter dem Maßstab des Art. 19 Abs. 4 GG
an ein Gericht zu stellen sind, nicht darauf ankommen
kann, welchem Gerichtszweig dieses zuzuordnen ist[2].
Konsequent hätte Kropshofer aus diesem Grunde die Anwendung der Verhandlungsmaxime insgesamt als mit Art. 19
Abs. 4 GG unvereinbar erklären müssen. Eine solche Konsequenz zieht er jedoch nicht[3]. Kropshofers Erwägung
läßt sich auch nicht damit rechtfertigen, daß Verfahren,
an denen Behörden beteiligt sind, ein besonderes Maß an
richterlicher Unabhängigkeit und damit die Geltung der
Untersuchungsmaxime bedingen, denn Art. 19 Abs. 4 GG ge-
währleistet keinen bestimmten Rechtsweg und deshalb auch
nicht den zu Verwaltungsgerichten, wie sich aus der Ver-
weisung in Art. 19 Abs. 4 Satz 2 GG auf den subsidiär
geltenden ordentlichen Rechtsweg ergibt[4]. Für einen
Bereich, in dem die Verwaltung in starkem Maße und zu
Unrecht in den Rechtskreis des Bürgers eingreift, nämlich bei Amtspflichtverletzungen, ist gemäß § 839 BGB,
Art. 34 GG für den Ersatz der entstandenen Schäden der
ordentliche Rechtsweg ausdrücklich vorgesehen[5]. Es ist
also keineswegs so, daß Art. 19 Abs. 4 GG besonders un-

---

1) Untersuchungsgrundsatz S. 51
2) BVerfGE 4, 331,344; Leibholz-Rinck, GG Art. 19 Rn 9
3) Untersuchungsgrundsatz S. 51
4) BVerfGE 31, 364,368; Leibholz-Rinck, GG Art. 19 Rn 10
5) Zu dieser Aufgabenverteilung s. S. 89 Fn 3

abhängige Richter dort fordert, wo öffentliche Hände
bürgerliche Freiheiten und Rechte beschneiden.

Ungeachtet der vorstehenden Bedenken wäre dieser Begründungsansatz Kropshofers - selbst wenn er zutreffend wäre
- für das Verwaltungsverfahren nicht fruchtbar zu machen, denn zum einen entscheiden dort weisungsabhängige
Beamte und zum anderen ist bei in der Regel nur einem
Beteiligten ein übereinstimmender wahrheitswidriger die
Verwaltung bindender Tatsachenvortrag undenkbar[1].

b) Volle tatsächliche Überprüfungsmöglichkeit

Das Bundesverfassungsgericht hat wiederholt darauf hingewiesen, daß Art. 19 Abs. 4 GG einen wirksamen Rechtsschutz gewährleiste, wozu das Recht des Gerichts gehöre,
die angegriffene Verwaltungsmaßnahme umfassend in tatsächlicher und rechtlicher Hinsicht zu überprüfen[2].
Diese Rechtsprechung werten einige Autoren als Bekennt-
nis zum Untersuchungsgrundsatz und knüpfen hieran dessen
Verwurzelung in Art. 19 Abs. 4 GG[3].

Das Bundesverfassungsgericht äußerte sich jedoch stets
zu der Fragestellung, ob die erkennenden Gerichte an
eine Sachverhaltsfeststellung der Behörde gebunden sein
könnten[4]. Es ging so um die Frage, ob einer der am Ver-

---

1) vgl. dazu vorstehend S. 25 ff.
2) BVerfGE 61, 82,111; E 51, 304,312; E 35, 263,274; E 31,
113,117; E 28, 10,14 f.; E 21, 191,194; E 18, 203,212,215;
E 15, 275,282
3) Schenke in Bonner Kommentar GG Art. 19 Abs. 4 Rn 86; Lorenz,
Rechtsschutz S. 271; Kropshofer, Untersuchungsgrundsatz S. 51;
Kopp, VwGO § 86 Rn 1
4) BVerfGE 61, 82,111; E 51, 304,312; E 35, 263,274; E 31, 113,
117; E 28, 10,14 f.; E 21, 191,194; E 18, 203,212,215; E 15,
275,282

fahren beteiligten Kontrahenten für das Gericht bindend
den Sachverhalt vollständig oder in Teilen vorgeben
konnte. Die Sachverhaltsermittlung würde aus dem Verfahren praktisch ausgegliedert und einer Partei allein für
die übrigen verbindlich übertragen. Daß dies mit der
Rechtsschutzgarantie des Art. 19 Abs. 4 GG nicht zu vereinbaren ist, liegt auf der Hand, denn wenn ein Kontra-
hent allein über den Sachverhalt verfügt, verfügt er damit auch über das Recht. Davon zu trennen ist jedoch der
Streit, nach welcher Methode die in der Verantwortung
des Gerichtes verbleibende Sachverhaltsermittlung stattfinden soll. Eine volle Überprüfung der Entscheidung in
tatsächlicher Hinsicht ist dem Gericht auch bei Geltung
der Verhandlungsmaxime möglich, wenn die Parteien - wie
in Rechtsstreiten eher häufig als selten anzutreffen -
kontrovers zur Sache vortragen. Keineswegs ist es so,
daß die Verhandlungsmaxime zur Sachverhaltsermittlung
ungeeignet ist, denn wäre dies der Fall, hätte sie ihre
Existenzberechtigung eingebüßt. Rechtsstaatlich bedenk-
lich ist es sicherlich, wenn man in einem Verwaltungs-
rechtsstreit Bürger und Gericht von der Sachverhaltsermittlung ausschließt. Dieselben Bedenken können aber
nicht entgegenstehen, wenn man die Verantwortung für die
Tatsachensammlung sachgerecht zwischen Bürger, Gericht
und Behörde aufteilt. Die grundsätzliche Gleichrangig-
keit beider Maximen unter dem Maßstab des Art. 19 Abs. 4
GG wird dann deutlich, wenn man sich in Erinnerung
ruft[1], daß diese Verfassungsnorm sämtliche Gerichts-
zweige erfaßt[2], unabhängig von der Verfahrensweise,
nach der dort jeweils die entscheidungserheblichen Tatsachen gesammelt werden.

---

1) siehe vorstehend S. 85
2) BVerfGE 4, 331,344; Leibholz-Rinck, GG Art. 19 Abs. 4 Rn 9

- 88 -

c) Ungleichgewicht von Bürger und Behörde

Einige Autoren konstatieren ein Ungleichgewicht zwischen
Bürger und Behörde und leiten hieraus unter der Über-
schrift des Art. 19 Abs. 4 GG ein verfassungsrechtliches
Postulat der Untersuchungsmaxime im Verwaltungsprozeß
ab[1]. Nur die Geltung der Untersuchungsmaxime baue das
Übergewicht der öffentlichen Gewalt ab und verhelfe dem
Bürger zu dem von Art. 19 Abs. 4 GG verbürgten effekti-
ven Rechtsschutz[2].

In ihrem Fachgebiet hat eine Behörde gegenüber dem an
sie herantretenden Bürger in der Regel einen Erkenntnis-
vorsprung, der ihr ein Übergewicht verleiht. Die Gewich-
te können sich allerdings auch verschieben: Der Betrei-
ber einer Kernenergieanlage ist der Genehmigungsbehörde
an einschlägigen Erkenntnissen und Erkenntnismöglichkeiten über zu besorgende Gefahrenquellen sicher ebenso
überlegen, wie der Hersteller eines Arzneimittels mit
seinem Wissen um Wirkung und Nebenwirkung des von ihm
hergestellten Präparates. Ungleichgewichte zwischen
streitenden Parteien finden sich zudem auch in Verfahren, die unter der Herrschaft des Verhandlungsgrundsatzes stehen. Bender[3] weist zutreffend darauf hin, daß
sich vor den Zivilgerichten das Idealbild zweier gleich-
kompetenter Bürger, die gegeneinander prozessieren,
schon seit langem von der Realität entfernt hat. In mehr

---

1) Bauer, Gerichtsschutz als Verfassungsgarantie S. 89; Stelkens
   in: NVwZ 1982, 81,83; Schenke in Bonner Kommentar Art. 19
   Abs. 4 Rn 86; unter Berufung auf Art. 3 Abs. 1 GG auch: Haverkämper, Diss S.93 f., 96
2) Bauer, Gerichtsschutz als Verfassungsgarantie S. 89; Stelkens
   in: NVwZ 1982, 81,83; Schenke in Bonner Kommentar Art. 19
   Abs. 4 Rn 86; unter Berufung auf Art. 3 Abs. 1 GG auch: Haverkämper, Diss S.93 f., 96
3) in JZ 1982, 709, 710

als der Hälfte aller Fälle stünde dem Bürger eine Firma
gegenüber, die meist "Mehrfachprozessierer" sei und als
solche weit größere Erfolgsaussichten habe[1]. Eine Überlegenheit einer Partei findet sich beispielsweise auch
in Arzthaftungsprozessen, in denen der Patient als medi-
zinischer Laie gegen seinen Arzt als weit kompetenteren
Partner anzutreten hat[2]. Eine Behörde büßt zudem ihre
Überlegenheit nicht ein, wenn sie vom Bürger vor einem
Zivilgericht auf Schadensersatz aus einer Amtspflichtverletzung in Anspruch genommen wird; gleichwohl gilt
auch dort der Verhandlungsgrundsatz[3]. Die Überlegenheit
einer Partei in einem Rechtsstreit reicht also nicht
aus, um hieraus unter dem Blickwinkel des Art. 19 Abs. 4
GG für jenes Verfahren den Untersuchungsgrundsatz zum
unverbrüchlichen Dogma zu machen. Es verbleibt vielmehr
ein Gestaltungsspielraum[4] des Gesetzgebers, ob er die
Verhandlungsmaxime vorsieht, sie eventuell mit Elementen
des Untersuchungsgrundsatzes anreichert[5] oder aber den
Untersuchungsgrundsatz einführt. Das strikte und allei-
nige Gebot des Untersuchungsgrundsatzes für Rechtsstreite, an denen Behörden beteiligt sind, läßt sich aus

---

1) Bender a.a.O.
2) vgl. dazu etwa Giesen, JZ 1982, 448 ff.; Bender, JZ 1982,
   709,711
3) Die Zuständigkeit der Zivilgerichte ist insoweit allein historisch zu erklären; entwickelt wurde die Staatshaftung aus der
   persönlichen Haftung des Beamten, welche zum Privatrecht gehört. Früher waren zudem nur die ordentlichen Gerichte sachlich
   und persönlich von der Verwaltung unabhängig. Heute sind die
   Verwaltungsgerichte den ordentlichen Gerichten gleichrangig.
   Wegen der größeren Sachnähe der Verwaltungsgerichte und zur
   Vermeidung von Rechtswegspaltungen wird heute ganz überwiegend
   eine Zuständigkeit der Verwaltungsgerichte für Amtshaftungsfäl-
   le gefordert. Zum Vorstehenden: Dagtoglou in: BK, GG, Art. 34
   Rn.365 ff; Papier in: Maunz/Düring/Herzog/Scholz, GG Art. 34
   Rn.298 ff; ders. in: Münchener Kommentar, BGB, 2. Aufl., § 839
   Rn.324
4) so auch: Schmidt-Aßmann in Maunz-Düring-Herzog-Scholz, GG
   Art. 19 IV Rn 219
5) vgl. Bender Jz 1982, 709,711

- 90 -

Art. 19 Abs. 4 GG auch dann nicht entnehmen, wenn man
das Übergewicht der Behörde ins Kalkül zieht; denn
effektiven Rechtsschutz erklärt Art. 19 Abs. 4 GG auch
in denjenigen Gerichtszweigen zum Ziel, in denen die
Verhandlungsmaxime gilt und sich gleichwohl ungleiche
Partner gegenüberstehen.

Das Ungleichgewicht zwischen Bürger und Behörde besteht
im Verwaltungsverfahren in dem gleichen Maße, wie es im
Verwaltungsprozeß der Fall ist. Bedingt dieses Ungleichgewicht den Untersuchungsgrundsatz schon nicht für den
Verwaltungsprozeß, kann eine solche Folge unter diesem
Aspekt auch nicht für das Verwaltungsverfahren geboten
sein; denn der Verwaltungsprozeß hat eine weit stärker
ausgebildete Rechtsschutzfunktion als das Verwaltungsverfahren.

2. Verankerung in Art. 20 Abs. 3 GG

Art. 20 Abs. 3 GG bindet die vollziehende Gewalt und die
Rechtsprechung an Gesetz und Recht. Der so formulierte
Grundsatz der Gesetzmäßigkeit der Verwaltung bedingt ein
Verwaltungsverfahren, welches so ausgestaltet ist, daß
die dort erarbeiteten Verwaltungsentscheidungen möglichst im Einklang mit Gesetz und Recht stehen[1]. Erreicht werden kann eine in diesem Sinne richtige Entscheidung zunächst nur dann, wenn der Entscheidung der
Sachverhalt in der Form zugrunde gelegt wird, in der er
sich tatsächlich ereignet hat[2].

---

1) Ule/Laubinger, Verwaltungsverfahrensrecht S. 5; Ule, VerwArch
   62 (1971), 114,127
2) Ule/Laubinger, Verwaltungsverfahrensrecht S.5; Ule, VerwArch 62
   (1971), 114,127; ders. in Heymanns-FS, S.51,69; Meyer/Borgs,
   VwVfG § 24 Rn. 1; Berg, Die Verw 1976, 161,165; Clausen in
   Knack, VwVfG § 24 Rn. 2; Stelkens/Bonk/Leonhardt, VwVfG § 24
   Rn 2; Söhn in H/H/Sp, AO u. FGO § 88 AO Rn 3; Kropshofer, Untersuchungsgrundsatz S. 53 f.; Michael, Objektive Beweislast
   S. 39; Kopp, Verfassungsrecht S. 71 f.

Ausgehend von dieser Erwägung - die verwaltungsrechtliches Allgemeingut darstellt - wird der Gesetzgeber von
einer verbreiteten Auffassung aus Art. 20 Abs. 3 GG als
verpflichtet angesehen, der Verwaltung die zur Feststellung des Sachverhaltes erforderlichen Mittel an die Hand
zu geben, welche sogleich ausschließlich im Untersuchungsgrundsatz gefunden werden[1].

a) Das öffentliche Interesse an der zutreffenden
   Tatsachenfeststellung

Zur Geltung des Untersuchungsgrundsatzes im Rahmen des
Verfahrens zur Anfechtung der Ehelichkeit eines Kindes
hat das Bundesverfassungsgericht ausgeführt, mit dieser
Verfahrensgestaltung solle das öffentliche Interesse an
einer richtigen Entscheidung gewahrt und der Mißbrauch
durch Parteiwillkür verhindert werden[2]. Diesen Gedanken
haben einige Autoren zur Verankerung des Untersuchungsgrundsatzes in Art. 20 Abs. 3 GG auf das Verwaltungsverfahren übertragen[3]: Das öffentliche Interesse an der
Gesetzmäßigkeit der Verwaltung erfordere, daß ein Gesetz
nur dann zur Anwendung gelange, wenn die tatsächlichen
Voraussetzungen erfüllt seien[4]. Das öffentliche Interesse an der Feststellung des wahren Sachverhaltes habe
Vorrang vor den Privatinteressen der Beteiligten, weshalb es ausgeschlossen sei, die Verwaltung bei der Tatsachenermittlung an den Vortrag nur eines Beteiligten

---

1) Ule/Laubinger a.a.O.; Ule a.a.O.; Borgs a.a.O.
2) BVerfGE 9, 256,257; in Kindschaftssachen gilt gem. § 640 Abs. 1
   ZPO der Untersuchungsgrundsatz des § 616 Abs. 1 ZPO, eingeschränkt durch die Regelung des § 640 d ZPO
3) Berg, Die Verw 1976, 161,165; Clausen in Knack, VwVfG § 24 Rn -
   2; Stelkens/Bonk/Leonhardt, VwVfG § 24 Rn 2; Söhn in: H/H/Sp,
   AO u. FGO § 88 AO Rn 3; Kopp, Verfassungsrecht S.71
4) Berg a.a.O.

zu binden. Der sich aus Art. 20 Abs. 3 GG ergebende
Zwang zur materiellen Gesetzmäßigkeit schließe eine
solche förmliche Bindung aus[1].

Pfeifer hingegen hält den Begriff des öffentlichen Interesses für völlig ungeeignet zur Begründung des Untersuchungsgrundsatzes[2]. Zurückgehend auf Häberle[3] führt
er aus, der Begriff des öffentlichen Interesses sei viel
zu unbestimmt, als daß er zur Begründung dieser oder
jener Art der Sachverhaltsermittlung herangezogen werden
könnte[4]. Darüber hinaus würden in Verwaltungsverfahren
auch direkt private Interesse verfolgt, wie bei der Erteilung von Konzessionen und Bewilligungen[5]. Das Verwaltungsverfahren diene in allen Fällen auch dem Rechtsschutz der Beteiligten, welcher immer auf die Verwirklichung individueller Interessen gerichtet sei[6].

Pfeifer ist darin beizupflichten, daß im Verwaltungsverfahren auch private Interessen verfolgt werden[7], denn
der Rechtsschutz im und durch Verfahren dient zualler-
erst den Interessen der Beteiligten, wie auch die Erteilung einer Genehmigung. Damit ist das öffentliche
Interesse an der Feststellung des wahren Sachverhaltes
aber nicht beseitigt, denn dieses besteht auch dann,
wenn das Verfahren ganz vorrangig im Interesse des Beteiligten stattfindet. Pfeifer hat den Ansatzpunkt des
öffentlichen Interesses mißverstanden: Wenn das Grundge-

---

1) Berg a.a.O.; Kopp a.a.O.
2) Pfeifer, Untersuchungsgrundsatz und Offizialmaxime S.95 f.
3) Öffentliches Interesse als juristisches Problem, 1970
4) Pfeifer a.a.O.
5) Pfeifer a.a.O. S.96
6) Pfeifer a.a.O.
7) vgl. etwa: Stelkens/Bonk/Leonhardt, VwVfG § 24 Rn 2; Michael,
   Objektive Beweislast S.41; Marx, Notwendigkeit und Tragweite
   S.60 f.

setz die Verwaltung in Art. 20 Abs. 3 zu gesetzestreuem
Handeln verpflichtet, so gilt dies in allen Fällen hoheitlicher Tätigkeit, auch wenn die Verwaltung nahezu
ausschließlich im Interesse des Einzelnen tätig wird. Da
gesetzeskonformes Handeln eine möglichst zutreffende
Tatsachenkenntnis voraussetzt, überträgt sich das öffentliche Interesse an einer gesetzmäßigen Entscheidung
auf die Feststellung des wahren Sachverhaltes. Das öffentliche Interesse an der Feststellung des wahren Sachverhaltes besteht unabhängig davon, ob in dem Verwaltungsverfahren primär private oder primär öffentliche
Interessen umgesetzt werden. So gesehen ist das öffentliche Interesse auch keineswegs zu unbestimmt, um als
Argumentationshilfe für ein Verfahren zur Sachverhaltsfeststellung ins Feld geführt zu werden. Zwar läßt sich
ein allumfassender Begriffsinhalt nicht finden, doch
kann das öffentliche Interesse für den Bereich seiner
jeweiligen Anwendung präzisiert werden[1], so eben auch
für das Verwaltungsverfahren.

b) Vorrang des Gesetzes und die Methoden der Tatsachenermittlung

Gesetzmäßigkeit der Verwaltung in dem diskutierten Sinne
meint die Pflicht, die im Gesetz abstrakt getroffenen
Entscheidungen zu beachten, gegebenenfalls zu konkretisieren und zu vollziehen. Angesprochen ist der Vorrang
des Gesetzes[2]. Dieses "Urgestein konstitutionellen Gedankengutes"[3] bildet aber nicht nur das Fundament des
Verwaltungsgebäudes, auf ihm ruht auch die dritte Ge-

---

1) gerade dies hat Häberle in seiner Schrift "Öffentliches Interesse als juristisches Problem" nachzuweisen versucht
2) Maunz/Düring/Herzog/Scholz, GG Art. 20 Anm. VI Rn 35
3) Herzog a.a.O.

walt, wie ein Blick in Art. 20 Abs. 3 GG zeigt. Sich
daraus ergebende Nuancierungen, daß die Rechtsprechung
befugt ist, das Bundesverfassungsgericht anzurufen und
die Verwaltung kontrolliert[1], erlauben für die Frage
der Sachverhaltsklärung zur Verwirklichung der Gesetzesbindung keine unterschiedliche Behandlung beider Gewalten. Wenn eine gesetzeskonforme Entscheidung die Feststellung des wahren Sachverhaltes zur notwendigen Voraussetzung hat, so verpflichtet Art. 20 Abs. 3 GG auch
die Gerichte, die materielle Wahrheit[2] zu erforschen.
Da das Grundgesetz nur einen einheitlichen Begriff von
"Rechtsweg" und "Gericht" kennt[3], sind hier auch die
ordentlichen Gerichte angesprochen, die Sachverhaltsermittlung nach der Verhandlungsmaxime betreiben. Auch bei
der Entscheidung bürgerlicher Rechtsstreite unter der
Herrschaft des Beibringungsgrundsatzes müssen die Gerichte ihrer Entscheidung denjenigen Sachverhalt zugrunde legen, der sich tatsächlich ereignet hat, wollen sie
ihrer Gesetzesbindung genügen; denn einen Eingriff eines
Bürgers in den Rechtskreis eines anderen unter Einsatz
eines staatlichen Gerichtes hat der Gesetzgeber nur für
die Fälle vorgesehen, die generalisiert den Tatbestand
der jeweiligen Norm ausmachen, nicht aber an ein über-
einstimmendes der Wahrheit zuwiderlaufendes Vorbringen
der Parteien im Rahmen eines Rechtsstreites. Dieses im

---

1) Herzog a.a.O. Rn 38

2) als Arbeitsbegriff erscheint das Begriffspaar formelle-mate-
rielle Wahrheit als tauglich, wenn auch Bedenken bestehen, den
Wahrheitsbegriff derart zu teilen, dazu etwa: Rosenberg/Schwab,
Zivilprozeßrecht § 78 I 5 (S.454)

3) BVerfGE 4, 331,344; Leibholz/Rinck, GG Art. 19 Abs. 4 Rn 9;
auch der Begriff "Rechtsprechung" in Art. 20 Abs. 3 GG wird ersichtlich einheitlich verwandt

Ansatz von der überwiegenden Auffassung[1] zur Sachverhaltsermittlung im Verwaltungsverfahren getragene Verständnis des Art. 20 Abs. 3 GG führt, konsequent zu Ende
gedacht, zu einer Verbindungslinie zwischen diesem verfassungsrechtlichen Ansatz und dem von Eike Schmidt[2]
beschriebenen allgemeinen Normverständnis auch bürger-
lich-rechtlicher Vorschriften. Hiernach wird eine
Rechtsnorm erlassen, weil der Gesetzgeber eine bestimmte
tatsächliche Erscheinung des Soziallebens regeln will.
Programmgemäß angewendet werden könne die Norm nur, wenn
der Sachverhalt ermittelt werde, der sich tatsächlich
ereignet habe[3].

Da nun deutlich geworden ist, daß sich der Wirkungsbereich des Art. 20 Abs. 3 GG auch auf Bereiche erstreckt,
in denen Informationen nach der Verhandlungsmaxime gesammelt werden, erscheint es bereits als zweifelhaft, ob
der Vorrang des Gesetzes tatsächlich den Untersuchungsgrundsatz allumfassend zur Pflicht macht. Wäre dies der
Fall, müßte er für alle Verfahren gelten. Zurückhaltung
ist jedoch generell geboten, wenn aus dem Rechtsstaatsprinzip in allen Einzelheiten eindeutig bestimmte Gebote
oder Verbote abgeleitet werden sollen, denn es handelt
sich um einen Verfassungsgrundsatz, der je nach den
sachlichen Gegebenheiten vom Gesetzgeber zu konkretisieren ist[4]. Wenn man die Erforschung der
materiellen-

---

1) Ule/Laubinger, Verwaltungsverfahrensrecht S.5; Ule, VerwArch 62
(1971), 114,127; ders. in Heymanns-FS, S.51,69; Meyer/Borgs,
VwVfG § 24 Rn. 1; Berg, Die Verw 1976, 161,165; Clausen in
Knack, VwVfG § 24 Rn. 2; Stelkens/Bonk/Leonhardt, VwVfG § 24
Rn 2; Söhn in H/H/Sp, AO u. FGO § 88 AO Rn 3; Kropshofer, Untersuchungsgrundsatz S. 53 f.; Michael, Objektive Beweislast
S. 39; Kopp, Verfassungsrecht S. 71 f.
2) in DuR 1984, 24,27 f.; sowie vorstehend S. 33 f.
3) Eike Schmidt a.a.O.
4) BVerfGE 7, 89,92 f.; E 11, 64,72; E 57, 250,275 f.; Schmidt-
Bleibtreu/Klein, GG Art. 20 Rn 10

Wahrheit zum Ziel von Verfahren erklärt, so folgt hieraus noch nicht, daß es nur eine rechtlich vertretbare Methode zur Organisation der Beschaffung des Informationsmaterials gibt[1]. Auch die Verhandlungsmaxime in ihrer heutigen Ausgestaltung zielt von ihrem Ansatz her auf die Ermittlung des tatsächlichen Geschehens ab und findet in ihrer Tauglichkeit dazu ihre wesentliche Rechtfertigung[2]. Vom Prinzip her sind Verhandlungs- und Untersuchungsmaxime nur verschiedene Organisationsformen der Informationsbeschaffung, "um die Wahrheit an den Tag zu bringen"[3]. Lang hat herausgearbeitet, daß es vom Grundsatz her vier Organisationsformen der Tatsachenbeschaffung gibt[4]:

- Die reine Untersuchungsmaxime oder die reine Verhandlungsmaxime;

- beide Maximen werden so kombiniert, daß ein Teil der Verfahrenshandlungen der Verhandlungs-, ein anderer der Untersuchungsmaxime untersteht;

- die Maximen werden für den ganzen Prozeß oder für Teile des Prozesses zu einer echten Synthese verschmolzen.

Wenn beide Maximen irgendwo lupenrein durchgeführt würden, verwirklichte vermutlich keine von ihnen eine optimale Informationsbeschaffung, weil ihnen jeweils vor-

---

1) so auch: Martens, Verwaltungsverfahren S. 81
2) vgl. vorstehend S. 34
3) Berg, Die verwaltungsrechtliche Entscheidung bei ungewissem Sachverhalt, S. 38; Lang, VerwArch 52 (1961), 60,67; Kollhosser, JZ 73, 8,11; Rosenberg/Schwab, Zivilprozeßrecht § 78 I 5 (S.454)
4) Lang, VerwArch 52 (1961), 60,69

teilhafte Komponenten der anderen fehlen. Der kontradiktorische Tatsachenvortrag ist für den Verwaltungsrichter
ebenso hilfreich, wie es für den Zivilrichter die Möglichkeit ist, Beweise von Amts wegen zu erheben. Eine
optimale Wahrheitsfindung wird sich mit hoher Wahrscheinlichkeit deshalb dann ergeben, wenn die Maximen
angepaßt an die jeweilige Verfahrensart wechselseitig
Elemente voneinander übernehmen[1].

Wenn für das Verwaltungsverfahren gleichwohl von der
ganz überwiegenden Auffassung[2] der Untersuchungsgrundsatz als allein geboten propagiert wird, so geschieht
dies zumeist mit einem bangen Blick auf eine scheinbar
drohende Parteiwillkür für den Fall, daß der Verhandlungsgrundsatz eingeführt werden sollte[3]. Seine Geltung
wird gleichgesetzt mit der Behauptung, fortan könnten
Verwaltungsentscheidungen nur noch auf der Grundlage der
Behauptungen von Verfahrensbeteiligten zustande kommen,
ohne daß die Verwaltung die Möglichkeit zu einer Überprüfung hätte[4]. Will man den Verhandlungsgrundsatz
ernsthaft für das Verwaltungsverfahren diskutieren, so
muß dies fairer- und auch sachgerechterweise in der Form
geschehen, in der er für das Verwaltungsverfahren denkbar ist.

---

1) Berg, Die verwaltungsrechtliche Entscheidung bei ungewissem
   Sachverhalt S. 39; Lang, VerwArch 52 (1961), 175,193
2) Ule/Laubinger, Verwaltungsverfahrensrecht S.5; Ule, VerwArch 62
   (1971), 114,127; ders. in Heymanns-FS, S.51,69; Meyer/Borgs,
   VwVfG § 24 Rn. 1; Berg, Die Verw 1976, 161,165; Clausen in
   Knack, VwVfG § 24 Rn. 2; Stelkens/Bonk/Leonhardt, VwVfG § 24
   Rn 2; Söhn in H/H/Sp, AO u. FGO § 88 AO Rn 3; Kropshofer, Un-
   tersuchungsgrundsatz S. 53 f.; Michael, Objektive Beweislast
   S. 39; Kopp, Verfassungsrecht S. 71 f.
3) Berg, Die Verw 1976, 161,165; Clausen in Knack, VwVfG § 24
   Rn 2; Stelkens/Bonk/Leonhardt, VwVfG § 24 Rn 2; Söhn in:
   H/H/Sp, AO u. FGO § 88 AO Rn 3; Kopp, Verfassungsrecht S.71
4) vgl. Nachweise in Fn 3

aa) Entwicklung des "Nachweisgrundsatzes"

Jede Diskussion um die Geltung der Verhandlungsmaxime im
Verwaltungsverfahren muß die Besonderheit dieses Verfahrens berücksichtigen, die sich darin findet, daß der
Behörde als Entscheidungsträger regelmäßig nur ein Beteiligter gegenübersteht[1]. Verlagert man die Pflicht
zur Sammlung der entscheidungserheblichen Tatsachen auf
diesen Beteiligten und entlastet die Behörde vollständig
von eigenen Ermittlungen, so führt man den Beibringungs-
oder Verhandlungsgrundsatz ein. Da jedoch keine zweite
Partei mit gegenläufigen Interessen vorhanden ist, kann
es zu einer Tatsachenfeststellung durch deren Zugeständ-
nis oder Nichtbestreiten per se nicht kommen[2]. Ausgeschlossen bleibt Parteiwillkür deshalb, wenn man die
Sammlung und den Nachweis des entscheidungserheblichen
Tatsachenmaterials dem Beteiligten aufbürdet. Allein in
dieser Form ist der Verhandlungsgrundsatz im Verwaltungsverfahren denkbar und in Form von Mitwirkungspflichten im Ansatz de lege lata bereits Wirklichkeit
geworden. Gemäß § 3 Abs. 5 Satz 2 Schwerbehindertengesetz müssen Schwerbehinderte durch Vorlage des amtlichen
Ausweises für alle Rechte und Vergünstigungen, die das
Schwerbehindertengesetz gewährt, ihre Behinderung nachweisen. Bezieher von Unterhaltsgeld, Arbeitslosengeld
und -hilfe haben ihre Arbeitsunfähigkeit gemäß § 149
Abs. 2 AFG durch eine ärztliche Bescheinigung zu belegen. § 72 Abs. 3 AFG verpflichtet den Arbeitgeber, dem
Arbeitsamt die Voraussetzungen für die Gewährung von
Kurzarbeitergeld nachzuweisen. Die Belastung der Betei-

---

1) vgl. dazu vorstehend S. 25 ff.
2) siehe dazu vorstehend S. 27 ff.; Pestalozza in: Boorberg-FS,
   S.185, 186; vgl. auch: Berg in: Die Verw 1976, 161, 164

ligten mit der Tatsachenbeschaffung und -verifizierung
ist keineswegs auf die Leistungsverwaltung beschränkt:
Um die tatsächlichen Aufwendungen für Fahrten zwischen
Wohnung und Arbeitsstätte als Werbungskosten abziehen zu
können, müssen Körperbehinderte gemäß § 9 Abs. 2 Satz 2
EStG ihre Minderung der Erwerbsfähigkeit durch amtliche
Unterlagen nachweisen. Den Pauschbetrag übersteigende
Werbungskosten bedürfen gemäß § 9a Abs. 1 EStG ebenfalls
des Beleges durch den Steuerpflichtigen. § 22 Abs. 3 La-
denschlußgesetz ermöglicht der Behörde, den Beteiligten
umfangreiche Nachweise abzufordern.

In dieser Form läßt sich der Verhandlungsgrundsatz sehr
wohl in das Verwaltungsverfahren einführen, ohne daß
sich Verwaltung der Willkür von Beteiligten aussetzte.
Das tragende Argument[1] derjenigen, die den Verhandlungsgrundsatz im Verwaltungsverfahren wegen Art. 20
Abs. 3 GG nicht für denkbar halten, erweist sich so als
kaum geeignet, eine verallgemeinerungsfähige Begründung
zur Geltung des Untersuchungsgrundsatzes zu bieten. Drohende Beteiligtenwillkür steht der Verhandlungsmaxime im
Verwaltungsverfahren mithin nicht entgegen.

Im Verwaltungsverfahren mit in der Regel nur einem Beteiligten leidet der Verhandlungsgrundsatz jedoch an
einem wesentlichen Mangel: Es findet keine Kontradiktion
statt. Die Wechselwirkung von Rede und Gegenrede gehört
zu den essentialia des Verhandlungsgrundsatzes. An sie
knüpft sich die Hoffnung, die Wahrheit als Verfahrensziel erreichen zu können[2]. Leben muß mit diesem Mangel
auch der Untersuchungsgrundsatz[3], in gewissem Umfange

---

1) Berg a.a.O.; Kopp a.a.O.
2) vgl. Rosenberg/Schwab, Zivilprozeßrecht § 78 I 3,5 (S.453 f.)
3) vgl. dazu vorstehend S. 25 ff.

kompensiert werden kann er aus der "Insider"-Stellung
der Behörde im Verfahren[1]. Möglich wäre eine solche
Kompensation auch unter der Geltung des Verhandlungsgrundsatzes. Hat ein Steuerpflichtiger über einen Zeitraum von mehreren Jahren Einkünfte aus Kapitalvermögen
erklärt und unterläßt er nunmehr eine solche Erklärung,
so könnte die Finanzverwaltung den Nachweis der Kapital-
verwendung fordern. Dort, wo die Finanzverwaltung Kenntnisse über den Verbleib der Einkommensquelle hat, wird
sie auf einen Nachweis verzichten, etwa, wenn ein
Steuerpflichtiger in einem Jahr einen Betriebsaufgabege-
winn versteuert hat und im Folgejahr keine Einkünfte aus
Gewerbebetrieb mehr erklärt.

Da das Fehlen einer zweiten Partei im Verwaltungsverfahren die Gestalt des dort möglichen Verhandlungsgrundsatzes entscheidend verändert, sollte dies zur Klarstellung
und Vermeidung von Mißverständnissen durch eine entsprechende Begriffsbildung gekennzeichnet werden. Obliegt
die Beibringung des Tatsachenstoffes und der Beweismittel den Beteiligten, so beschreibt der "Nachweisgrundsatz" anschaulich die Methode der Informationsbeschaffung. Tauglich ist der Nachweisgrundsatz sowohl für den
überwiegenden Bereich der Leistungsverwaltung wie für
große Teile der Eingriffsverwaltung, wie die genannten
Beispiele[2] veranschaulichen mögen.

---

1) vgl. dazu vorstehend S. 25 f.

2) siehe S. 98 f.

bb) Grenzen des Nachweisgrundsatzes

Unvollständig wäre der Befund, den Nachweisgrundsatz als mögliche Form der Tatsachenermittlung für das Verwaltungsverfahren zuzulassen, ohne auf die Grenzen seiner Einsatzmöglichkeiten einzugehen und hieraus wiederum Schlüsse für die verfassungsrechtliche Verankerung des Untersuchungsgrundsatzes zu ziehen.

(1) Tauglichkeit

In der Eingriffs- wie in der Leistungsverwaltung stößt der Nachweisgrundsatz an Grenzen seiner Einsatzfähigkeit, wenn er zur Tatsachenbeschaffung und -verifizierung ungeeignet ist. Im Polizeirecht etwa kann der Einsatz von Standardmaßnahmen nach den Landespolizeigesetzen nicht davon abhängig sein, ob der Störer das Bestehen oder Fehlen einer Gefahr für die öffentliche Sicherheit oder Ordnung darlegt und nachweist. Wenn eine Versammlung plötzlich einen gewaltsamen Verlauf nimmt, kann die Behörde nicht darauf warten, ob der Veranstalter oder die Teilnehmer ihr Tatsachen mitteilen. In derartigen Situationen müssen Behörden in den Stand gesetzt sein, Sachverhalte aus eigener Wahrnehmung zur Kenntnis zu nehmen und weiter zu erforschen, um rechtzeitig und angemessen reagieren zu können.

Untauglich ist der Nachweisgrundsatz in der Leistungsverwaltung, wenn die Beteiligten aus tatsächlichen oder rechtlichen Gründen keine Möglichkeiten haben, die erforderlichen Informationen zusammenzustellen und der Behörde nachzuweisen. Beantragt etwa ein Soldat der Reichswehr eine Rente wegen erlittener Kriegsschäden, so wird er über sein Schicksal als Soldat in zahlreichen Fällen keine Nachweise beibringen können. Daß hierüber

- 102 -

Unterlagen existieren können bei der "Deutschen Dienst-
stelle", dem amerikanischen "Document Center", dem Deutschen Roten Kreuz, landsmannschaftlichen Verbänden oder
dem Militärarchiv in Kornelimünster, ist dem Antragsteller in der Regel unbekannt[1]. Selbst wenn er über entsprechende Kenntnisse verfügt, hat er noch keine Möglichkeit, jene Institutionen zur Auskunfts- und Beleger-
teilung zu zwingen. Eine vergleichbare Situation ergibt
sich immer dann, wenn Dritte im Besitz erforderlichen
Informationsmaterials sind und der Antragsteller dies
gar nicht weiß und darüber hinaus die Informationsertei-
lung nicht erzwingen kann.

Da der Nachweisgrundsatz in allen diesen Fällen zur Informationsbeschaffung ungeeignet ist, gesetzmäßiges Handeln aber eine Sachverhaltsermittlung gebietet, wird die
Amtsermittlung von Art. 20 Abs. 3 vorgegeben.

(2) Zumutbarkeit des Nachweises

Die Mitwirkungspflichten belasten die an einem Verwaltungsverfahren Beteiligten auch im Rahmen des ihnen Möglichen nicht unbegrenzt. Abgabenpflichtige müssen an der
Sachverhaltsaufklärung dann nicht mehr mitwirken, wenn
die Grenze des Zumutbaren überschritten ist[2]. Den mit
der Zumutbarkeit angesprochenen Verhältnismäßigkeits-

---

1) Bürck in DÖV 1982, 223,229
2) Söhn in H/H/Sp AO u. FGO § 90 AO Rn 23 ff. mit zahlreichen
   Rechtsprechungsnachweisen; Tipke/Kruse AO u. FGO § 90 AO Rn 4;
   Kühn/Kutter/Hofmann AO u. FGO § 90 AO Anm. 1; Brozat in DStR
   1983, 76,77; Reuß, Grenzen steuerlicher Mitwirkungspflichten
   S.143 ff; Lücke, Die (Un-)Zumutbarkeit als allgemeine Grenze
   öffentlich-rechtlicher Pflichten des Bürgers, S.30; Ohlms, Diss
   S.39

grundsatz[1]) gliedert insbesondere Söhn[2]) für die Mitwirkungspflichten des Abgabenrechtes in die allgemein ge-
bräuchlichen "Teilgrundsätze"[3]), der Geeignetheit, Erforderlichkeit, Verhältnismäßigkeit und Zumutbarkeit,
von Mitwirkungshandlungen auf.

Gefaßt in ganz ähnliche Kategorien ist der Verhältnismäßigkeitsgrundsatz in § 65 Abs. 1 SGB-AT Gesetz geworden[4]). Die Mitwirkungspflichten nach den §§ 60-64 SGB-AT
bestehen nicht, soweit ihre Erfüllung nicht in einem
angemessenen Verhältnis zu der in Anspruch genommenen
Sozialleistung steht[5]), dem Betroffenen aus einem wich-
tigen Grund nicht zugemutet werden kann[6]) oder der Leistungsträger sich durch einen geringeren Aufwand als der
Antragsteller oder Leistungsberechtigte die erforderlichen Kenntnisse selbst beschaffen kann[7]). Die genannten
Mitwirkungspflichten stehen so unter dem Vorbehalt der
Verhältnismäßigkeit, der Zumutbarkeit sowie der Erforderlichkeit. Der sich abzeichnende Gleichklang der
Schranken von Mitwirkungspflichten in den beiden Verwaltungsbereichen bestätigt den Befund, daß der Verhältnismäßigkeitsgrundsatz Geltung auch in der Leistungsverwaltung beansprucht[8]).

---

1) vgl. etwa: Hirschberg, Der Grundsatz der Verhältnismäßigkeit,
   S.75 ff; Badura, Staatsrecht S.85
2) in H/H/Sp AO u. FGO § 90 AO Rn 24 ff; auch: Tipke/Kruse AO u.
   FGO § 90 AO Rn 4; Brozat in DStR 1983, 76,77
3) etwa: Hirschberg, Der Grundsatz der Verhältnismäßigkeit S.50
   ff; Badura, Staatsrecht S.85
4) so auch: Hauck/Haines, SGB I K § 65 Rn 1
5) § 65 Abs. 1 Ziff. 1 SGB-AT
6) § 65 Abs. 1 Ziff. 2 SGB-AT
7) § 65 Abs. 1 Ziff. 3 SGB-AT
8) Hirschberg, Der Grundsatz der Verhältnismäßigkeit S.28 f; Jakobs, Der Grundsatz der Verhältnismäßigkeit S.154 ff; Kunig,
   Das Rechtsstaatsprinzip S.197; jeweils mit weiteren Nachweisen

- 104 -

Diese Grenzen von Mitwirkungspflichten legen die Erwägung nahe, daß der Nachweisgrundsatz im Verwaltungsverfahren eine weitere Grenze seiner Einsatzfähigkeit neben der Tauglichkeit dort erfahren muß, wo der Nachweis vom Beteiligten zwar ansich erbracht werden könnte, die Forderung eines solchen aber unverhältnismäßig wäre. Da der Grundsatz der Verhältnismäßigkeit selbst Verfassungsrang besitzt[1], bindet er auch den Gesetzgeber[2]. Dessen Regelungen haben vor dem Verhältnismäßigkeitsgrundsatz Bestand nur dann, wenn sie geeignet, erforderlich und zumutbar sind[3]. Geeignet ist ein Mittel, wenn das gewählte Ziel mit ihm erreicht werden kann[4]. Es ist erforderlich, wenn kein gleichwirksames, die Grundrechte aber nicht oder weniger fühlbar einschränkendes Mittel zur Verfügung steht[5]. Den Betroffenen ist das gewählte Mittel zuzumuten, wenn bei der Gesamtabwägung zwischen der Schwere des Eingriffes und der Dringlichkeit der ihn rechtfertigenden Gründe die Grenze der Zumutbarkeit nicht überschritten wird[6].

Jede Sachverhaltsermittlung setzt zunächst die Bestimmung des Ermittlungsgegenstandes, die Aufstellung des Ermittlungsprogrammes, voraus (dazu vorstehend S.15 ff).

---

1) Zu der Verortung dieses Grundsatzes im Grundgesetz etwa die eingehende Darstellung bei Jakobs, Der Grundsatz der Verhältnismäßigkeit S.28 ff; auch: Lücke, Die (Un-)Zumutbarkeit als allgemeine Grenze öffentlich-rechtlicher Pflichten des Bürgers S.87 ff; Kunig, Das Rechtsstaatsprinzip S.195 ff; BVerfGE 70, 297,311
2) Kunig, Das Rechtsstaatsprinzip S.197; aus der neuen Rechtssprechung des BVerfG etwa: E 67, 157,173ff; E 68, 193,218 ff; E 68, 272,284; E 68, 287,310; E 70, 1,26,28; E 70, 278,286; E 71, 137, 144; E 72, 9,23; E 72, 302,328 f
3) BVerfGE 67, 157,173 ff; E 68, 193,218 ff; E 70, 278,286; E 72, 9,23
4) BVerfGE 68, 193,218
5) BVerfGE 68, 193,219; Badura, Staatsrecht S.85
6) BVerfGE 68, 193,219; Badura, Staatsrecht S.85

Hierfür ist es erforderlich, die für das Ziel des Verfahrens zu berücksichtigenden Vorschriften zusammenzustellen. Der in Art. 20 Abs. 3 GG enthaltene Rechts-
Vollzugsauftrag verpflichtet die Behörde, das für den zu
regelnden Einzelfall relevante Normprogramm komplett
anzuwenden. Möglich ist die Zusammenstellung nur der
jeweiligen Fachbehörde, da sie die erforderlichen Kenntnisse besitzt, ihr das entscheidungsrelevante Recht bekannt ist. Da der am Verfahren Beteiligte diese Kenntnisse nicht besitzt, wäre eine gesetzliche Regelung, die
die Zusammenstellung des Ermittlungsprogrammes dem Beteiligten überantwortet, zur Erfüllung des aus Art. 20
Abs. 3 GG folgenden Rechtsvollzugsauftrages ungeeignet
und dem Beteiligten auch nicht zuzumuten. Die Festlegung
des Ermittlungsgegenstandes muß deshalb Aufgabe der Behörde bleiben. Aus Art. 20 Abs. 3 GG ist es mithin verfassungsrechtlich geboten, daß die Bestimmung des Ermittlungsgegenstandes in den Händen der Behörde verbleibt. Ihr obliegt es, das Ermittlungsprogramm zusammenzustellen und den Beteiligten davon zu unterrichten,
welche Informationen er zu sammeln und nachzuweisen hat.
Der Nachweisgrundsatz kann erst danach zur Anwendung
gelangen, wenn es darum geht, den Ermittlungsrahmen auszufüllen.

Für die Informationssammlung selbst ist der Nachweisgrundsatz nur insoweit einsatzfähig, als er den Beteiligten nicht unverhältnismäßig belastet. Es stellt ein
durch die Fragestellung der vorliegenden Untersuchung
ausgeschlossenes und auch unmögliches Unterfangen dar,
die nur in Konturen bestimmten Prinzipien, wie den Un-
tersuchungs- oder den Nachweisgrundsatz, abstrakt und
vom Einzelfall gelöst an den dargestellten Kategorien zu
messen und sie im Rahmen der Erforderlichkeit gar gegeneinander abzuwägen. Gelöst von der jeweiligen Ermitt-

lungsmaßnahme und unabhängig von dem jeweiligen Verwal-
tungsbereich, in dem sie getroffen wird, lassen sich
Fragen nach der Verhältnismäßigkeit einer Maßnahme nicht
beantworten. Durchsuchungen und Beschlagnahmen etwa mögen im Rahmen einer Steuerfahndung angemessen sein[1],
wären im Ermittlungsverfahren, gerichtet auf die Voraussetzungen zur Gewährung von Wohngeld oder Ausbildungs-
förderung, hingegen völlig fehl am Platze. Allgemein
getroffen werden kann lediglich eine negative Feststellung, nämlich, daß weder der Untersuchungs- noch der
Nachweisgrundsatz generell unverhältnismäßig sind; denn
es finden sich keine Anhaltspunkte für die These, einer
der beiden Verfahrensmaximen belaste den Betroffenen
generell oder nur für die Mehrzahl der Fälle geringer.
Dies schon deshalb nicht, weil sich das Instrumentarium
beider überlappt, wo der Untersuchungsgrundsatz von Mitwirkungspflichten durchsetzt ist.

Finden lassen wird sich für den Nachweisgrundsatz, wie
bei den Mitwirkungspflichten, eine partielle und be-
reichsabhängige Unzumutbarkeit des Nachweises. Im Besteuerungsverfahren wird es etwa für unzumutbar gehalten, wenn der Auskunftspflichtige zum Zwecke der Auskunfterteilung - auf eigene Kosten - Nachforschungen
anzustellen oder Auskünfte von Dritten einzuholen oder
gar gegen Dritte auf Auskunfterteilung zu klagen habe[2]. Unzumutbar ist es für den Beteiligten ferner, Urkunden oder Wertsachen vorlegen zu müssen, die sich
nicht in seiner rechtlichen und/oder tatsächlichen Ver-
fügungsmacht befinden[3]. Wollte man diese Aussagen auf

---

1) vgl. §§ 208 Abs. 1 S.2, 404 S.2 erster Halbsatz, 399 Abs. 2
   Satz 2 AO
2) Söhn in H/H/Sp AO u. FGO § 90 AO Rn 51
3) Söhn a.a.O. Rn 52

ein Verfahren übertragen, in dem der Nachweisgrundsatz
gilt - so es ein solches gäbe -, bliebe zu berücksichtigen, daß sie vor dem Hintergrund weiterer Ermittlungsmöglichkeiten der Behörde getroffen worden sind. Die
Sichtweise der Zumutbarkeit eines Nachweises wird sich
sicher verschieben, wenn eine andere Ermittlungsmöglich-
keit nicht besteht. Dennoch wird sich die Grenze der
Zumutbarkeit für den Verfahrensbeteiligten auch unter
der Geltung des Nachweisgrundsatzes beispielsweise dort
finden lassen, wo dieser zur Erteilung einer Auskunft
oder zur Vorlage einer Urkunde einen Prozeß gegen Dritte
führen müßte. Mit dem Erreichen der Zumutbarkeitsgrenze
vermag der Nachweisgrundsatz keine weiteren Informationen für den Entscheidungsprozeß zu liefern. In dieser
Situation ergeben sich zwei Möglichkeiten: Entweder man
bricht den Informationsprozeß ab und entscheidet aufgrund der bislang gesammelten Erkenntnisse, oder man
sieht sich nach anderen Informationsquellen um. Letzte-
res vermag nur der Untersuchungsgrundsatz zu leisten, da
der Verfahrensbeteiligte als Informationsquelle ausge-
fallen ist. Akzeptiert man die Ausgangsthese des Art. 20
Abs. 3 GG, die es der Behörde zur Pflicht macht, ihrer
Entscheidung den Sachverhalt in der Gestalt zugrunde zu
legen, in der er sich tatsächlich ereignet hat[1], so muß
die Sachverhaltsermittlung fortschreiten. Für die Fälle
des Erreichens der Unzumutbarkeitsgrenze macht Art. 20
Abs. 3 GG so den Untersuchungsgrundsatz zur Pflicht. Es
mag offen bleiben, ob das Ermittlungsprinzip dann ein
Nachweisgrundsatz mit Elementen des Untersuchungsgrundsatzes wäre oder ein Untersuchungsgrundsatz mit Mitwirkungspflichten oder gar eine Synthese von Nachweis- und
Untersuchungsgrundsatz.

---

1) dazu vorstehend S. 90

(3) Umfang der Verankerung in Art. 20 Abs. 3 GG

Der Rechts-Vollzugsauftrag aus Art. 20 Abs. 3 GG gebietet es zunächst, die Bestimmung des Ermittlungsgegenstandes in der Verantwortung der Behörden zu belassen. Erst nach dieser Bestimmung stellt sich die Frage, wie die hiernach erforderlichen Informationen gesammelt werden.

In Verwaltungsbereichen, in denen die zur Gesetzesanwendung erforderliche Informationsbeschaffung nach der Methode des Nachweisgrundsatzes dem Beteiligten nicht zumutbar ist, gebietet Art. 20 Abs. 3 GG den Untersuchungsgrundsatz, da er als einzig mögliche Form der Tatsachenermittlung verbleibt. Diese ist aber wiederum Voraussetzung, um der Verwaltung gesetzmäßiges Handeln zu ermöglichen. In allen anderen Fällen steht Art. 20 Abs. 3 GG dem Nachweisgrundsatz im Verwaltungsverfahren nicht entgegen. Lediglich gestützt auf die Annahme, der Untersuchungsgrundsatz mache die Erforschung der materiellen Wahrheit wahrscheinlicher[1], läßt sich dem Gesetzgeber nicht die Entscheidung für ein bestimmtes Ermittlungsverfahren vorgeben. Er ist es, der das Rechtsstaatsgebot konkretisiert[2]. Wäre es anders, müßte der Verhandlungsgrundsatz insgesamt fallen, so sich die Behauptung verifizieren ließe, daß der Untersuchungsgrundsatz der bessere der beiden Kontrahenten sei.

---

1) vgl. Lang, VerwArch 52 (1961), 60.70; Marx, Notwendigkeit und Tragweite, S. 58

2) BVerfGE 7, 89,92 f.; E 11, 64,72; E 57, 250,275 f.; Schmidt-Bleibtreu/Klein, GG Art. 20 Rn 10

3. Faires Verfahren und Waffengleichheit

Gelöst von den vorstehend behandelten Begründungsansät-
zen zur verfassungsrechtlichen Determinierung von Verfahrensrecht, hat das Bundesverfassungsgericht ein "Prozeßgrundrecht"[1] auf ein "faires Verfahren" aus dem
Grundgesetz abgeleitet[2]. Gekennzeichnet ist ein faires
Verfahren u.a. durch Waffengleichheit der Parteien vor
dem Richter[3]. Seine generelle Verwurzelung findet das
Prozeßgrundrecht im Rechtsstaatsprinzip in Verbindung
mit der allgemeinen Freiheitsgewährleistung des Art. 2
Abs. 1 GG[4]. Werden einzelne Grundrechte durch das Verfahren oder die dessen Abschluß bildende Entscheidung
berührt, so zieht das Bundesverfassungsgericht auch das
jeweilige Grundrecht zur Absicherung des Anspruches auf
ein faires Verfahren heran. In seinem grundlegenden Be-
schluß vom 26. Mai 1981 führte der II. Senat des Bundesverfassungsgerichts zum Strafverfahren aus[5]:

"Die Wurzel dieses allgemeinen Prozeßgrundrechtes
findet sich in dem in einem materiell verstandenen
Rechtsstaatsprinzip verbürgten Grundrechten und
Grundfreiheiten des Menschen, insbesondere in dem
durch ein Strafverfahren bedrohten Recht auf Freiheit
der Person (Art. 2 Abs. 2 Satz 2 GG), dessen frei-
heitssichernde Funktion auch im Verfahrens-

----

1) so ausdrücklich: BVerfGE 57, 250,275; E 70, 297,308
2) BVerfGE 26, 66,71; E 38, 105,111; E 39, 238,242; E 40, 95,99;
   E 41, 246,249; E 46, 202,210; E 57, 250,274 ff.; E 63, 380,390
   f.; NJW 1983, 1043; E 65, 171,175; E 66, 313,318; E 68, 237,
   255; E 69, 381,385; E 69, 1,46; E 70, 297,308; dazu etwa: Tettinger, Fairneß und Waffengleichheit 1984; Dörr, Faires Verfahren S.94 ff.
3) BVerfGE 38, 105,111; 52, 131,144 ff.; NJW 83, 1043; E 69,
   126,140
4) BVerfGE 39, 238,242 f.; E 57, 250,274 ff.; E 63, 380,390 f.;
   NJW 83, 1043; E 66, 313,318; E 68, 237,255; E 69, 381,385; unter Erwähnung von Art. 20 Abs. 3 GG: E 41, 246,249
5) E 57, 250, 275

recht Beachtung erfordert; ferner in Art. 1 Abs. 1
GG, der es verbietet, den Menschen zum bloßen Objekt
eines staatlichen Verfahrens herabzuwürdigen, und von
daher einen Mindestbestand an aktiven verfahrensrechtlichen Befugnissen des Angeklagten voraussetzt."

Verbürgt wird der Anspruch auf ein faires Verfahren so
zusätzlich durch Art. 1 Abs. 1 und Art. 2 Abs. 2 GG[1].
Art. 3 Abs. 1 GG sichert das Prozeßgrundrecht ab, wenn
es um die Ausprägung zur Waffengleichheit geht[2]; denn
"grundsätzliche Waffengleichheit im Prozeß und gleich-
mäßige Verteilung des Risikos am Verfahrensausgang sind
verfassungsrechtlich gebotene Erfordernisse des Gleich-
heitssatzes (...) wie auch des Rechtsstaatsprinzips"[3].

Dem Art. 14 GG entnimmt das Bundesverfassungsgericht die
unmittelbare Pflicht der Gerichte, bei Eingriffen in
dieses Grundrecht einen effektiven Rechtsschutz zu gewähren, was den Anspruch auf eine faire Verfahrensführung einschließe[4].

Zahlreicher als seine Wurzeln sind die Auswirkungen des
Prozeßgrundrechtes auf ein faires Verfahren[5]. Der Gegenstand der vorliegenden Untersuchung erlaubt es, dieses nur insoweit zu betrachten, als es Anforderungen an
die Methode der Informationsbeschaffung und -sammlung
stellt.

---

1) so auch: BVerfGE 70, 297,308
2) BVerfGE 38, 105,111; E 52, 131,144 ff.; NJW 83, 1043; E 69,
126,140
3) BVerfGE 52, 131, 144
4) BVerfGE 51, 150,156; vgl. auch E 49, 220,225
5) BVerfGE 26, 66,71; E 38, 105,111; E 39, 238,242; E 40, 95,99;
E 41, 246,249; E 46, 202,210; E 57, 250,274 ff.; E 63, 380,390
f.; NJW 1983, 1043; E 65, 171,175; E 66, 313,318; E 68, 237,
255; E 69, 381,385; E 69, 1,46; E 70, 297,308; dazu etwa: Tettinger, Fairneß und Waffengleichheit 1984; Dörr, Faires Verfahren S.94 ff.

Ist es das Ziel von Verfahren, den wahren Sachverhalt zu ermitteln, so verstoßen verfahrensrechtliche Gestaltungen gegen das Prozeßgrundrecht auf ein faires Verfahren, die der Ermittlung der Wahrheit und damit einem gerechten Urteil entgegenstehen[1]. "Denn es ist unverzichtbare Voraussetzung rechtsstaatlichen Verfahrens, daß Entscheidungen, die den Entzug der persönlichen Freiheit betreffen, auf zureichender richterlicher Sachaufklärung beruhen (...) und eine in tatsächlicher Hinsicht genügende Grundlage haben, die der Bedeutung der Freiheitsgarantie entspricht (...). Das folgt letztlich aus der Idee der Gerechtigkeit, die wesentlicher Bestandteil des Grundsatzes der Rechtsstaatlichkeit ist (...) und an der sich jedwede Rechtspflege messen lassen muß"[2]. Diese zum strafprozessualen Vollstreckungsverfahren gegebene Begründung läßt sich unschwer auf das Verwaltungsverfahren übertragen, denn dort macht Art. 20 Abs. 3 GG es zur Pflicht, den wahren Sachverhalt der Entscheidung zugrunde zu legen[3]. Rechtmäßiges Verwaltungshandeln wird ohne eine hinreichende Sachaufklärung ebenso erschwert wie richterliche Entscheidungen. Hier wie dort ist jedoch trotz dieser Erkenntnis Zurückhaltung geboten, wenn aus dem Prozeßgrundrecht konkrete Regelungsforderungen an den Gesetzgeber gerichtet werden. Als eine Ausprägung des Rechtsstaatsprinzip, welches in der Verfassung nur zum Teil näher konkretisiert ist, enthält es keine in allen Einzelheiten bestimmten Ge- oder Verbote[4]. Je nach den sachlichen Gegebenheiten bedarf es der Konkretisierung, wobei wegen der Weite und Unbestimmtheit des

---

1) für das Strafverfahren: BVerfGE 57, 250,275; NJW 83, 1043; E 70, 297,308
2) BVerfGE 70, 297,308; vgl. auch NJW 83, 1043; E 57, 250,275
3) vgl. dazu vorstehend S. 90
4) BVerfGE 57, 250,275 f.; NJW 1983, 1043; E 70, 297,308

Rechtsstaatsprinzips mit Behutsamkeit vorzugehen ist;
denn die Wahl zwischen möglichen Alternativen bei der
normativen Konkretisierung eines Verfassungsgrundsatzes
obliegt dem Gesetzgeber[1]. In den von ihm vorgegebenen
Grenzen ist es sodann Aufgabe der Gerichte, bei ihrer
Rechtsauslegung und -anwendung das Recht auf ein faires
Verfahren weiter zu präzisieren[2]. Erst wenn die Berücksichtigung sämtlicher Umstände, wie auch der im Rechtsstaatsprinzip selbst angelegten Gegenläufigkeiten, un-
zweideutig ergibt, daß rechtsstaatlich unverzichtbare
Mindeststandards nicht mehr gewahrt sind, können aus dem
Prinzip selbst konkrete Folgerungen für die Verfahrens-
gestaltung gezogen werden[3].

Die Unbestimmtheit des Fairnessgebotes und die daraus
resultierende Gestaltungsfreiheit des Gesetzgebers und
der Gerichte bei der Begriffsausfüllung im Zuge von
Rechtssetzung und Rechtsfortbildung weisen dem Prozeßgrundrecht die Aufgabe eines Korrektivs zu, welches
rechtsstaatliche Mindeststandards bei der Begriffsbildung garantiert. Zu diesem gehört die generelle Gebotenheit des Untersuchungsgrundsatzes im Verwaltungsverfahren nicht, denn der Verhandlungsgrundsatz in Gestalt des
Nachweisgrundsatzes vermag dort vielfach, ebenso wie der
Untersuchungsgrundsatz, die materielle Wahrheit zu erschließen[4]. Darüber hinaus erstreckt sich der Anwen-

---

1) Nachweise S. 108 Fn 2
2) BVerfG NJW 83, 1043
3) BVerfGE 57, 250,276; NJW 83, 1043,1044; E 70, 297,308 f.
4) vgl. dazu vorstehend S. 98 ff. In BVerfGE 69, 1,47,51, hatte
   das BVerfG keine verfassungsrechtlichen Bedenken gegen eine gesetzliche Regelung, die es dem Kriegsdienstverweigerer auferlegte, der Behörde die hinreichend sichere Annahme der behaupteten Gewissensentscheidung zu vermitteln.

dungsbereich des Prozeßgrundrechts auch auf das Verfahren vor den Zivilgerichten[1]. Dort müssen insbesondere die richterliche Hinweis- und Fragepflicht gemäß § 139 ZPO[2] sowie eine sensible Handhabung des Beweisrechtes[3] kompensatorische Aufgaben übernehmen, wenn die faire Verfahrensführung in Gefahr gerät. Unangetastet bleibt jedoch die Grundstruktur des Zivilprozesses, wonach die Sammlung des Tatsachenmaterials und sein Vortrag den Parteien obliegt[4].

Da sich so unter der Geltung beider Maximen ein faires Verfahren organisieren läßt[5], kann dem Prozeßgrundrecht eine Option für die eine oder die andere nicht entnommen werden[6]. Lediglich in den Fällen, in denen die Verhandlungsmaxime zur Wahrheitsermittlung in den Bahnen eines fairen Verfahrens nicht geeignet ist, gebietet das Prozeßgrundrecht den Untersuchungsgrundsatz. Als Beispiele mögen die zu Art. 20 Abs. 3 GG gegebenen dienen.

4. Unmittelbare Absicherung durch Grundrechte

Ohne den Weg über das Prozeßgrundrecht fairen Verfahrens zu beschreiten, hat das Bundesverfassungsgericht unmit-

---

1) BVerfGE 42, 64,73; E 49, 220,225; 51, 150,156; E 52, 131, 145, 155; Tettinger, Fairneß und Waffengleichheit S. 36 ff.
2) BVerfGE 42, 64, 72 ff.
3) BVerfGE 52, 131, 147, 155
4) vgl. Tettinger, Fairneß und Waffengleichheit, S. 40
5) Schwab/Gottwald in: Habscheid (Hrsg), Effektiver Rechtsschutz und verfassungsmäßige Ordnung, S. 69
6) vgl. Tettinger, Fairneß und Waffengleichheit, S. 40,63 f.; Stürner NJW 79, 2334,2336, der darauf hinweist, daß die Generalklausel des "fair trial" anhand traditionellen oder internationalen Standards nahezu beliebig gefüllt werden kann, und davor warnt, allzu viele Verfahrenselemente "verfassungsfest" zu machen.

- 114 -

telbar aus den Grundrechten Anforderungen für das Verfahrensrecht hergeleitet[1]. Im Mühlheim-Kärlich-Beschluß[2] stellt das Bundesverfassungsgericht fest, daß Grundrechtsschutz weitgehend auch durch die Gestaltung von Verfahren zu bewirken sei. Die Grundrechte beeinflußten auch das Verfahrensrecht, soweit dieses für einen effektiven Rechtsschutz von Bedeutung sei[3]. Dies bedeute zwar nicht, daß bereits jeder Verfahrensfehler eine Grundrechtsverletzung darstelle, eine solche komme aber dann in Betracht, wenn Behörden solche Verfahrensvorschriften unbeachtet ließen, die der Staat zur speziellen Grundrechtsgewährleistung erlassen habe[4].

Diese Rechtsprechung nehmen einige Autoren zum Anlaß, den Untersuchungsgrundsatz als Ermittlungsform dort als geboten zu betrachten, wo von der zu entscheidenden Sache Grundrechte betroffen werden[5]. In seiner Auslie-

---

1) Art. 2 I i.V.m. Art. 1 I (allg. PersönlichkeitsR) E 63, 131,143; Art. 2 II: E 51, 324; E 52, 214,219; E 53, 30,65; Art. 8: JZ 1986, 27,30; Art. 12 I: E 39, 276,294; E 44, 105,119 ff.; E 45, 422,430 ff.; E 48, 292,297 f.; E 50, 16,30; E 52, 380, 384; NJW 1987, 887,888; Art. 14 I: E 37, 132,141,148; E 46, 325, 334; E 49, 220,225; Art. 16 II 2: E 52, 391,407; DVBl 1980, 191,193; E 54, 341,359; E 56, 216,236; E 64, 46,64; E 65, 76,93 f. aus dem Schrifttum dazu etwa: Grimm, NVwZ 85, 865; Achterberg, JA 85, 503,510; Laubinger, VerwA 73 (1982), 60 ff.; Bethge, NJW 82, 1; Redeker, NJW 80, 1593; Hufen, NJW 82, 2160 ff.; Dolde, NVwZ 82, 65 ff.; v.Mutius, NJW 82, 2150 ff.; Ossenbühl in Eichenberger-FS S.183 ff.; Goerlich, Grundrechte als Verfahrensgarantien, 1981; Held, Der Grundrechtsbezug des Verwaltungsverfahrens 1984

2) BVerfGE 53, 30, 65
3) BVerfG a.a.O.
4) BVerfGE a.a.O. S. 67 f.
5) Kopp, VwGO § 86 Anm 1; ders. unter Berufung auf Art. 1 GG weitergehend: Verfassungsrecht S. 39 f.; Hufen, NJW 82, 2160, 2163; Grimm, NVwZ 85, 865,869 f.

ferungs- und Asylrechtsprechung entnahm auch das Bundesverfassungsgericht dem Art. 16 Abs. 2 Satz 2 GG eine Ermittlungspflicht von Gerichten und Behörden[1]. Diese
hätten alle ihnen möglichen Ermittlungen zur Aufklärung
einer behaupteten Gefahr politischer Verfolgung des Betroffenen zu veranlassen[2], denn die Wirksamkeit des
Asylrechtes hänge entscheidend davon ab, ob der Behauptung einer politischen Verfolgung nachgegangen werde[3].

Doch auch zum Einfluß der Grundrechte auf das Verfahrensrecht stellt das Bundesverfassungsgericht einen
weitreichenden Gestaltungsspielraum des Gesetzgebers
fest[4]. Verfahren, die der Durchsetzung von grundrecht-
lich geschützten Rechten dienen, müssen sachgerecht,
geeignet und zumutbar sein[5]. Weitgehend frei kann der
Gesetzgeber Organisation und Verfahren gestalten, die
materiellen Grundrechte gebieten lediglich elementare
und rechtsstaatlich unverzichtbare Mindeststandards[6].
Solange die normative Ausgestaltung einer Verfahrensordnung eine umfassende Nachprüfung des Verfahrensgegenstandes in tatsächlicher und rechtlicher Hinsicht ge-
währleistet, ist auch dem sich aus materiellen Grund-
rechtsverbürgungen etwa ergebenden Schutzanspruch genügt[7]. Seinen Beurteilungsspielraum hinsichtlich der
Zwecktauglichkeit von Verfahren überschreitet der Ge-

---

1) BVerfGE 52, 391,406 ff.; E 56, 216,236; E 64, 46,65
2) BVerfGE 52, 391,407; E 64, 46,65
3) BVerfGE 56, 216,240
4) BVerfGE 39, 276,294 f.; E 56, 216,236; E 60, 253,295 ff.;
   E 69, 1,53; so auch: Dolde, NVwZ 1982, 65,68 ff.; v.Mutius,
   NJW 82, 2150,2159
5) BVerfGE 60, 253,295; E 69, 1,50
6) BVerfGE 60, 253,295
7) BVerfGE 60, 253,297

setzgeber nur dann, wenn er auch aus seiner Sicht erkennen mußte, daß die Regelungen zur Erreichung des gesetzten Zieles objektiv untauglich oder schlechthin ungeeignet sind[1].

Objektiv untauglich oder schlechthin ungeeignet zur
Sachverhaltsermittlung im Verwaltungsverfahren ist der
Nachweisgrundsatz nicht. Auch er führt vielfach zur Ermittlung der materiellen Wahrheit. Darüber hinaus strah-
len die materiellen Grundrechte auf jede Art von Verfahren ein, auch auf das vor den Zivilgerichten, in denen
der Verhandlungsgrundsatz gilt[2]. Den materiellen Grundrechten läßt sich mithin nicht das Gebot einer umfassenden Geltung des Untersuchungsgrundsatzes entnehmen, dies
selbst dann nicht, wenn Grundrechte von der im Verfahren
zu erarbeitenden Entscheidung berührt werden. Im Einzelfall hingegen mag das jeweils in Rede stehende Grundrecht den Untersuchungsgrundsatz gebieten, da sein
Schutz bei Geltung der Verhandlungsmaxime nicht gewähr-
leistet werden kann, wie es das Bundesverfassungsgericht
in seiner Auslieferungs- und Asylrechtsprechung herausgearbeitet hat.

---

1) BVerfGE 69, 1,53

2) BVerfGE 42, 64,73; E 49, 220,225; E 51, 150,156; so auch die
   Richter Zeidler, Hirsch, Niebler und Steinberger, die die Entscheidung E 52, 131,145, nicht tragen, zurückhaltend die übrigen vier: E 52, 131,155 f.; Dolde, NVwZ 1982, 65,69

5. Ein Zwischenergebnis

Eine umfassende und allgegenwärtige Geltung des Untersuchungsgrundsatzes für das Verwaltungsverfahren gebietet
die Verfassung entgegen der weitverbreiteten Auffassung
nicht. Aus Art. 19 Abs. 4 GG läßt sich ein solches Gebot
nicht herleiten; denn erfaßt werden von dieser Gewährleistung sämtliche Verfahren, auch die, in denen das
Tatsachenmaterial nach dem Verhandlungsgrundsatz zusammengestellt wird. Art. 20 Abs. 3 GG, das Prozeßgrundrecht auf ein faires Verfahren, und die materiellen
Grundrechte verpflichten den Gesetzgeber nur dann auf
den Untersuchungsgrundsatz, wenn die Geltung des Nachweisgrundsatzes ungeeignet oder unverhältnismäßig ist
und deshalb auch ein faires Verfahren ausschließt oder
Grundrechte verletzt. Lediglich die Zusammenstellung des
Ermittlungsprogrammes und die Information des Beteiligten hierüber muß stets in den Händen der Behörde liegen.

Eine ähnlich punktuelle verfassungsrechtliche Vorgabe
stellt Marx zunächst für das Sozial-, Finanz- und Ver-
waltungsgerichtsverfahren fest[1] überträgt sie jedoch
alsdann auf den gesamten Wirkungsbereich dieser Verfahrensgesetze[2]. Als Grundlage dient ihm die Erwägung, daß
Regelungen des Prozeßrechtes notwendigerweise generali-
sierender Natur seien, und ihre Ausgestaltung deshalb
der gesamten erfaßten Materie gerecht werden müßte[3].

---

1) Notwendigkeit und Tragweite S. 62 f., 74 f.
2) Marx a.a.O. S. 87
3) Marx a.a.O.

- 118 -

Dies führt zunächst zu der Frage, warum nicht auch Prozeßordnungen für Sonderbereiche Sonderregelungen enthalten sollten, wie es beispielsweise die ZPO demonstriert.
Selbst ihre Richtigkeit unterstellt, ließe sich die Erwägung Marx nicht auf das Verwaltungsverfahren übertragen; denn das jeweils anzuwendende Verfahrensrecht findet sich zerstreut in einer Unzahl von Fachgesetzen und
ist nur zum Teil in den jeweiligen Verfahrensordnungen
enthalten. Die Zersplitterung des Verwaltungsverfahrens-
rechts verbietet es, mittels eines vermeintlichen oder
tatsächlichen Zwanges zur Generalisierung[1] von Verfahrensregelungen zu einem das gesamte Verwaltungsverfahren
umspannenden verfassungsrechtlichen Gebot des Untersuchungsgrundsatzes zu kommen. Soweit der Gesetzgeber
nicht punktuell verpflichtet ist, den Untersuchungsgrundsatz vorzusehen, kann er die Organisation der Tatsachensammlung im Verwaltungsverfahren frei gestalten
und damit auch bei der Verletzung von Mitwirkungspflichten den Untersuchungsgrundsatz außer Funktion setzen.
Zugleich erhalten so Bemühungen Raum, den Untersuchungsgrundsatz außerhalb spezieller legislativer Ermächtigungen auf der Grundlage allgemeiner Rechtsinstitute, wie
Zumutbarkeitserwägungen oder Obliegenheitsverletzungen,
einzuschränken, ohne sogleich an verfassungsrechtliche
Vorgaben zu stoßen.

---

1) vgl. dazu auch: BVerfGE 60, 253,297

III. Kapitel

Spezielle Regelungen des Informationsprozesses

Die nicht zu übersehende Anwendungsbreite des Untersuchungsgrundsatzes läßt eine Konkretisierung von Grenzen
in die Gefahr eines ebenso unüberschaubaren Unterfangens
geraten. Diese Gefahr führt zu der Notwendigkeit, sich
zunächst an Greifbarem und Bekanntem zu orientieren.
Dies sind zum einen die speziellen Regelungen, die der
Gesetzgeber in den untersuchten Verwaltungsbereichen zur
Regelung des Spannungsverhältnisses von Mitwirkungspflichten und Amtsermittlung bereitgestellt hat. Institute, wie etwa die Regeln über den Anscheinsbeweis, stehen dem recht nahe und lassen eine für ihren Einsatz
konkretisierte Grenzziehung - wenn sie eine solche im
Gefolge haben sollten - ebenfalls erwarten. All diese
Sonderregelungen des Informationsprozesses sind zunächst
daraufhin zu untersuchen, ob sie der Amtsermittlung
Grenzen setzen.

1. Die Nachweispflichten

Vielfach belasten die jeweiligen Fachgesetze die Verfahrensbeteiligten mit mehr oder weniger weitgehenden Nachweispflichten. § 9a EStG sieht bei der Ermittlung der
Einkünfte den Abzug bestimmter Pauschbeträge vor, wenn
nicht der Steuerpflichtige höhere Werbungskosten nachweist. § 72 Abs. 3 Satz 1 AFG verpflichtet den Arbeitgeber, dem Arbeitsamt die Voraussetzungen für die Gewährung von Kurzarbeitergeld nachzuweisen. Einige sehen in
derartigen Nachweispflichten lediglich eine Modifizierung der fortbestehenden Amtsermittlungspflicht[1], ande-

re werten solche Pflichten als echte Beweisführungspflichten, die eine Aufklärung des nachzuweisenden Sachverhaltes allein durch den Beteiligten gebieten und zulassen[2], und finden hierin eine Grenze amtlicher Ermittlungspflicht. Die Annahme von Beweisführungspflichten ist nun wiederum nach der ganz überwiegenden Auffassung mit der Geltung des Untersuchungsgrundsatzes nicht
zu vereinbaren[3]. Einer ersten Lösung läßt sich der Konflikt zuführen, wenn die Nachweispflichten differenzierend betrachtet werden.

a) Der Nachweis als Tatbestandsmerkmal

In zahlreichen Fällen hat der Gesetzgeber den Nachweis
von Tatsachen durch den Beteiligten in den Rang eines
Tatbestandsmerkmales der jeweiligen Norm erhoben. Die
Rechtsfolge wird nicht allein an das Vorhandensein von
Tatsachen, sondern zusätzlich an den Nachweis dieser
Tatsachen durch den Beteiligten geknüpft. Die Rechtsfolge der Norm soll erst eintreten, wenn bestimmte Tatsachen vorliegen u n d vom Beteiligten nachgewiesen
werden. Deutlich wird dieses Norm-Konstruktionsschema
anhand einiger Beispiele.

Nach § 36 Abs. 1 Satz 1 GewO können Personen, die als
Sachverständige gewerbsmäßig tätig sind oder tätig wer-

---

1) Berg, Die verwaltungsrechtliche Entscheidung bei ungewissem
   Sachverhalt, S. 250 ff; differenzierend: Söhn in H/H/Sp AO u.
   FGO § 88 AO Rn 9 u. Rn 165; Marx, Notwendigkeit und Tragweite
   S. 128 ff, 148 f
2) Martens in StuW 1981, 322,330; ders. Verwaltungsverfahren S. 93
   f; vgl. auch: Tietgen, Beweislast S. 20 f; Bettermann, Die Beweislast im Verwaltungsprozeß S.37; BVerwGE 39, 247,255 f; sowie Rechtsprechungsnachweise bei Martens, Verwaltungsverfahren,
   S.110
3) siehe dazu vorstehend S. 40

den wollen, für bestimmte Sachgebiete öffentlich bestellt werden, wenn sie besondere Sachkunde nachweisen
und keine Bedenken gegen ihre Eignung bestehen. Zur öffentlichen Bestellung als Sachverständiger genügt also
nicht das Vorhandensein besonderer Sachkenntnis, hinzu-
treten muß der Nachweis durch den Bewerber[1].

§ 6 Abs. 3 Handwerksordnung gestattet jedem die Einsicht
in die Handwerksrolle, der ein berechtigtes Interesse
nachweist. Ermöglicht wird dem Bewerber die Einsicht
nicht bereits, wenn er ein berechtigtes Interesse hat,
er muß zusätzlich den Nachweis hierüber führen[2].

Wenn die Ablegung der Meisterprüfung eine unzumutbare
Belastung für den Antragsteller bedeutet, ist gemäß § 8
Abs. 1 Satz 1 Handwerksordnung eine Bewilligung zur Ein-
tragung in die Handwerksrolle zu erteilen, wenn der Antragsteller die notwendigen Kenntnisse und Fertigkeiten
nachweist, die zur selbständigen Ausübung des von ihm zu
betreibenden Handwerkes notwendig sind. Das Gesetz sieht
die Erteilung der Ausnahmebewilligung nicht bereits bei
dem Vorhandensein der notwendigen Kenntnisse vor, gelin-
gen muß dem Antragsteller auch noch der entsprechende
Nachweis[3].

---

1) Die Einschränkung des Untersuchungsgrundsatzes durch § 36
Abs. 1 S.1 GewO wird so verstanden, daß die Behörde bei einem
unterlassenen Nachweis nicht verpflichtet ist, eigene Ermittlungen anzustellen. Sie bleibt aber zu ergänzenden Ermittlungen
berechtigt. Dazu: Fröhler/Kormann, GewO § 36 Rn 9; Sieg/Leifer-
mann/Tettinger, GewO § 36 Rn 8; vgl. auch: Bleutge in: Land-
mann/Rohmer, GewO § 36 Rn 51
2) Heck in: Kübler/Aberle/Schubert, HwO § 6 Rn 36; Siegert/Musie-
lak, Das Recht des Handwerks, § 6 HwO Rn 12; an den Nachweis
sollen jedoch keine zu strengen Anforderungen gestellt werden
3) Siegert/Musielak, Das Recht des Handwerks, § 8 HwO Rn 10 ff.,
weisen ausdrücklich darauf hin, daß der Untersuchungsgrundsatz
wegen dieser Regelung keine Anwendung finde; vgl. auch: Kü-
bler/Aberle/Schubert, HwO § 8 Anm 4

Nach § 14 Abs. 1 Satz 1 Flurbereinigungsgesetz sind Beteiligte, die nicht nach den §§ 12, 13 Flurbereinigungsgesetz ermittelt wurden, durch eine öffentliche Bekanntmachung aufzufordern, innerhalb von drei Monaten Rechte,
die aus dem Grundbuch nicht ersichtlich sind, aber zur
Beteiligung am Flurbereinigungsverfahren berechtigen,
bei der Flurbereinigungsbehörde anzumelden. § 14 Abs. 1
Satz 2 Flurbereinigungsgesetz verpflichtet den Anmeldenden, sein Recht innerhalb einer von der Behörde zu set-
zenden Frist nachzuweisen. Nach ergebnislosem Ablauf der
Frist ist der Anmeldende nach Satz 3 nicht mehr zu beteiligen. Allein das Mißlingen oder Unterlassen des
Nachweises innerhalb einer bestimmten Frist genügt bereits, das Beteiligungsrecht zu verlieren. Ob der Anmeldende das nachzuweisende Recht hat oder nicht, bleibt
unerheblich, wenn der Nachweis nicht geführt wird[1].

Eine ähnliche Regelung sieht § 106 Abs. 3 BauGB für das
Enteignungsverfahren vor. Inhaber eines nicht im Grundbuch eingetragenen Rechtes an dem Grundstück (§ 106
Abs. 1 Ziff. 3 BauGB) etwa werden gemäß § 106 Abs. 2
BauGB erst in dem Zeitpunkt Beteiligte des Enteignungs-
verfahrens, indem sie der Enteignungsbehörde ihr Recht
anmelden. Hat diese Zweifel an dem angemeldeten Recht,
so muß sie dem Anmeldenden gemäß § 106 Abs. 3 Satz 1
BauGB unverzüglich eine Frist zur Glaubhaftmachung seines Rechtes setzen. Nach dem fruchtlosen Ablauf der
Frist ist er bis zur Glaubhaftmachung seines Rechtes
nicht mehr zu beteiligen (§ 106 Abs. 3 Satz 2 BauGB).
Unterläßt der Anmeldende die Glaubhaftmachung, so geht
sein Recht unter, unabhängig davon, ob es besteht oder
nicht[2].

---

1) Hegele in: Seehusen/Schwede, FlurberG § 14 Rn 2
2) vgl. dazu: Battis/Krautzberger/Löhr, BauGB § 106 Rn 5

In anderen Fällen ist der Gesetzgeber über die Anordnung
des Nachweises als tatbestandliche Voraussetzung[1) hin-
ausgegangen und hat den vom Beteiligten zu erbringenden
Nachweis an eine bestimmte Form gebunden, ihn konkretisiert. Bei der Herstellung von bestimmten Lebensmitteln
dürfen Personen gemäß § 18 Abs. 1 Satz 1 Bundesseuchen-
gesetz nur beschäftigt werden, wenn sie Bedenken gegen
gesundheitliche Gefahren durch ein nicht mehr als sechs
Wochen altes Zeugnis des Gesundheitsamtes ausräumen.
Eine solche Beschäftigung bleibt ihnen verboten, wenn
sie zwar gesund sind, ein Zeugnis des Gesundheitsamtes
jedoch nicht vorlegen[2).

Eine Gaststättenerlaubnis ist dem Antragsteller gemäß
§ 4 Abs. 1 Ziff. 4 Gaststättengesetz zu versagen, wenn
er nicht durch eine Bescheinigung der für den Ort seiner
gewerblichen Niederlassung zuständigen Industrie- und
Handelskammer nachweist, daß er oder sein Stellvertreter
über die Grundzüge der für den in Aussicht genommenen
Betrieb notwendigen lebensmittelrechtlichen Kenntnisse
unterrichtet worden ist und mit ihnen als vertraut gelten kann. Auch hier nützt dem Bewerber der Besitz der
notwendigen Kenntnisse wenig, wenn er nicht die geforderte Bescheinigung vorzulegen vermag[3).

---

1) weitere Beispiele: § 15 Abs. 5 BJagdG; § 17 Abs. 1 Nr. 4
   BJagdG; § 8 Abs. 2 HandwO; § 4 Abs. 1 Nr. 2 LuftVG; § 2 Abs. 1
   S.2 StVG; § 30 I Nr. 3 i.V.m. § 32 WaffG
2) Wer vorsätzlich oder fahrlässig entgegen § 18 Abs. 1 S. 1 ohne
   Zeugnis des Gesundheitsamtes eine der in § 17 Abs. 1, 3 oder 4
   genannten Tätigkeiten ausübt oder eine Person mit einer dieser
   Tätigkeiten beschäftigt, handelt nach § 69 Abs. 1 Nr. 6 ord-
   nungswidrig. Dazu: Schumacher/Meyn, Bundes-Seuchengesetz, § 18
   S.74
3) dazu: Michel/Kienzle, GaststättenG, § 4 Rn 50 ff.; Mörtel/Metz-
   ner, GaststättenG, § 4 Rn 105 f., jeweils auch im Hinblick auf
   die verfassungsrechtliche Zulässigkeit dieses Nachweises. Weitere Beispiele derart konkretisierter Nachweispflichten finden
   sich in: § 15 Abs. 3 Nr. 7 GaststättenG; § 2 Abs. 2 Nr. 2
   LuftVG

Auch das Sozial- und das Steuerrecht kennen Nachweispflichten, denen der Rang von Tatbestandsmerkmalen zuteil wird. Bereits hingewiesen wurde auf die Regelung
des § 9a EStG[1]. Hiernach werden Pauschbeträge gewährt,
es sei denn, der Steuerpflichtige weist höhere Werbungskosten nach. Die Berücksichtigung höherer Werbungskosten
wird zwingend an den Nachweis derselben durch den
Steuerpflichtigen geknüpft[2].

Will der Steuerpflichtige in den Genuß der günstigen
Steuersätze des § 34b Abs. 3 EStG für bestimmte Holznut-
zungsarten kommen, so muß er gemäß § 34b Abs. 4 Ziff. 2
EStG die in einem Wirtschaftsjahr erzielten verschiedenen Nutzungen mengenmäßig nachweisen. Zieht der Steuerpflichtige die begünstigten Nutzungen, ohne einen entsprechenden Nachweis zu führen, so wird ihm der vermin-
derte Steuersatz nicht zuteil, denn den Nachweis erhebt
§ 34b Abs. 4 EStG zur Voraussetzung der Begünstigung[3].

In weiten Teilen des Sozialrechtes spielen Nachweispflichten in Einzelgesetzen keine so große Rolle mehr,
da für die Gewährung von Sozialleistungen in den §§ 60
ff SGB-I eine generelle Regelung geschaffen wurde,
was-

---

1) dazu vorstehend S. 119
2) Von der überwiegenden Auffassung im steuerlichen Schrifttum
   wird § 9a Satz 1 EStG hingegen im Wege der teleologischen Reduktion so interpretiert, daß der Untersuchungsgrundsatz hiervon nicht berührt wird (Herrmann/Heuer, ESt u. KSt, § 9a EStG
   Rn 20; Wolff-Diepenbrock in: Littmann, EStG § 9a Rn 4; jeweils
   mit weiteren Nachweisen). Eine solche Auslegung ist jedoch mit
   dem Wortlaut des § 9a nicht zu vereinbaren, denn der Nachweis
   durch den Steuerpflichtigen ist eine tatbestandliche Voraussetzung des erhöhten Werbungskostenabzuges. Auch im Wege teleolo-
   gischer Auslegung kann ein Tatbestandsmerkmal nicht völlig aus
   dem Tatbestand entfernt werden. Zutreffend ist deshalb die Gegenposition: v. Bornhaupt in: Kirchhof/Söhn, EStG § 9 A 261
   ff.; Blümich/Falk, EStG § 9a Rn 2
3) vgl. etwa: Wendt in: Littmann, EStG § 34b Rn 35; Blümich/Falk,
   EStG § 34b S.15; weitere Beispiele: § 4 Abs. 7 EStG; § 4 Abs. 5
   Ziff. 2 EStG; § 1 Abs. 1 InvZulG; § 159 AO

eine Abschaffung oder Änderung zahlreicher Vorschriften in Einzelgesetzen zur Folge hatte[1]. Unbekannt sind Nachweispflichten als Tatbestandsmerkmale dem Sozialrecht jedoch nicht.

Eine solche Nachweispflicht enthielt Art. II § 55 Abs. 1 Arbeiterrentenversicherungs-Neuregelungsgesetz (ArVNG) in der Fassung vom 23.2.1957[2]. Die Vorschrift lautete:

"Weist der Versicherte nach, daß für ihn vor dem Inkrafttreten dieses Gesetzes während mindestens zehn Jahren Beiträge für eine versicherungspflichtige Beschäftigung

in einem landwirtschaftlichen Unternehmen (§ 915 Abs. 1 Buchst. a der Reichsversicherungsordnung),

in Heimen und Krankenanstalten oder

in der Hauswirtschaft

entrichtet worden sind und ihm während dieser Zeit neben Barbezügen als Sach- oder Dienstleistungen freier Unterhalt (Kost und Wohnung) oder entsprechende Sachbezüge gewährt wurden, so ist die nach den §§ 32 und 33 dieses Artikels umgestellte Rente ohne Kinderzuschuß um 10 v.H. zu erhöhen; ....."

Art. II § 55 Abs. 1 ArVNG weitet in seiner gegenwärtig geltenden Fassung den Kreis der infrage kommenden Tätigkeiten aus und begnügt sich anstelle des Nachweises mit der Glaubhaftmachung.

---

1) Hauck/Haines SGB-I K § 60 Rn 3 mit zahlreichen Beispielen. Zu den §§ 60 ff SGB-AT noch unten S. 170 ff.
2) BGBl I, 45,81; dazu: Tietgen, Beweislast, S.19 ff; Marx, Notwendigkeit und Tragweite, S.129 mit Rechtsprechungsnachweisen

In den genannten Beispielen gehört der Umstand, daß eine bestimmte Tatsache durch den Beteiligten nachgewiesen wird, als selbständiges Element in den Tatbestand der Norm. Die von dieser vorgesehene Rechtsfolge erfährt so eine direkte Verknüpfung mit dem Nachweis.

b) Sonstige Nachweispflichten

Von den soeben behandelten Nachweispflichten sind jene zu unterscheiden, die der Gesetzgeber nicht in den Rang von Tatbestandsmerkmalen erhoben hat, deren Erfüllung er nicht - ausdrücklich - zur Voraussetzung der Rechtsfolge hat werden lassen, obwohl er sie in das jeweilige Spezialgesetz aufgenommen hat.

Gemäß § 4 Abs. 1 Satz 1 Bundesimmissionsschutzgesetz bedürfen die Errichtung und der Betrieb bestimmter umweltgefährdender und/oder -belastender Anlagen der Genehmigung. § 10 Abs. 1 Satz 2 Bundesimmissionsschutzgesetz verpflichtet den Antragsteller, dem Antrag die zur Prüfung nach § 6 erforderlichen Unterlagen beizufügen. Reichen diese nicht aus, muß er sie auf Verlangen der Behörde gemäß § 10 Abs. 1 Satz 3 Bundesimmissionsschutzgesetz ergänzen. Das Gesetz enthält jedoch keine Regelung darüber, was mit dem Antrag zu geschehen und wie die Behörde hinsichtlich des noch ungeklärten Sachverhalts zu verfahren hat, wenn der Antragsteller beiden Verpflichtungen nicht nachkommt.

Zur Erforschung des Sachverhaltes kann die Behörde gemäß § 208 Satz 1 Ziff. 2 BauGB anordnen, daß der Beteiligte Urkunden und sonstige Unterlagen vorlegt, auf die sich ein Beteiligter bezogen hatte. Für den Fall, daß der Anordnung nicht nachgekommen wird, sieht § 208 Satz 2 BauGB die Androhung und Festsetzung eines Zwangsgeldes

vor, das Schicksal der zu treffenden Entscheidung selbst
erfuhr jedoch keine Regelung.

§ 9 Abs. 2 EStG eröffnet Körperbehinderten mit einer
Minderung der Erwerbsfähigkeit von 70 % oder einer solchen ab 50 % zuzüglich einer erheblichen Gehbehinderung
die Möglichkeit, für Fahrten zwischen Wohnung und Arbeitsstätte und für Familienheimfahrten auf Antrag die
tatsächlichen Aufwendungen hierfür als Werbungskosten
abzuziehen. Die genannten Voraussetzungen muß der Behinderte gemäß § 9 Abs. 2 Satz 2 EStG durch amtliche Unterlagen nachweisen. Eine Regelung für den Fall, daß der
Nachweis nicht geführt wird, enthält das Gesetz nicht.

Die Voraussetzungen für die Gewährung von Kurzarbeitergeld muß der Arbeitgeber dem Arbeitsamt gemäß § 72 Abs.
3 Satz 1 AFG nachweisen. Die Verletzung dieser Pflicht
sanktioniert § 230 Abs. 1 Satz 1 Ziff. 2 AFG als Ordnungswidrigkeit, ihren Einfluß auf die zu erarbeitende
Entscheidung kanalisiert das Gesetz nicht.

All diesen Nachweispflichten[1] hat der Gesetzgeber keine
ausdrückliche Verknüpfung mit der Rechtsfolge zuerkannt,
um so ihren Einfluß auf die zu treffende Entscheidung
deutlich zu machen.

c) Einfluß auf die Amtsermittlung

Bei dem unter a) dargestellten Norm-Konstruktionsschema
gehört der Nachweis durch die Beteiligten ebenso zum
Tatbestand der Norm wie die nachzuweisende Tatsache

---

1) weitere Beispiele: § 8 Abs. 2 S.3 AsylVfG; § 30 Abs. 1 S.1
   Ziff. 2 i.V.m. § 31 Abs. 1 WaffG; § 12 Abs. 2 ZDG

selbst. Weil das so ist, müssen beide Tatbestandskomponenten (Tatsache und Nachweis derselben durch den Beteiligten) erfüllt sein, um die Rechtsfolge eintreten zu lassen. Die Behörde darf in diesen Fällen nicht eigene Ermittlungen an die Stelle des Nachweises von seiten des Beteiligten setzen, denn die zweite Tatbestands-Komponente, Nachweis durch den Beteiligten, bliebe unerfüllt auch dann, wenn die Behörde anderweitig die erforderlichen Informationen erreicht hätte[1]. Im Falle des § 34b Abs. 3 EStG etwa dürfte die Behörde nicht eigene Ermittlungen durchführen, um die verschiedenen Holznutzungen mengenmäßig festzustellen; denn § 34b Abs. 4 Ziff. 2 EStG erhebt den Nachweis durch den Steuerpflichtigen zur Voraussetzung der Begünstigung.

Hinsichtlich der übrigen Nachweispflichten, die der Gesetzgeber nicht ausdrücklich zum Tatbestandsmerkmal erklärt hat, muß die Auslegung der jeweiligen Vorschrift ergeben, ob es sich bei der Pflicht zum Nachweis um eine materiell-rechtliche Voraussetzung der vorgesehenen Rechtsfolge und damit ebenfalls um ein Tatbestandsmerkmal handelt oder ob die Anordnung der Mitwirkungspflicht unterhalb der Tatbestandsebene erfolgt und dem Bereich der - bloßen - Verfahrensregelungen zuzuschlagen ist. Demonstriert sei dies anhand jeweils eines Beispiels.

§ 6 Abs. 4 UStG regelt die Pflicht zum Nachweis für eine Ausfuhrlieferung. Ausfuhrlieferungen befreit § 4 Nr. 1 UStG von der Umsatzsteuer. § 6 Abs. 4 Satz 1 UStG lautet:

---

1) so auch: Martin BB 1986, 1021, 1029

"Die Voraussetzungen der Absätze 1 und 3 sowie die
Bearbeitung oder Verarbeitung im Sinne des Absatzes
1 Satz 2 müssen vom Unternehmer nachgewiesen sein."

In Satz 2 ermächtigt die Vorschrift alsdann den Bundes-
minister der Finanzen, mittels einer zustimmungsbedürf-
tigen Rechtsverordnung den Nachweis näher zu regeln.

Expressis verbis knüpft das Gesetz die Steuerfreiheit
nicht an den Nachweis durch den Steuerpflichtigen. Sein
Wortlaut lenkt das Verständnis von der Nachweispflicht
gleichwohl in die Richtung auf ein Tatbestandsmerkmal,
weshalb die Anordnung der Nachweispflicht auch als eine
materiell-rechtliche Voraussetzung für die Steuerfreiheit aufgefaßt wird[1]. Die Nachweise haben eine rechts-
gestaltende Wirkung und bilden eine zusätzliche Voraussetzung für die Steuerbefreiung[2]. Werden die in der
Umsatzsteuerdurchführungsverordnung näher bestimmten
Nachweise nicht erbracht, so muß eine Steuerfreiheit
selbst dann ausscheiden, wenn die nachzuweisenden Tatsachen vorliegen[3].

Als Gegenbeispiel mag § 72 Abs. 3 Satz 1 AFG dienen, der
lapidar anordnet:

"Der Arbeitgeber hat dem Arbeitsamt die Voraussetzungen für die Gewährung von Kurzarbeitergeld nachzuweisen."

---

1) Bunjes/Geist, UStG § 6 Anm 9,10; Schwarze in: Plückebaum/Ma-
   litzky, UStG § 6 Rn 60, 94 m.w.N.; Martin BB 1986, 1021,1029
2) Schwarze in Plückebaum/Malitzky, UStG § 6 Rn 94 m.w.N.
3) Schwarze a.a.O.

Gewährt wird das Kurzarbeitergeld nicht den Arbeitge-
bern, sondern den Arbeitnehmern (§ 63 AFG), was bereits
nahelegt, den Nachweis nicht als eine materiell-rechtliche Voraussetzung aufzufassen. Andernfalls nähme man
Versäumnisse des Arbeitgebers zum Anlaß, einen Dritten,
den Arbeitnehmer, zu belasten. So wird denn eine Verpflichtung des Arbeitsamtes angenommen, gegebenenfalls
eigene Ermittlungen durchzuführen[1]. Der vorgesehene
Nachweis ist eine reine Verfahrensanordnung.

Ergibt die Auslegung der den Nachweis anordnenden Vorschrift, daß diese materiell-rechtliche Voraussetzung
ist, gilt für sie dasselbe, wie wenn der Nachweis ausdrücklich zum Tatbestandsmerkmal erklärt worden wäre:
Der Untersuchungsgrundsatz stößt an eine Grenze, eingeführt ist der Nachweisgrundsatz. Erschöpft sich die Sta-
tuierung der Nachweispflicht in einer - bloßen - Verfah-
rens-Anordnung, muß sich ihr Verhältnis zum Untersuchungsgrundsatz nach den allgemeinen Regeln richten[2],
wie sie weiter unten dargestellt sind.

Im Rahmen dieser Auslegung sind die Grundsätze zu berücksichtigen, die sich bei der Betrachtung der verfassungsrechtlichen Verwurzelung des Untersuchungsgrundsatzes ergeben haben. Dort, wo das Gesetzmäßigkeitsprinzip,
der Grundsatz fairen Verfahrens oder die materiellen
Grundrechte des Betroffenen amtliche Ermittlungen gebieten[3], muß die Auslegung verfassungskonform zu einer
reinen Verfahrenspflicht führen. Läßt sich eine solche
verfassungskonforme Auslegung nicht vornehmen, ist die

1) Schieckel AFG § 72 Anm. 2
2) ähnlich differenzierend: Berg, Die verwaltungsrechtliche Entscheidung bei ungewissem Sachverhalt, S.250 ff; Söhn in: H/H/Sp
   AO u. FGO § 88 AO Rn 156; Marx, Notwendigkeit und Tragweite,
   S.148 f; vgl. auch: BFH BStBl II 1976, 767,768
3) Dazu vorstehend S. 90 ff, 109 ff, 113 ff

Anordnung des Nachweises durch den Beteiligten verfassungswidrig und damit unwirksam. Es gilt der Untersuchungsgrundsatz.

Die Betrachtung der Nachweispflichten hat ihre Gliede-
rung in drei Gruppen ergeben:

(1) Der Nachweis ist vom Gesetzgeber in den Tatbestand
    der Norm aufgenommen worden. Diese Gruppe von Nach-
    weispflichten läßt sich treffend als "tatbestandli-
    che Nachweispflichten" kennzeichnen.

(2) Die Anordnung des Nachweises findet sich nicht un-
    mittelbar im Tatbestand der Norm, seine Erfüllung
    durch den Beteiligten bildet aber aufgrund der sinn-
    gemäßen Auslegung der Norm gleichwohl eine mate-
    riell-rechtliche Voraussetzung für den Eintritt der
    Rechtsfolge. "Tatbestandsähnliche Nachweispflich-
    ten".

(3) Die Pflicht zum Nachweis bildet eine reine Verfah-
    rensanordnung. Da diese Pflichten nur das Verfahren,
    nicht aber die materiell-rechtlichen Voraussetzungen
    der Normen beeinflussen, werden sie als "ausschließ-
    lich verfahrenswirksame Nachweispflichten" anschau-
    lich beschrieben.

Zu einer ähnlichen Aufgliederung der Nachweispflichten
ist Berg[1] gelangt. Den Nachweispflichten, die zu Tat-

---

1) Die verwaltungsrechtliche Entscheidung bei ungewissem Sachverhalt, S.250 ff, der noch weiter aufgliedert (S.258) in Mitwirkungspflichten, die eigene Tatbestände auslösen; vgl. auch:
   Marx, Notwendigkeit und Tragweite, S.129 ff; Söhn in: H/H/Sp AO
   und FGO § 88 AO Rn 9 u. 156

bestandsmerkmalen aufgestiegen sind, schreibt er die Wirkung zu, den Ermittlungsgegenstand zu verändern[1]. Hierdurch werde nicht partiell der Verhandlungsgrundsatz eingeführt, die Untersuchungsmaxime gelte unvermindert fort, richte sich nun aber auf den veränderten Ermittlungsgegenstand, wenn auch zuweilen kaum noch etwas zu ermitteln übrig bleibe[2].

Aus guten Gründen hat Marx zu bedenken gegeben, ob bei einer solchen Definition nicht auch die zivilprozessuale Darlegungspflicht des Bürgers als Untersuchungsgegenstand der Zivilgerichte angesehen werden müßte[3]. Dieser Vorhalt trifft jedoch nicht ganz, denn die zivilprozessuale Darlegungspflicht ist nicht ein Tatbestandsmerkmal der anzuwendenden materiell-rechtlichen Rechtssätze. Ungeachtet der dogmatischen Kontroversen besteht Einigkeit hinsichtlich des Ergebnisses, daß die Behörde eigene Ermittlungen nicht durchführen muß und auch nicht darf, gerichtet auf solche Sachverhalte, deren Nachweis der Gesetzgeber zu einem Tatbestandsmerkmal erklärt hat[4].

Gerade das Recht und die Pflicht der Behörde zu eigenständigen, vom Vortrag der Verfahrensbeteiligten unabhängigen, Ermittlungen bildet aber den Kern des Untersuchungsgrundsatzes[5]. Werden der Behörde solche vom Gesetz verwehrt, stößt der Untersuchungsgrundsatz an eine seiner Grenzen, was nicht mittels terminologischer oder

---

1) Berg a.a.O. S. 251
2) Berg a.a.O. S. 251
3) Notwendigkeit und Tragweite, S. 148 f.
4) Berg a.a.O. S.250 f; Söhn in H/H/Sp AO u. FGO § 88 AO Rn 9 u. Rn 156; Marx, Notwendigkeit und Tragweite S. 148 f; Martens StuW 1981, 322,330; ders. Verwaltungsverfahren S.93 f.
5) Zum Begriff des Untersuchungsgrundsatzes vorstehend S. 25 ff.

konstruktiver Akrobatik verdeckt werden sollte. Bestimmt wird der Ermittlungsgegenstand durch die Tatbestände des anzuwendenden Rechtssatzprogrammes[1]. Hierin ist aber auch die vom Beteiligten nachzuweisende Tatsache und nicht nur der Nachweis selbst enthalten, womit die nachzuweisende Tatsache zum Ermittlungsgegenstand gehört. Indem der Gesetzgeber nun den Nachweis in den Tatbestand aufnimmt, schließt er zugleich andere Ermittlungen aus und setzt damit – insoweit – den Untersuchungsgrundsatz außer Kraft. Die Überprüfung der verfassungsrechtlichen Verankerung des Untersuchungsgrundsatzes hat die weitgehende Gestaltungsfreiheit des Gesetzgebers hierbei bestätigt[2]. Die einfachgesetzliche Anordnung des Untersuchungsgrundsatzes in den Verfahrensordnungen steht einer partiellen Aufhebung desselben nicht entgegen, da die Verfahrensordnungen Kollisionsnormen zu Gunsten anderweitiger Regelungen enthalten[3] oder der Grundsatz lex specialis derogat legi generali[4] der speziellen Regelung den Vorzug verleiht. Partiell ersetzt wird der Untersuchungsgrundsatz in diesen Fällen durch den Verhandlungsgrundsatz in der für das Verwaltungsverfahren möglichen Gestalt des Nachweisgrundsatzes[5]. Möglich ist dessen Anordnung stets dann, wenn er zur Tatsachensammlung geeignet ist und den Beteiligten nicht unzumutbar belastet.

---

1) dazu vorstehend S. 15 ff.

2) Zum Umfang und zum Standort der verfassungskräftigen Verankerung des Untersuchungsgrundsatzes siehe vorstehend S. 81 ff., 117 f.

3) so § 1 VwVfG; § 1 SGB-X

4) Die AO entbehrt einer Kollisionsnorm

5) Zur Entwicklung des Nachweisgrundsatzes siehe vorstehend S. 98 ff.

Die Betrachtung der Nachweispflichten hat zur ihrer
Dreiteilung sowie zu der Erkenntnis geführt, daß die
tatbestandlichen sowie die tatbestandsähnlichen Nachweispflichten in ihrem Anwendungsbereich den Nachweisgrundsatz partiell zur Maxime der Informationssammlung
werden lassen. Aus dieser Erkenntnis läßt sich für die
ausschließlich verfahrenswirksamen Nachweispflichten
keine Begrenzung der Amtsermittlung herleiten. Ihnen
fehlt das bei den übrigen beiden Gruppen anzutreffende
Normkonstruktionsschema, ihnen hat der Gesetzgeber eben
kein materielles Gewicht beigelegt.

2. Die Vermutungen und der Anscheinsbeweis

Für Bereiche, in denen erfahrungsgemäß besondere Ermitt-
lungs- und Beweisschwierigkeiten zu erwarten sind, hat
der Gesetzgeber der Verwaltung Entscheidungshilfen in
Gestalt von Vermutungen an die Hand gegeben. Eine solche
enthält beispielsweise § 16 BSHG. Die Vorschrift lautet:

"Lebt ein Hilfesuchender in Haushaltsgemeinschaft
mit Verwandten oder Verschwägerten, so wird vermutet, daß er von ihnen Leistungen zum Lebensunterhalt erhält, soweit dies nach ihrem Einkommen und
Vermögen erwartet werden kann. Soweit jedoch der
Hilfesuchende von den in Satz 1 genannten Personen
Leistungen zum Lebensunterhalt nicht erhält, ist
ihm Hilfe zum Lebensunterhalt zu gewähren."

Diese Vermutung zu Lasten des Hilfesuchenden scheint der
Behörde die Feststellung zu erleichtern, daß dem Hilfesuchenden Unterstützung gewährt wird. Sie wirft die Frage auf, ob der Hilfesuchende nunmehr beweisbelastet ist,

- 135 -

im Sinne einer Beweisführungslast[1], diese Vermutung zu
entkräften[2].

Vermutungen dieser Art kennt auch das Steuerrecht. § 161
AO lautet:

"Ergeben sich bei einer vorgeschriebenen oder amtlich
durchgeführten Bestandsaufnahme Fehlmengen an verbrauchssteuerpflichtigen Waren, so wird vermutet, daß
hinsichtlich der Fehlmenge eine Verbrauchssteuer entstanden oder eine bedingt entstandene Verbrauchssteuer
unbedingt geworden ist, soweit nicht glaubhaft gemacht
wird, daß die Fehlmengen auf Umstände zurückzuführen
sind, die eine Steuer nicht begründen oder eine bedingte Steuer nicht unbedingt werden lassen. Die
Steuer gilt im Zweifel im Zeitpunkt der Bestandsaufnahme als entstanden oder unbedingt geworden."

Diese Vorschrift stellt einen direkten Zusammenhang zwischen der Mitwirkungspflicht des Steuerpflichtigen und
der vermuteten Regel her. Sie bewegt sich so an der
Scheidelinie zwischen den zuvor behandelten Nachweispflichten und den Vermutungen[3].

---

1) Zur Unterscheidung objektive Beweislast und subjektive Beweisführungslast siehe vorstehend S. 38 ff.
2) Nach Schellhorn/Jirasek/Seipp BSHG § 16 Rn 4 soll die Unterstellung des § 16 nur dann entkräftet sein, wenn das Gegenteil
offenkundig ist oder vom Hilfesuchenden nachgewiesen wird. Conradis in LPK-BSHG § 16 Rn 2 hält die Behörde für verpflichtet,
vor der Anwendung der Vermutungs-Regel von Amts wegen zu klären, in welchem Umfang der Hilfesuchende tatsächlich Leistungen
erhält. Vgl. hierzu auch: Gottschick/Giese BSHG § 16 Rn. 6;
Berg, Die verwaltungsrechtliche Entscheidung bei ungewissem
Sachverhalt, S.86 f; Marx, Notwendigkeit und Tragweite, S.199
f.
3) Weitere Vermutungen finden sich etwa in § 28 EStG; § 158 AO;
§ 17 ZollG

Da sich Vermutungen in Gesetzen seltener finden als es
dem Bedarf der Praxis entspricht, hat die Rechtsprechung
die sich auf Erfahrungssätze gründenden sogenannten
"tatsächlichen Vermutungen" entwickelt[1]. Die Grenzen
von ihnen zum Anscheinsbeweis sind fließend, denn "Sätze
allgemeiner Lebenserfahrung im Rahmen der freien Beweiswürdigung"[2] liegen auch diesem zugrunde[3].

Sind Begriff und Inhalt der gesetzlichen Vermutungen
heute auch weitgehend geklärt[4], bleibt für die zahllo-
sen tatsächlichen Vermutungen[5] eine weitreichende Unsi-
cherheit zurück[6]. Die Feststellung Leo Rosenbergs[7] aus
dem Jahre 1965, wonach nirgends eine solche Sprachver-
wilderung herrsche wie in der Lehre von den Vermutungen,
hat deshalb im Blick auf die tatsächlichen Vermutungen
ihre Berechtigung behalten[8].

---

1) Zu ihnen etwa: Prütting, Gegenwartsprobleme der Beweislast,
   S.50 ff; Peschau, Die Beweislast im Verwaltungsrecht, S.51 ff;
   Berg, Die verwaltungsrechtliche Entscheidung bei ungewissem
   Sachverhalt, S.96 ff; Tietgen, Beweislast, S.56 ff; Marx, Not-
   wendigkeit und Tragweite, S.201 ff; Michael, Objektive Beweis-
   last, S.113 ff.

2) Rosenberg-Schwab, Zivilprozeßrecht, § 114 II 1. (S.693)

3) Rosenberg-Schwab, a.a.O.; Prütting, Gegenwartsprobleme der Beweislast, S.94 ff; Berg, Die verwaltungsrechtliche Entscheidung
   bei ungewissem Sachverhalt, S.96 ff; Söhn in: H/H/Sp AO u. FGO
   § 88 AO Rn 77; Peters SGB-X K § 20 Anm. 2d2; Kopp, VwVfG § 24
   Rn 33; Ritter FR 1985, 34,40

4) Prütting, Gegenwartsprobleme der Beweislast, S.48 ff mit Nachweisen; Peschau, Die Beweislast im Verwaltungsrecht, S.51; Weber-Grellet StuW 1981, 48,59

5) Beispiele aus der Rechtsprechung in der Auflistung von Prütting, a.a.O., S.50 ff.

6) etwa die Darstellung bei Prütting, a.a.O., S.53 ff.
7) Die Beweislast, S.199
8) vgl. auch: Weber-Grellet StuW 1981, 48,59

An ungeklärten Fragen überboten werden die tatsächlichen
Vermutungen vom Anscheinsbeweis. Obgleich er Gegenstand
mehrerer tiefgreifender Untersuchungen[1] gewesen ist,
gehört er noch immer zu den ungeklärten und schwierig-
sten Problemfeldern des Beweisrechtes[2].

a) Die Begriffe

Die gesetzlichen Vermutungen gliedern sich in Tatsachen-
und Rechtsvermutungen[3]. Bei den Tatsachenvermutungen
wird bei Vorliegen bestimmter Tatsachen, der Vermutungsbasis, eine weitere Tatsache als bestehend angenommen[4].
Die gesetzlichen Rechtsvermutungen richten sich bei Erfüllung der Vermutungsbasis nicht nur auf eine bestimmte
Tatsache, sondern auf eine Rechtsposition[5]. Als Beispiele mögen die eingangs genannten §§ 16 BSHG und 161
AO dienen. Ersterer vermutet die Tatsache von Unterstützungsleistungen, letzterer führt zu der Annahme, eine
Verbrauchssteuer sei entstanden oder unbedingt geworden.

---

1) Greger, Beweis und Wahrscheinlichkeit, 1978, S.169 ff; ders.,
VersR 1980, 1091; Musielak, Die Grundlagen der Beweislast im
Zivilprozeß, 1975, S.83 ff; Hainmüller, Der Anscheinsbeweis und
die Fahrlässigkeitstat im heutigen deutschen Schadensersatzpro-
zeß, 1966; Pawlowski, Der prima-facie-Beweis bei Schadenser-
satzansprüchen aus Delikt und Vertrag, 1966; Kollhosser, Der
Anscheinsbeweis in der höchstrichterlichen Rechtsprechung, Entwicklung und aktuelle Bedeutung, 1963; ders., AcP 165, 46
2) Prütting, Gegenwartsprobleme der Beweislast, S.94
3) Musielak, Die Grundlagen der Beweislast im Zivilprozeß, S.61;
Weber-Grellet, StuW 1981, 48,59
4) Rosenberg-Schwab, Zivilprozeßrecht, § 117 I 4 (S.712); Prütting, a.a.O., S.48; Musielak, a.a.O., S.61; Berg, Die verwal-
tungsrecht-liche Entscheidung bei ungewissem Sachverhalt, S.80
f; Söhn in: H/H/Sp AO u. FGO § 88 AO Rn 20; Weber-Grellet, StuW
1981, 48,59
5) Musielak, a.a.O., S.61; Rosenberg-Schwab, a.a.O., S.712; Prütting, a.a.O., S.48

Von diesen widerleglichen gesetzlichen Vermutungen sind
die unwiderleglichen zu unterscheiden, die den Nachweis
oder die Ermittlung und Feststellung des Gegenteils
nicht zulassen[1]. Eine solche enthält etwa § 38 Abs. 1
BVG[2]:

"Ist ein Beteiligter an den Folgen einer Schädigung
gestorben, so haben die Witwe, die Waisen und die
Verwandten der aufsteigenden Linie Anspruch auf
Hinterbliebenenrente. Der Tod gilt stets dann als
Folge einer Schädigung, wenn ein Beschädigter an
einem Leiden stirbt, das als Folge einer Schädigung
rechtsverbindlich anerkannt und für das ihm im Zeitpunkt des Todes Rente zuerkannt war."

Hier kann es dahinstehen, ob das Leiden, welches den Tod
verursacht hat, tatsächlich Folge der Schädigung gewesen
ist. Es genügt, daß ein solcher Zusammenhang nur einmal
rechtsverbindlich festgestellt worden ist. Solche unwiderleglichen Vermutungen bringt der Gesetzgeber in denjenigen Fällen zur Anwendung, in denen die angeordnete
Gleichstellung von Vermutungsbasis und Vermutungsinhalt
in aller Regel der Lebenswirklichkeit entspricht[3]. Gewollt wird diese Gleichstellung auch dann, wenn die Vermutung im Einzelfall einmal nicht mit der Realität über-
einstimmt[4].

---

1) Prütting, a.a.O., S.48 f; Musielak, a.a.O., S.82

2) Ein weiteres Beispiel findet sich in § 1397 Abs. 6 RVO, zu beiden: Tietgen, Beweislast, S.54 f.

3) Prütting, Gegenwartsprobleme der Beweislast, S.49

4) Prütting, a.a.O.

Weit weniger scharfe Konturen als die gesetzlichen Vermutungen haben die tatsächlichen Vermutungen, die
praesumtiones facti, die auch natürliche oder unechte
Vermutungen genannt werden[1]. Im Gesetz verankert sind
sie nicht[2]. Sie beruhen auf der Lebenserfahrung, sind
aus freier richterlicher Würdigung hervorgegangene
Schlüsse oder Erfahrungen, die entweder allein oder gemeinsam mit anderen Umständen einen weiteren Beweis
überflüssig machen[3]. Als Beispiel[4] mag der vom Bundesverwaltungsgericht mit Urteil vom 14. Januar 1959[5] ent-
schiedene Fall dienen:

Die Klägerin war eine "Volksdeutsche" aus Jugoslawien.
Von Juli 1945 bis März 1948 befand sie sich in verschiedenen jugoslawischen Internierungslagern und mußte sich
anschließend zu einer dreijährigen Zwangsarbeit verpflichten. Sie begehrte Kriegsgefangenenentschädigung
für die Zeit bis zu ihrer Ausreise in die Bundesrepublik
im Juli 1951. Der erkennende Senat hatte aus zahlreichen
gleichartigen Streitverfahren die Überzeugung davon gewonnen, daß es ein allgemeines Erfahrungsbild des In-
halts gebe, daß auch die sich an die Internierung an-
schließende Zwangsarbeit ein Festhalten im Sinne des
KgfEG sei[6]. Diese widerlegliche Vermutung erübrige

1) Prütting, Gegenwartsprobleme der Beweislast, S.50 ff. mit zahlreichen Beispielen aus der wechselvollen Rechtsprechung; Berg,
   Die verwaltungsrechtliche Entscheidung bei ungewissem Sachverhalt, S.96 ff; Tietgen, Beweislast, S.56 ff; Rosenberg-Schwab,
   Zivilprozeßrecht, § 118 I 4 c (S.713); Weber-Grellet, StuW
   1981, 48,59 f; Marx, Notwendigkeit und Tragweite, S.201 ff;
   Michael, Objektive Beweislast, S.113 ff.
2) Rosenberg-Schwab, Zivilprozeßrecht, § 117 I 4 c (S.713); Prütting, a.a.O., S.50; Tietgen, Beweislast, S.56
3) Tietgen, Beweislast, S.56
4) weitere Beispiele dargestellt bei: Tietgen, Beweislast, S.56
   ff; Prütting, a.a.O., S.50 ff; Michael, Objektive Beweislast,
   S.113 ff.
5) BVerwGE 8, 98
6) BVerwGE 8, 98, 101

weitere Ermittlungen, ob die vertraglich übernommene Zwangsarbeit tatsächlich unter den erforderlichen Freiheitsbeschränkungen erfolgt sei[1].

Eine nahe Verwandtschaft zu diesen tatsächlichen Vermutungen findet sich beim Anscheinsbeweis. Er bildet kein eigenes Beweismittel, sondern beschreibt ebenfalls die Anwendung bestimmter Sätze allgemeiner Lebenserfahrung im Rahmen der freien Beweiswürdigung[2]. Zur Anwendung gelangt er beim Vorhandensein eines sogenannten "typischen Geschehensablaufes". Hierunter versteht man einen sich aus der Lebenserfahrung bestätigenden gleichförmigen Vorgang, dessen Typizität es erübrigt, die tatsächlichen Einzelumstände des jeweiligen Falles nachzuweisen[3]. Ein Unterschied zu den tatsächlichen Vermutungen mag sich daraus ergeben, daß nicht jeder Erfahrungssatz Grundlage eines Anscheinsbeweises sein kann[4]. Diese Fähigkeit erlangt ein Erfahrungssatz erst dann, wenn er sich aus einem gleichmäßigen sich immer wiederholenden Hergang ergibt, dem neuesten Stand der Erfahrungen entspricht und sich eindeutig und in jederzeit überprüfbarer Weise formulieren läßt[5]. Diese gesteigerten Erfahrungssätze werden auch "Erfahrungsgrundsätze" genannt[6].

---

1) BVerwGE 8, 98, 101
2) Rosenberg-Schwab, Zivilprozeßrecht, § 114 II 1 (S.693); Prütting, Gegenwartsprobleme der Beweislast, S.95; Musielak, Die Grundlagen der Beweislast im Zivilprozeß, S.86 f; Ritter, FR 1985, 34,40
3) Prütting, a.a.O., S.95; Musielak, a.a.O., S.87; Rosenberg-Schwab, a.a.O., S.693
4) so: Rosenberg-Schwab, Zivilprozeßrecht, § 114 II 1 (S.693) mit Nachweisen; Prütting, Gegenwartsprobleme der Beweislast, S.111; a.A.: Musielak, Die Grundlagen der Beweislast im Zivilprozeß, S.96, mit Nachweisen.
5) Rosenberg-Schwab, Zivilprozeßrecht, § 114 II 1 (S.693)
6) Prütting, a.a.O., S.106, der eine Stufenleiter von Erfahrungssätzen feststellt: reine Vorurteile - einfache Erfahrungssätze - Erfahrungsgrundsätze - Lebensgesetze (Natur-, Denk- und Erfahrungsgesetze); vgl. auch: Berg, Die verwaltungsrechtliche Entscheidung bei ungewissem Sachverhalt, S.100

b) <u>Einfluß auf die Amtsermittlung</u>

Allein die Beleuchtung der Begriffe läßt bereits vermu-
ten, daß ihre Wirkungen auf den Informationsprozeß zu
Differenzierungen verpflichten.

aa) <u>Die widerleglichen gesetzlichen Vermutungen</u>

Im Jahre 1966 führte Leipold die seinerzeitige Kontroverse um das Wesen der gesetzlichen Tatsachenvermutungen
auf die Alternative Beweisregel oder Beweislastregel zurück[1]. Eine Beweisregel legt den Beweiswert bestimmter
Beweismittel fest[2]. Sind die Voraussetzungen erfüllt,
von denen das Gesetz die Feststellungswirkung abhängig
macht, so führen gesetzliche Beweisregeln zur Feststellung der Wahrheit oder der Unwahrheit einer Behauptung
ohne Rücksicht auf die richterliche Überzeugung[3]. Das
Ergebnis der Beweisregel ist der Beweis und damit die
Tatsachenfeststellung[4]. Beweislastregeln hingegen kommen erst zur Anwendung, wenn die Tatsachenfeststellung
mißlungen ist, nicht nachgewiesen werden konnte, ob eine
Tatsache vorliegt oder nicht[5]. Beweisregeln gehören damit zum Prozeß der Tatsachenfeststellung, der Beweiswürdigung. Beweislastregeln kommen zur Anwendung, wenn dieser Prozeß abgeschlossen ist und als Ergebnis ein "non
liquet" hervorgebracht hat[6].

---

1) Leipold, Beweislastregeln und gesetzliche Vermutungen, S.79 f;
   vgl. auch: Berg, Die verwaltungsrechtliche Entscheidung bei ungewissem Sachverhalt, S.82
2) Leipold, a.a.O., S.80
3) Rosenberg-Schwab, Zivilprozeßrecht, § 114 I 2 (S.692); so etwa
   die Vorschriften über den Urkundsbeweis: §§ 198 II, 202 II, 212
   a, 415-418, 438 II ZPO
4) Leipold, a.a.O., S.80
5) Leipold, a.a.O., S.80; zur Stellung der Beweislast siehe vorstehend S. 38 ff.
6) Leipold, a.a.O., S.80; vorstehend S. 38 ff.

Heute besteht Einigkeit über die Wirkung widerlegbarer
gesetzlicher Vermutungen als Regeln der Beweislast[1]. Da
die objektive Beweislast den Prozeß der Sachverhaltsermittlung nicht beeinflußt[2], können auch in Vermutungen
gekleidete Beweislastregeln den Umfang, das aus dem Untersuchungsgrundsatz gebotene Maß der Informationssammlung nicht beschränken. Zum Zuge kommen können gesetzliche widergliche Vermutungen erst dann, wenn alle Versuche der Sachverhaltsaufklärung und Überzeugungsbildung
erfolglos verlaufen sind[3]. Diese Aussage gilt für die
gesetzlichen Tatsachen- und Rechtsvermutungen in gleichem Maße[4]; denn die Rechtsvermutungen unterscheiden
sich von den Tatsachenvermutungen nur darin, daß sie
einen ganzen Komplex von Tatsachen umfassen, wie er zur
Rechtsbegründung im jeweiligen Einzelfall erforderlich
ist[5]. Rechtsvermutungen beziehen sich im Unterschied zu
den Tatsachenvermutungen nicht auf einzelne Tatbestandsmerkmale, sondern sehen die Beweislastverteilung für
alle Tatsachen vor, die die jeweilige Rechtsentstehung
zur Voraussetzung hat[6].

Widerlegliche gesetzliche Tatsachen- und Rechtsvermutungen entlasten weder die Behörde von Ermittlungsarbeit
noch bürden sie den Beteiligten ein Mehr an Mitwirkung

---

1) Prütting, Gegenwartsprobleme der Beweislast, S.48 mit zahlreichen Nachweisen; Rosenberg-Schwab, Zivilprozeßrecht, § 117 I 4
   a (S.712); Musielak, Die Grundlagen der Beweislast im Zivilprozeß, S.71 ff; gemeint ist selbstredend die objektive Beweislast
2) siehe vorstehend S. 38 ff.
3) Berg, Die verwaltungsrechtliche Entscheidung bei ungewissem
   Sachverhalt, S.82
4) Prütting, Gegenwartsprobleme der Beweislast, S. 48; Berg,
   a.a.O., S.85; Musielak, Die Grundlagen der Beweislast im Zivilprozeß, S.82; Leipold, Beweisregeln und gesetzliche Vermutungen, S.99 f.
5) Berg, a.a.O., S.85; Musielak, a.a.O., S.82
6) Leipold, a.a.O., S.100

auf. Eine Grenze der Amtsermittlung und eine Verlagerung der Sachaufklärung in die Hände der Beteiligten ergibt sich aus ihnen mithin nicht. Zum Einsatz gelangen sie erst nach dem Abschluß des Informationsprozesses, wenn es Beweislastfragen zu beantworten gilt. Verdeutlicht sei dieses Ergebnis an zwei Beispielen:

Für das eingangs genannte Beispiel des § 16 BSHG ergibt sich aus der Funktion der widerleglichen gesetzlichen Vermutungen als Beweislastregel, daß die Behörde sich nicht darauf beschränken darf festzustellen, ob eine Haushaltsgemeinschaft des Hilfesuchenden mit Verwandten oder Verschwägerten besteht, um alsdann sogleich die Vermutung ihrer Entscheidung zugrunde zu legen. Sie muß vorab im Rahmen ihrer Ermittlungsmöglichkeiten klären, in welchem Umfang der Hilfesuchende tatsächlich Leistungen von den genannten Personen erhält[1]. Ergeben diese Ermittlungen, daß Unterstützungsleistungen tatsächlich gewährt werden oder aber das Gegenteil, so hat die Behörde ihrer Entscheidung diese Feststellungen zugrunde zu legen, denn beim Vorhandensein gesicherter Erkenntnisse bleibt für eine Beweislastentscheidung kein Raum. Erst wenn die Ermittlungen erfolglos verlaufen sind und mit einem non liquet abgeschlossen haben, kann die Behörde zur Vermutung des § 16 BSHG greifen[2].

---

1) so zutreffend: Conradis in LPK-BSHG § 16 Rn 2; Gottschick-Giese, BSHG § 16 Rn 6; Berg, Die verwaltungsrechtliche Entscheidung bei ungewissem Sachverhalt, S.86 f; Marx, Notwendigkeit und Tragweite, S.199 f.
2) Nach Schellhorn/Jirasek/Seipp, BSHG § 16 Rn 4 (ähnlich: Oesterreicher, BSHG § 16 Rn 8) hingegen soll die Vermutung nur hinfällig sein, wenn das Gegenteil offenkundig ist, oder der Hilfesuchende den Gegenbeweis führt, an den allerdings keine strengen Anforderungen gestellt werden sollen.

Eine entsprechende Aussage für den § 161 AO treffen zu
können, scheint auf den ersten Blick schwieriger zu
sein, denn dort hat der Gesetzgeber eine Glaubhaftmachung durch den Steuerpflichtigen vorgesehen. Dieser
Zusatz entlastet die Behörde jedoch nicht, die Frage
aufzuklären, ob eine Verbrauchssteuer entstanden ist
oder nicht. Die Möglichkeit der Glaubhaftmachung
schränkt lediglich die Vermutungsbasis ein. Die Vermutung greift nicht bereits dann, wenn Fehlmengen an verbrauchssteuerpflichtigen Waren festgestellt werden, sondern erst, wenn auch der Steuerpflichtige in dieser Situation einen nicht verbrauchssteuerpflichtigen Ver-
brauch nicht glaubhaft zu machen vermag. Der Vermutung
zuwenden darf die Behörde sich überhaupt erst dann, wenn
ihre Ermittlungen um den Verbleib der Fehlmengen erfolglos geblieben sind[1], denn Beweislastnormen kommen zur
Anwendung erst nach dem Abschluß des Ermittlungsverfahrens. Die Beweislastentscheidung zu Lasten des Steuerpflichtigen kann aber nicht bereits getroffen werden,
wenn die Ermittlungen der Behörde nicht zu einer Tatsachenfeststellung auf der Ebene des vollen Beweises
geführt haben, sondern erst dann, wenn auch dem Steuerpflichtigen das Minus der Glaubhaftmachung mißlungen
ist.

bb) Die unwiderleglichen gesetzlichen Vermutungen
    und die Fiktionen

Die unwiderleglichen gesetzlichen Vermutungen sind weder
Beweis- noch Beweislastregeln, sondern Rechtssätze, die

---

1) so: Kühn/Kutter/Hofmann, AO u. FGO § 161 AO Anm 2; Koch, AO
   § 161 Rn 8; nicht ganz deutlich: v. Wallis in: H/H/Sp AO u. FGO
   § 161 AO Rn 2

materielle Rechtsfolgen bestimmen[1]. Mit der Verwendung von unwiderleglichen Vermutungen geht der Gesetzgeber einen gesetzestechnischen Umweg: Anstatt für ihren Tatbestand eine eigene Rechtsfolge zu bestimmen, erklärt er durch die Gleichstellung mit einem anderen Tatbestand dessen Rechtsfolge für verbindlich[2]. Geschaffen wird so ein zweiter Tatbestand für dieselbe Rechtsfolge[3].

In § 38 Abs. 1 Satz 2 BVG[4] hätte der Gesetzgeber statt der Vermutung auch anordnen können, daß ein Anspruch auf Hinterbliebenenrente bestehe, wenn der Beschädigte an einem Leiden sterbe, das als Folge einer Schädigung rechtsverbindlich anerkannt und für das ihm im Zeitpunkt des Todes Rente zuerkannt sei. Eine Änderung in der Sache ergäbe sich aus einer solchen Fassung nicht, denn anstelle der angeordneten Gleichstellung mit einem Tatbestand wird lediglich dessen Rechtsfolge aufgenommen[5].

Die gleiche Technik wie bei den unwiderleglichen Vermutungen verwendet der Gesetzgeber bei den Fiktionen, die ebenfalls Rechtssätze mit materiellen Rechtsfolgen sind[6]. Bei ihnen nimmt der Gesetzgeber eine rechtliche Gleichbewertung verschiedener Tatbestände vor, obwohl er

---

1) Musielak, Die Grundlagen der Beweislast im Zivilprozeß, S.82; Leipold, Beweislastregeln und gesetzliche Vermutungen, S.102 ff; Berg, Die verwaltungsrechtliche Entscheidung bei ungewissem Sachverhalt, S.88 f; Prütting, Gegenwartsprobleme der Beweislast, S.48 f.
2) Musielak, a.a.O., S.82; Leipold, a.a.O., S.102
3) Leipold, a.a.O., S.103
4) Als Beispiel vorstehend S. 158 im Wortlaut wiedergegeben.
5) Zu den Schulbeispielen der unwiderleglichen Vermutungen in § 1566 BGB ebenso: Prütting, Gegenwartsprobleme der Beweislast, S.49
6) Prütting, a.a.O., S.49; Musielak, a.a.O., S.83; Leipold, a.a.-O., S.103

weiß, daß sie ungleichwertig sind[1]). Die mit den unwiderleglichen Vermutungen angeordnete Gleichstellung hingegen entspricht in aller Regel der Lebenswirklichkeit[2]).

Die Auswirkungen der unwiderleglichen gesetzlichen Vermutungen und der Fiktionen auf die Amtsermittlung ergeben sich unmittelbar aus ihrer soeben skizzierten Ein-
ordnung. Indem sie einen neuen Tatbestand schaffen, verändern sie den Ermittlungsgegenstand und geben der Amtsermittlung eine neue Richtung. Zu ermitteln sind die
diesen Ermittlungsgegenstand ausfüllenden Tatsachen dann
so umfassend, wie es der Untersuchungsgrundsatz generell
zur Pflicht macht. Der Amtsermittlung werden keine
Schranken gesetzt, sie wird lediglich auf einen anderen
Gegenstand gerichtet.

cc) Die tatsächlichen Vermutungen
    und der Anscheinsbeweis

Weit weniger eindeutig als bei den vorangegangenen Instituten läßt sich die Frage nach der Natur und dem
Standort der tatsächlichen Vermutungen beantworten. Die
von Prütting[3]) vorgenommene verdienstvolle Analyse von
Literatur und Rechtsprechung hierzu ergibt im wesentlichen sieben Antworten. Drei billigen den tatsächlichen
Vermutungen Einfluß auf die Beweislast zu[4]), vier ver-
weisen ihre Wirkungen in den Bereich der Beweiswürdigung[5]).

---

1) Nachweise S. 145 Fn 6
2) Nachweise S. 145 Fn 6
3) Gegenwartsprobleme der Beweislast, S.53 ff.
4) Prütting, a.a.O., S.53 f.
5) Prütting, a.a.O., S. 56

- 147 -

Noch vielfältiger ist die Zuordnung des Anscheinsbeweises. Einige sehen in ihm eine Regelung der Beweislast,
andere halten ihn für einen Teil der Beweiswürdigung,
wieder andere benutzen ihn zu einer Reduzierung des Beweismaßes, und schließlich soll er als materielles Phä-
nomen den jeweiligen materiell-rechtlichen Tatbestand
modifizieren[1].

Der Rahmen der Untersuchung läßt eine genaue Betrachtung
der skizzierten Phänomene weder zu noch gebietet er sie,
geht es doch um die Grenzen der Amtsermittlung zu den
Mitwirkungspflichten.

Erschüttert wird der Anscheinsbeweis des Zivilprozesses
durch den Gegenbeweis, nicht durch den Beweis des Gegenteils[2]. Geführt ist der Gegenbeweis, wenn ein Sachverhalt dargetan wird, welcher die ernsthafte Möglichkeit
ergibt, daß der konkrete Sachverhalt nicht dem Erfahrungsgrundsatz des Anscheinsbeweises entspricht[3]. Bewiesen werden müssen in diesem Falle die Tatsachen, aus
denen sich die vom Erfahrungsgrundsatz abweichende Möglichkeit ergibt[4]. Darlegen und beweisen muß der Beweis-
gegner, ihn trifft eine Beweisführungspflicht.

Solche Beweisführungspflichten für Beteiligte kennt das
Verwaltungsverfahren wegen der Geltung des Untersuchungsgrundsatzes aber gerade nicht[5]. Dieser Unterschied erfordert eine Modifizierung der Figur des An-

---

1) Siehe etwa die Darstellung und die Nachweise bei Prütting,
   a.a.O., S. 95 f.
2) Rosenberg-Schwab, Zivilprozeßrecht § 114 II 4 (S.696)
3) Rosenberg-Schwab, a.a.O., S. 696
4) Rosenberg-Schwab, a.a.O., S.696 mit Nachweisen
5) dazu vorstehend S. 40, zu den Ausnahmen der Nachweispflichten
   S. 119 ff.

scheinsbeweises für das Verwaltungsverfahren. Außerhalb spezialgesetzlich angeordneter Nachweispflichten muß die Behörde den entscheidungserheblichen Sachverhalt umfassend ermitteln. Entscheidungserheblich sind aber auch Tatsachen, die die typische Natur des Geschehensablaufes und damit die Anwendung des Anscheinsbeweises infrage stellen. Von Amts wegen hat die Behörde deshalb auch diese Tatsachen zu klären. Erst wenn sie selbst solche nicht hat feststellen können[1] oder der Beteiligte solche Tatsachen nicht ernsthaft darlegt[2], kann sie den Anscheinsbeweis anwenden. Eine Grenzziehung zwischen der Amtsermittlungspflicht der Behörde und der Mitwirkungspflicht des Beteiligten kann sich aus der Nutzbarmachung des Anscheinsbeweises damit nicht ergeben, denn anwenden darf die Behörde ihn erst, wenn sie den Sachverhalt vollständig erforscht hat und gleichwohl nicht zu einer Gewißheit gelangt ist[3].

Entsprechendes gilt für die tatsächlichen Vermutungen. Auch für die Anwendung der ihnen zugrunde liegenden Erfahrungssätze besteht kein Raum, wenn sich Anhaltspunkte ergeben, daß der konkret zu entscheidende Fall dem Erfahrungssatz widerspricht. Ob dies der Fall ist, hat die Behörde vor dem Einsatz eines Erfahrungssatzes zu ermitteln[4].

---

1) Peters SGB-X § 20 Anm 2 d 2; Berg, Die verwaltungsrechtliche Entscheidung bei ungewissem Sachverhalt, S.105
2) Söhn in H/H/Sp AO u. FGO § 88 AO Rn 77 mit Nachweisen; Tipke/ Kruse AO u. FGO § 88 AO Rn 10; Ritter FR 1985, 34,40
3) Berg, a.a.O., S.105 f; Marx, Notwendigkeit und Tragweite, S.206; in der "Beweisnot" fand der Anscheinsbeweis seinen Ursprung: Kollhosser AcP 165, 46,62; Berg, a.a.O., S.104
4) Berg, a.a.O., S.106 f; Marx, Notwendigkeit und Tragweite, S. 205 f

3. Lokale oder relative Ermittlungsgrenzen

Die Betrachtung der Nachweispflichten hat ergeben, daß
sich in der Pflicht zum Nachweis etwa dann eine Grenze
der Amtsermittlung findet, wenn der Nachweis zum Tatbestandsmerkmal aufgestiegen ist. Die Wirkung dieser Grenze ist die, daß die Behörde von der Ermittlung des nachzuweisenden Tatbestandsmerkmales insgesamt mit all ihren
Ermittlungsmöglichkeiten ausgeschlossen ist. Bezogen auf
die der Behörde im einzelnen zur Verfügung stehenden Ermittlungsmaßnahmen greift die Beschränkung der Ermittlungen absolut. Denkbar ist eine Ermittlungsbeschränkung
aber auch dergestalt, daß die Behörde von der Erschlies-
sung des entscheidungsrelevanten Tatsachenmaterials oder
Teilen davon nicht gänzlich, sondern nur mit einzelnen
Ermittlungsmaßnahmen ausgeschlossen ist. Im Bereich so
gesehen relativer oder lokaler Ermittlungsschranken gilt
es der Frage nachzugehen, ob sich auch hier spezielle
gesetzliche Regeln oder sonstige Institute finden, die
dem von der Behörde getragenen Informationsprozeß eine
Grenze setzen, wenn der Beteiligte seine Mitwirkung versagt.

a) Die versagte Mitwirkung als relatives Ermittlungsende

Die einzelnen Maßnahmen, die die Behörde zur Sammlung
des entscheidungserheblichen Tatsachenmaterials er-
greift, lassen sich von ihrer rechtlichen Qualität her
betrachtet gliedern in solche, mit denen die Behörde in
Rechte der Beteiligten oder Dritter eingreift, und in
solche, die einen derartigen Eingriff nicht zur Folge
haben[1]. Ohne in Rechte einzugreifen, kann die Behörde-

---

1) vgl. Söhn in: H/H/Sp AO u. FGO § 88 AO Rn 34,37

- 150 -

Erkenntnisse gewinnen aus der Bearbeitung anderer Fälle,
aus ihr im Wege der Amts- und Rechtshilfe zugegangenen
Mitteilungen, aus Gutachten, die von ihren Angestellten
angefertigt werden, aus Stellungnahmen der Industrie-
und Handelskammern etwa zur Frage der Verkehrsauffassung
oder von Handelsbräuchen und dergleichen mehr[1]. Hierzu
zählen auch Auskünfte, die Beteiligte freiwillig erteilen[2]. Für Ermittlungen in dieser Form bieten die Vorschriften, die den Untersuchungsgrundsatz als Maxime
vorsehen, eine zureichende Rechtsgrundlage[3].

Will die Behörde Beteiligte oder Dritte zur Mitwirkung
an der Sachverhaltsaufklärung verpflichten, so wird ihr
dies wegen des in Art. 20 Abs. 3 GG fußenden Vorbehaltes
des Gesetzes möglich erst dann, wenn ihr Gesetze solche
Eingriffe erlauben, denn die Anordnung des Untersuchungsgrundsatzes allein genügt hierzu nicht[4]. § 88 AO
und § 20 SGB-X weisen der Behörde die Aufgabe zu, den
Sachverhalt nach bestimmten Leitlinien[5] zu erschließen,
ermächtigen sie jedoch nicht, in Rechte von Beteiligten
und Dritten einzugreifen[6].

---

1) Söhn, a.a.O., Rn 37 mit weiteren Beispielen und Nachweisen
2) Söhn, a.a.O., Rn 37

3) so für § 88 AO: Söhn, a.a.O., Rn 37; Tipke/Kruse AO u. FGO § 88
   AO Rn 4

4) Tipke/Kruse AO u. FGO § 88 AO Rn 4; Söhn, a.a.O., Rn 34; Papist, DStR 1986, 356; Wittmann, StuW 1987, 35,38; für § 85 AO
   ebenso: Brozat, DStR 1983, 76; vgl. auch: Thiel, StuW 1986,
   1,6; zur Befugnis der Finanzbehörden, dem Steuerpflichtigen
   Fristen zur Erfüllung seiner Mitwirkungspflichten zu setzen:
   Braun, DStZ 1986, 481

5) Entwickelt und dargestellt sind diese Leitlinien vorstehend auf
   S. 24 ff.

6) für § 88 AO: Tipke/Kruse, a.a.O., Rn 4; Söhn, a.a.O., Rn 34;
   Wittmann, StuW 1987, 35,38; vgl. auch: Papist, DStR 1986, 356

aa) Ermittlungsmaßnahmen mit Eingriffscharakter

Bereits das Erfordernis einer Eingriffsnorm ermöglicht,
eine relative Grenze der Amtsermittlung dort als errich-
tet anzuerkennen, wo die Klärung des Sachverhaltes einen
Eingriff in Rechte der Beteiligten oder Dritter notwendig macht, eine zu einem solchen Eingriff ermächtigende
Vorschrift jedoch nicht vorhanden ist. Da es den Beteiligten durchaus möglich sein kann, der Behörde die ge-
wünschten Informationen - freiwillig - zugänglich zu machen und die Anordnung des Untersuchungsgrundsatzes zur
Verwertung solcher Informationen genügt, findet die zur
Entscheidung erforderliche Ermittlungsarbeit in diesen
Fällen eine Grenze in der versagten Mitwirkung. Durch
Unterlassen hat der Gesetzgeber der Amtsermittlung in
der Mitwirkung der Beteiligten eine Grenze gesetzt.

Von Bedeutung ist die Unterscheidung von Ermittlungsmaßnahmen mit und ohne Eingriffscharakter in besonderem
Maße für den Regelungsbereich der AO, denn abgesehen von
der zu unbestimmten allgemeinen Mitwirkungsverpflichtung
in § 90 Abs. 1 AO sind die Mitwirkungspflichten erzwingbar gemäß § 328 AO, sobald sie mit dem Vehikel des Verwaltungsaktes für ihren jeweiligen Adressaten eine Konkretisierung erfahren haben[1]. Die AO stellt den Finanzbehörden so besonders zahlreiche Eingriffsnormen zur
Verfügung.

---

1) Söhn in H/H/Sp AO u. FGO § 90 AO Rn 61; Tipke/Kruse AO u. FGO
§ 90 AO Rn 3; Wenzig, DStZ 1986, 375,380; einer solchen Konkretisierung durch Verwaltungsakt bedürfen zu ihrer Vollstreckung
auch die sogenannten unmittelbaren Mitwirkungspflichten, die
ohne ein behördliches Mitwirkungsverlangen kraft Gesetzes ent-
stehen (dazu etwa: Wenzig, DStZ 1986, 375; Wittmann, StuW 1987,
35,40 f), denn § 328 AO sieht nur die Vollstreckung von Verwaltungsakten vor.

Die in § 21 Abs. 2 SGB-X für das Sozialverwaltungsverfahren vorgesehene Mitwirkungsregelung beinhaltet demgegenüber keine erzwingbaren Verpflichtungen[1]. So wollte
der Gesetzgeber vermeiden, daß Beteiligte zur Aufklärung
auch solcher Umstände gezwungen werden, die ihre Stellung im Verwaltungsverfahren verschlechtern oder sie in
anderer Weise belasten[2]. Eine weitergehende Pflicht zur
Mitwirkung besteht gemäß § 21 Abs. 2 Satz 2 SGB-X jedoch
dann, wenn dies durch Rechtsvorschrift besonders vorgesehen ist. Ermittlungsmaßnahmen mit Eingriffscharakter
gerichtet auf Beteiligte sind also auch dem Sozialverwaltungsverfahren bekannt.

Da die Behörden zur Durchführung von Ermittlungsmaßnahmen mit Eingriffscharakter entsprechender gesetzlicher
Grundlagen bedürfen, eröffnet sich die Fragestellung, ob
diese Normen eine Begrenzung der jeweiligen Ermittlungsmaßnahme vorsehen, wenn der Beteiligte seine Mitwirkung
versagt.

§ 98 Abs. 1 SGB-X enthält umfassende Auskunfts- und Vorlagepflichten des Arbeitgebers, wenn sie zur Erbringung
von Sozialleistungen oder zur Beitragsentrichtung erforderlich sind[3]. In § 98 Abs. 5 SGB-X wird die schuldhafte Verletzung der Auskunfts- und Vorlagepflicht mit
einem Bußgeld bewehrt. Unabhängig davon können diese
Verpflichtungen nach § 11 der "Verordnung über die Über-
wachung der Entrichtung der Beiträge zu den gesetzlichen
Rentenversicherungen" vom 28. Juni 1963[4] (Beitrags-

---

1) Peters, SGB-X § 21 Anm. 5a; Zweng/Scheerer/Buschmann, Handbuch
der Rentenversicherung, Bd. I, SGB-X § 21 Anm. IV; Hauck/Hai-
nes, SGB-X K § 21 Rn 9
2) vgl. Nachweise in Fn 1
3) Eine entsprechende Auskunftpflicht enthält § 1427 RVO für die
Versicherten
4) BGBl I, 445

überwachungsVO) erzwungen werden[1]. Geht es um die Erbringung von Sozialleistungen, entlastet § 98 Abs. 2
Satz 1 SGB-X den Arbeitgeber von der Auskunftspflicht,
sobald die Voraussetzungen des § 65 Abs. 1 SGB-I vorliegen. § 98 Abs. 2 Satz 2 SGB-X erlaubt dem Arbeitgeber,
für alle Fälle Auskünfte auf solche Fragen zu verwei-
gern, deren Beantwortung ihn selbst oder eine ihm nahe-
stehende Person der Gefahr aussetzen, wegen einer Straf-
tat oder einer Ordnungswidrigkeit verfolgt zu werden.
Macht der Arbeitgeber von seinem Mitwirkungsverweige-
rungsrecht Gebrauch, darf die Behörde ihre Informationssammlung in Form des jeweiligen Auskunftsersuchens gerichtet auf diesen Arbeitgeber nicht fortsetzen. Lokal
begrenzt auf diese Ermittlungsmaßnahme erfährt der in
§ 20 SGB-X umfassend formulierte Untersuchungsauftrag
eine Grenze an der Mitwirkung des Arbeitgebers.

Die AO regelt die Auskunfts- und Vorlagepflichten der
Beteiligten in § 93 und § 97, ohne den Beteiligten dort
das Recht einer Mitwirkungsverweigerung einzuräumen. Obgleich die speziellen Mitwirkungspflichten der Beteiligten im Regelungsbereich der AO generell erzwingbar sind,
kennt diese Verfahrensordnung kein Mitwirkungsverweige-
rungsrecht für Beteiligte[2]. § 393 Abs. 1 Satz 2 AO erklärt jedoch im Besteuerungsverfahren Zwangsmittel gegen
den Steuerpflichtigen für unzulässig, wenn er hierdurch
gezwungen würde, sich selbst wegen einer von ihm began-
genen Steuerstraftat oder Steuerordnungswidrigkeit zu
belasten. Die AO mutet den Beteiligten also weit mehr

---

1) Pickel, SGB-X § 98 Anm 6 a.E.; Rentenvers-Komm SGB-X § 98
   Rn 39, 35

2) Tipke/Kruse, AO u. FGO § 90 AO Rn 3; Söhn in H/H/Sp AO u. FGO
   § 90 AO Rn 22

zu als das SGB-X, hält aber für die Phase der denkbaren
Vollstreckung von Mitwirkungshandlungen ein eng begrenz-
tes Verweigerungsrecht bereit und setzt so der Amtsermittlung gerichtet auf diese Auskunft oder Vorlage eine
Grenze.

§ 99 Abs. 1 Satz 1 AO räumt den Finanzbehörden das Recht
ein, Grundstücke, Räume, Schiffe, umschlossene Betriebs-
vorrichtungen und ähnliche Einrichtungen zu bestimmten
Zeiten zu betreten. Eine Einschränkung erfährt dieses
Recht in § 99 Abs. 1 Satz 3 AO für Wohnräume. Ist es
nicht zur Verhütung dringender Gefahren für die öffentliche Sicherheit und Ordnung erforderlich, dürfen Wohnräume gegen den Willen des Inhabers nicht betreten werden. Hier wird ganz deutlich, daß die Ermittlungsmaßnahme "Augenschein" außerhalb der genannten Gefahren für
Wohnräume vom Willen - der Mitwirkung - des Inhabers abhängt. Soll etwa das Vorhandensein und die Beschaffen-
heit eines Arbeitszimmers in den Wohnräumen des Steuerpflichtigen überprüft werden, so wird die Ermittlungsmaßnahme "Augenschein" möglich nur bei dessen Einver-
ständnis.

In Fällen derartiger Normgestaltungen hat der Gesetzgeber zweierlei getan: Er hat den Behörden Mittel an die
Hand gegeben, die Beteiligten zur Mitwirkung zu zwingen,
diesen Mitteln für bestimmte Fälle aber wiederum an der
- freiwilligen - Mitwirkung der Beteiligten eine Grenze
gesetzt. Die Wirkung dieser Grenze ist lokal beschränkt
auf die jeweilige Ermittlungsmaßnahme.

Die (Un-)Verhältnismäßigkeit bildet eine Schranke der
Mitwirkungspflichten der Beteiligten im Verwaltungsver-

fahren[1]), wie staatlicher Eingriffe überhaupt. Gemeint ist die Abwägung, ob die hoheitliche Maßnahme den Bürger nicht unverhältnismäßig belastet[2]). Wenn und soweit der Gesetzgeber die Ermittlungsmaßnahmen keinen speziellen Einschränkungen unterworfen hat, finden sie in ihrer Verhältnismäßigkeit eine allgegenwärtige Begrenzung. Der Grundsatz der Verhältnismäßigkeit bildet so eine weitere auf die einzelne Ermittlungsmaßnahme bezogene relative Ermittlungsschranke.

Beachtet die ermittelnde Behörde ihr in dieser Form auferlegte Beschränkungen nicht, gewinnt sie in unzulässiger Form Beweismittel. Der Sache nach handelt es sich bei den aufgezeigten Grenzen also um Beweisgewinnungsverbote. In beiden untersuchten Verwaltungsbereichen können sich aus solchen Beweisgewinnungsverboten Verwertungsverbote ableiten[3]). Von Fall zu Fall ist zu klären, ob ein Beweisgewinnungsverbot so weitreichende Konsequenzen hat[4]). Bei der Betrachtung von Grenzen der Ermittlungsmaßnahmen mit Eingriffscharakter stehen die Gewinnungsverbote im Vordergrund, da sie das behördliche

---

1) Dazu vorstehend S.102 ff. mit Nachweisen; Peters, SGB-I § 65 Anm 2; Hauck/Haines, SGB-I K § 65 Rn 2; Meier, Die Mitwirkungspflichten des Sozialhilfeempfängers, S.9 ff; Söhn in: H/H/Sp AO u. FGO § 90 AO Rn 23 ff; Tipke/Kruse AO u. FGO § 90 AO Rn 4 a.-E.; Kühn-Kutter-Hofmann, AO u. FGO § 90 AO Anm 1; Reuß, Grenzen steuerlicher Mitwirkungspflichten, S.141 ff; Lücke, Die (Un-)Zumutbarkeit als allgemeine Grenze öffentlich-rechtlicher Pflichten des Bürgers, S.30; Ohlms, Diss., S.39; Brozat, DStR 1983, 76,77; Mösbauer, DB 1985, 410,414 f; Schuhmann, DStZ 1986, 583,587; Wittmann, StuW 1987, 35,42
2) Nicht zu verwechseln mit der Frage, ob dieser Grundsatz auch den Hoheitsträger entlasten kann. Dazu nachstehend S. 186 ff., 225 ff.
3) für SGB-X: Peters, SGB-X § 21 Anm 2 f; Hauck/Haines, SGB-X K § 21 Rn 4; für AO: Tipke/Kruse AO u. FGO § 88 AO Rn 7; Söhn in H/H/Sp AO u. FGO § 88 AO Rn 111 ff.
4) vgl. etwa die Darstellungen bei Tipke/Kruse, a.a.O., und Söhn, a.a.O.

Prozedere in erster Linie determinieren und bei ihrer Beachtung Verwertungsverbote bedeutungslos werden lassen.

bb) Ermittlungsmaßnahmen ohne Eingriffscharakter

Bedingt die Erschließung des entscheidungsrelevanten Tatsachenmaterials nicht Eingriffe in Rechte von Beteiligten und/oder Dritten, operiert die Behörde allein auf der Grundlage derjenigen Vorschriften, die den Untersuchungsgrundsatz vorsehen[1]. Da die Ermittlungen sich außerhalb von Eingriffen vollziehen, liegt es nahe, daß sie weniger häufig auf normierte relative Grenzen stoßen werden. Begrenzend wirken können in diesem Bereich Beweisverbote vorrangig in ihrer Ausgestaltung als Verwertungsverbote. Was eine Behörde nicht verwerten darf, soll sie auch nicht ermitteln.

Demonstriert sei dies am Beispiel des § 136a StPO, der im Besteuerungsverfahren entsprechend anwendbar ist[2]. § 136a Abs. 1 StPO verbietet den Ermittlungsbehörden, die Freiheit der Willensentschließung und der Willensbetätigung des Beschuldigten durch dort näher bezeichnete Formen von Gewalt oder Drohung zu beeinträchtigen. § 136 Abs. 3 Satz 2 StPO ordnet an:

"Aussagen, die unter Verletzung dieses Verbotes zustande gekommen sind, dürfen auch dann nicht verwertet werden, wenn der Beschuldigte der Verwertung zustimmt."

---

1) für § 88 AO: Tipke/Kruse AO u. FGO § 88 AO Rn 4; Söhn in H/H/Sp AO u. FGO § 88 AO Rn 37
2) Söhn, a.a.O., Rn 119 m.w.N.; Tipke/Kruse, a.a.O., Rn 7

Beschränkt man das angeordnete Verwertungsverbot nicht auf das Verfahren, in dem die Aussage gemacht worden ist[1], wirkt es begrenzend auch für Ermittlungen der Finanzbehörden. Hat etwa in einem Steuerstrafverfahren ein Beschuldigter unter Mißhandlungen eine protokollierte Aussage gemacht, so dürfte die Finanzbehörde diese Aussage auch im Besteuerungsverfahren nicht verwerten. Wegen des bestehenden Verwertungsverbotes werden die Ermittlungen zwar nicht unzulässig, d.h. die Behörde könnte sich das Protokoll im Wege der Amtshilfe beschaffen. Für die Wirkung auf die Amtsermittlung ist es jedoch gleichzubewerten, ob der Behörde bereits der Ermittlungsvorgang versagt ist oder dies erst auf die Verwertung der Ermittlungsergebnisse zutrifft. Mittelbar wirken Verwertungsverbote in ihrer fernwirkenden Qualität so als Schranken für Ermittlungsmaßnahmen ohne Eingriffscharakter.

b) <u>Der Einfluß der Mitwirkung auf den Ermittlungsablauf</u>

In beiden untersuchten Verwaltungsbereichen entscheiden die Behörden grundsätzlich nach pflichtgemäßem Ermessen, mit welchen Mitteln sie den entscheidungsrelevanten Sachverhalt für die zu treffende Entscheidung erschliessen wollen[2]. Ihnen obliegt im Grundsatz die Auswahl der Ermittlungsmaßnahmen und die Bestimmung, in welcher Reihenfolge diese zur Anwendung kommen sollen. Es finden sich jedoch Normen, die dieses Auswahlermessen einschränken und den Ermittlungsvorgang damit näher determinieren.

---

1) so: Hanack in: Löwe-Rosenberg, StPO § 136 a Rn 63; a.A.: Boujong in: Karlsruher Kommentar StPO § 136a Rn 38
2) für das SGB-X: Peters SGB-X § 21 Anm 3a; für die AO: Söhn in: H/H/Sp AO u. FGO § 88 AO Rn 33; Papist, DStR 1986, 356

Gemäß § 93 Abs. 1 Satz 3 AO sollen andere Personen als
die Beteiligten erst dann zur Auskunft aufgefordert werden, wenn die Sachverhaltsaufklärung durch die Beteiligten nicht zum Ziele führt oder keinen Erfolg verspricht.

Nach § 97 Abs. 2 Satz 1 AO soll die Vorlage von Büchern,
Aufzeichnungen, Geschäftspapieren und anderen Urkunden
in der Regel erst dann verlangt werden, wenn der Auskunftspflichtige eine Auskunft nicht erteilt, diese unzureichend ist oder Bedenken gegen ihre Richtigkeit bestehen[1].

In solchen Fällen hat der Gesetzgeber den Ablauf der Ermittlungen an das Verhalten der Beteiligten geknüpft.
Wendet sich die Finanzbehörde etwa unter Mißachtung des
§ 93 Abs. 1 Satz 3 AO an Nichtbeteiligte, können sich
Beteiligte wie Nichtbeteiligte gegen ein solches Prozedere mit der Beschwerde gemäß § 349 AO zur Wehr setzen[2]. Die Finanzbehörde wird so in ihrem Ermittlungsge-
baren eingeschränkt, die Ermittlungsmaßnahme "Auskunftsersuchen an Nichtbeteiligte" erfährt eine Grenze. War
die Aufklärung durch die Beteiligten erfolglos, kommt
die Ermittlungsmaßnahme "Auskunftsersuchen an Nichtbeteiligte" zur Anwendung, die Begrenzung wirkte nur auf-
schiebend, temporär. Ist die Sachaufklärung durch die

---

1) Weitere ermessenslenkende Vorschriften finden sich in §§ 93
   Abs. 4, 95 Abs. 1 S.2, 97 Abs. 3 AO; Tipke/Kruse AO u. FGO § 97
   AO Rn 6 leiten aus der Zusammenschau der ermessenslenkenden
   Vorschriften für die AO folgendes Ermittlungsschema ab: 1. Auskünfte der Beteiligten (mündlich, schriftlich oder fernmünd-
   lich), 2. Urkundenvorlage der Beteiligten (an Amtsstelle),
   3. Auskünfte anderer Personen, 4. Urkundenvorlage durch andere
   Personen, 5. eidliche Versicherung der Beteiligten, 6. eidesstattliche Vernehmung anderer Personen. Dazu auch: Papist, DStR
   1986, 356, 357; zu einer vergleichbaren Wirkung der §§ 65, 66
   SGB-I nachstehend S. 179
2) Klein/Orlopp AO § 93 Anm 3; Söhn, a.a.O., § 93 AO Rn 92

Beteiligten erfolgreich, kommt die Ermittlungsmaßnahme
gar nicht mehr zum Zuge, und aus der temporären Ermitt-
lungsgrenze wird eine endgültige.

4. Die Schätzungen

Schliessen die behördlichen Ermittlungen mit der Erkenntnis ab, daß sich eine hinreichend sichere Überzeugung[1] vom Vorliegen oder Nichtvorhandensein entschei-
dungserheblicher Tatsachen nicht hat gewinnen lassen,
ist die Behörde ansich aufgerufen, ihre gleichwohl zu
treffende Entscheidung an den Grundsätzen der - objektiven - Beweislast zu orientieren[2]. Im Besteuerungsverfahren müßte damit in der Mehrzahl der nicht auszuermit-
telnden Fälle eine Steuerfestsetzung unterbleiben, denn
der Steuergläubiger trägt die Beweislast für die den Besteuerungsanspruch im Einzelfall begründenden oder erhöhenden Tatsachen[3]. Vermieden wurde diese Konsequenz,
indem der Gesetzgeber den Finanzbehörden mit § 162 AO
das Instrument der Schätzung in die Hand gab. Nach der
Grundregel des § 162 Abs. 1 Satz 1 AO hat die Finanzbehörde die Besteuerungsgrundlagen insoweit zu schätzen,
als sie diese nicht ermitteln oder berechnen kann.

Ein vergleichbares Institut enthält das SGB-X nicht.
Richtet sich das Verwaltungsverfahren auf die Gewährung
eines Rechtes oder eines Anspruches, so trägt die - objektive - Beweislast für rechts- oder anspruchsbegrün-

---

1) Das im Einzelfall für die Tatsachenfeststellung zu gewinnende
   Überzeugungsmaß wurde auf S. 36 f. dargestellt.
2) Zur Stellung und Wirkung der Beweislast vorstehend S. 38 ff.
3) Söhn in H/H/Sp AO u. FGO § 88 AO Rn 160 f. mit zahlreichen
   Nachweisen.

dende Tatumstände derjenige, der das Recht oder den Anspruch geltend macht[1]. Hier hielt es der Gesetzgeber
offenbar für sachgerecht und vertretbar, das Recht oder
den Anspruch nicht zu gewähren, wenn die Ermittlungen
mit einem non liquet abschließen.

Geht es in dem Verfahren um die Zahlung der Beiträge zur
Kranken-, Arbeitslosen- oder Rentenversicherung, wirkt
die Nichterweislichkeit von anspruchsbegründenden Tatsachen zu Lasten der Behörde[2]. Gemäß § 385 Abs. 1 Satz 1
erster Halbsatz RVO sind die Beiträge zur Krankenversicherung in Hundertsteln des Grundlohnes zu bemessen. Der
Grundlohn bildet eine Umformung des Arbeitsentgeltes[3],
welche von versicherungstechnischen Überlegungen bestimmt wird[4]. Dieser Grundlohn bestimmt gemäß §§ 1400
Abs. 2 RVO, 122 Abs. 2 AVG die Beiträge zur Rentenversicherung und bildet damit gemäß § 175 Abs. 1 Nr. 1 AFG
die wesentliche Grundlage zur Bemessung der Beiträge zur
Arbeitslosenversicherung. Die Beitragsbemessung und
-festsetzung müßte mithin unterbleiben, insoweit sich
die Höhe der Entgelte der bei einem Arbeitgeber beschäftigten Arbeitnehmer nicht ermitteln ließe. Da eine solche Konsequenz voraussichtlich zu erheblichen Beitrags-
ausfällen führen würde, sieht § 318 c RVO folgende Regelung vor:

---

1) Peters SGB-X § 20 Anm 2 e 2

2) Hauck/Haines SGB-X K § 20 Rn 12

3) Begriff definiert in § 14 SGB-IV

4) Schneider, Der Gesamtsozial-Versicherungsbeitrag, S. 77

"Erstattet ein Arbeitgeber trotz Aufforderung des
Kassenvorstandes die erforderliche Meldung nicht
fristzeitig, so kann für seine Beschäftigten der
Kassenvorstand bis zur ordnungsmäßigen Meldung
den Grundlohn in der Höhe festsetzen, die für
Versicherte der gleichen Art in Betrieben glei-
cher Art gilt, und ohne Pflicht zur Rückerstat-
tung die entsprechenden Beiträge erheben."

§ 318 c RVO stellt damit einen unmittelbaren Zusammenhang zwischen der Verletzung von Mitwirkungspflichten
und der sich daran anschließenden Schätzung her. Einen
solchen benennt auch § 162 Abs. 2 AO. Nach Satz 1 haben
die Finanzbehörden insbesondere dann zu schätzen, "wenn
der Steuerpflichtige über seine Angaben keine ausrei-
chenden Aufklärungen zu geben vermag oder weitere Auskunft oder eine Versicherung an Eides Statt verweigert
oder seine Mitwirkungspflicht nach § 90 Abs. 2 verletzt." Dieser Verletzung von Mitwirkungspflichten
stellt Satz 2 die Fälle gleich, in denen der Steuerpflichtige Bücher oder Aufzeichnungen, die er nach den
Steuergesetzen zu führen hat, nicht vorlegen kann oder
die Buchführung oder die Aufzeichnungen der Besteuerung
nicht nach § 158 AO zugrunde gelegt werden.

Wenn und soweit es diese Vorschriften den Behörden ermöglichen, sogleich nach versagter Mitwirkung eines Beteiligten zum Instrument der Schätzung zu greifen, ohne
zuvor auf den Weg weiterer - anderweitiger - Ermittlungen verwiesen zu sein, findet sich in ihnen eine weitere
Durchbrechung des Untersuchungsgrundsatzes. Ermächtigen
sie zu Schätzungen jedoch erst dann, wenn die Ermittlungen unter Einsatz aller im jeweiligen Fall verfügbaren
Möglichkeiten keine sicheren Erkenntnisse erbracht ha-

ben, verdrängen sie die Beweislastregeln und bilden eine besondere Form der Tatsachenfeststellung. Inhalt und Reichweite des Untersuchungsgrundsatzes blieben in diesem Falle von ihnen unberührt.

a) Die Schätzung der Besteuerungsgrundlagen
gemäß § 162 Abs. 2 AO

In § 162 Abs. 1 AO hat der Gesetzgeber eine Schätzung der Besteuerungsgrundlagen[1] angeordnet, soweit die Finanzbehörden sie nicht ermitteln oder berechnen können, wobei alle Umstände zu berücksichtigen sind, die für die Schätzung Bedeutung haben. Hier sind die gesetzlichen Formulierungen eindeutig: Überbrückt werden soll ein non liquet.

An diese Regelung knüpft § 162 Abs. 2 Satz 1 AO mit den Worten an:

"Zu schätzen ist insbesondere dann, wenn ....."

Absatz 2 bringt damit lediglich eine beispielhafte Erläuterung derjenigen Fälle, in denen eine Schätzung gemäß § 162 Abs. 1 AO geboten ist, und übernimmt damit die nach Absatz 1 erforderlichen Voraussetzungen[2]. Überwiegend wird deshalb eine Schätzung bei der Verletzung von

---

1) Dieser Grundbegriff des Steuerrechts ist noch immer weitgehend ungeklärt: Tipke/Kruse AO u. FGO § 162 AO Rn 2; Koch AO § 88 Rn 16 ff; Martens StuW 1981, 322,327; Weber-Grellet StuW 1981, 48,55; hier wird überwiegend auch das von Riewald (in: Becker/ Riewald/Koch RAO § 217 Anm 2) entwickelte Institut der "belastenden Unterstellung" eingeordnet, vgl. dazu etwa die Darstellung bei v. Wallis in H/H/Sp AO u. FGO § 162 AO Rn 10 ff.

2) Klein/Orlopp AO § 162 Anm 4

- 163 -

Mitwirkungspflichten erst dann für zulässig gehalten,
wenn auch die anderweitigen Ermittlungsmöglichkeiten der
Finanzbehörden nicht zum Erfolg geführt haben[1].

Von Wallis hingegen hält eine Schätzung gemäß § 162
Abs. 2 AO bei der Verletzung von Mitwirkungspflichten
auch dann für möglich, wenn die Behörde die Tatsachen
ermitteln oder berechnen könnte, denn eine entsprechende
Einschränkung enthalte das Gesetz nicht[2]. Das Schätzen
im Sinne des Absatzes 2 schliesse jedoch im Gegensatz zu
dem Schätzen des Absatzes 1 das Ermitteln und Berechnen
der Besteuerungsgrundlagen ein[3].

Der Wortlaut des § 162 Abs. 2 AO scheint zunächst für
die von Wallis vertretene Auffassung zu sprechen. Von
Wallis läßt jedoch die vom Wortlaut des Gesetzes ("insbesondere") vorgegebene Verknüpfung von § 162 Abs. 1 und
Abs. 2 außer Betracht und übersieht so, daß es einer
ausdrücklichen Einbeziehung des "nicht ermitteln oder
berechnen Könnens" in Absatz 2 nicht bedurfte. Gegen
seine Auffassung spricht im weiteren die von ihm vorgenommene Aufspaltung des Schätzungsbegriffes in § 162
Abs. 1 und Abs. 2 AO.

---

1) Tipke/Kruse AO u. FGO § 162 AO Rn 4; Klein/Orlopp § 162 AO Anm
4,5; Berg, Die verwaltungsrechtliche Entscheidung bei ungewissem Sachverhalt, S.252; Marx, Notwendigkeit und Tragweite,
S.136 ff; vgl. auch: Martens StuW 1981, 322,328; Schuhmann DStz
1986, 583,586

2) v. Wallis in H/H/Sp AO u. FGO § 162 AO Rn 8

3) v. Wallis, a.a.O., Rn 8

Unter Schätzen versteht man das Ziehen von Schlußfolge-
rungen aus Indizien in der Weise, daß Besteuerungsgrundlagen, die sich nicht mit dem zur Tatsachenfeststellung
notwendigen Gewißheitsgrad ermitteln oder berechnen lassen, durch Abwägen und Einkalkulieren von Möglichkeiten
so angesetzt werden, wie es der größtmöglichen Richtig-
keitswahrscheinlichkeit entspricht[1]. Schätzen bedeutet
demnach, die Größe eines Gegenstandes mit Hilfe von
Wahrscheinlichkeitserwägungen festzulegen[2]. Es findet
eine Tatsachenfeststellung auf der Grundlage unzurei-
chender Beweismittel statt[3], der zu fordernde Gewißheitsgrad läßt sich bis auf die Ebene von Vermutungen
absenken.

Der Unterschied zwischen der "normalen" Tatsachenfeststellung und einer Schätzung besteht demnach allein in
dem verminderten Wahrscheinlichkeitsgrad. Ausgerichtet
am zu erzielenden Wahrscheinlichkeitsgrad ergibt sich
eine Dreistufigkeit möglicher Tatsachenfeststellung:
Voller Beweis - Glaubhaftmachung - Schätzung. Die Glaubhaftmachung und die Schätzung rechtfertigen eine Tatsachenfeststellung nur dann, wenn für sie eine besondere
Legitimationsgrundlage vorhanden ist, denn grundsätzlich
bedarf die Feststellung von Tatsachen des vollen Beweises[4].

---

1) Tipke/Kruse AO u. FGO § 162 AO Rn 2 mit Rechtsprechungsnachweisen; Weber-Grellet StuW 1981, 48,56; Martens StuW 1981, 322,328

2) Weber-Grellet, a.a.O., S.56

3) Tipke/Kruse AO u. FGO § 162 AO Rn 1

4) Dazu vorstehend S. 37. Der unscharfe Begriff der Legitimationsgrundlage rechtfertigt sich aus dem Umstand, daß eine Glaubhaftmachung auch der "Natur der Sache" nach ausreichend sein
   kann (vorstehend S. 37)

Auch von Wallis beschreibt das Wesen und den Vorgang der Schätzung für § 162 Abs. 1 AO in dem vorgestellten Sinne[1]. In § 162 Abs. 2 AO soll der Begriff des Schätzens jedoch den vollen Beweis einschließen[2]. Besteht der Unterschied des Schätzens zum vollen Beweis aber gerade in dem verminderten Wahrscheinlichkeitsgrad, gibt von Wallis für § 162 Abs. 2 AO die Abgrenzung beider Begriffe auf und befördert das Schätzen in den Rang eines Oberbegriffes, unter dem sich alsdann der volle Beweis und die Glaubhaftmachung versammeln. Er bereitet damit den Boden für einen erzwungenen "Etikettenschwindel", handelt es sich nach seiner Auffassung um eine Schätzung doch auch dann, wenn die Behörde vom Vorliegen einer Tatsache "mit an Sicherheit grenzender Wahrscheinlichkeit"[3] überzeugt und damit der volle Beweis erbracht ist. Mit der ohne Not erzwungenen Bezeichnung als Schätzung wird die Tatsachenfeststellung und damit die Entscheidung der Behörde angreifbarer, kann der Betroffene doch nun seinen Rechtsbehelf auch darauf stützen, die Voraussetzungen für eine Schätzung gemäß § 162 Abs. 2 AO hätten gar nicht vorgelegen[4], weil Gegenstand der Schätzung nicht Besteuerungsgrundlagen seien oder er seine Mitwirkungspflichten in Wahrheit gar nicht verletzt habe.

Unterstrichen werden die Zweifel an der Auffassung von von Wallis dadurch, daß er selbst an anderer Stelle in

---

1) v. Wallis in: H/H/Sp AO u. FGO § 162 AO Rn 3

2) v. Wallis, a.a.O., Rn 8

3) Zum für die Tatsachenfeststellung notwendigen Überzeugungsgrad vorstehend S. 37

4) Tipke/Kruse AO u. FGO § 162 AO Rn 10

seiner Kommentierung zu § 162 AO, in der es um die Mitwirkung des Steuerpflichtigen geht, ausführt, eine
Schätzung gemäß § 162 AO sei nur zulässig, wenn die
Steuerbehörde ihrer Aufklärungspflicht genügt habe und
die Besteuerungsgrundlage nicht anders ermitteln oder
berechnen könne[1].

Kühn/Kutter/Hofmann halten die Behörde gemäß § 162
Abs. 2 Satz 1 zweiter Halbsatz AO für berechtigt, eine
Schätzung ohne den Versuch weiterer Ermittlungen vorzu-
nehmen, wenn der Steuerpflichtige Auskunft oder eine
eidesstattliche Versicherung verweigere[2]. Durch ein
solches Verhalten gebe der Steuerpflichtige Anlaß zu der
Vermutung, er habe etwas zu verbergen oder die Unwahrheit gesagt[3].

Für die Anwendung des § 162 Abs. 2 AO ist es gleichgültig, ob der Steuerpflichtige seine Mitwirkung schuldhaft
versagt oder ob er dieses nicht zu vertreten hat[4]. Für
eine Differenzierung danach, daß anderweitige Ermittlungen vor der Schätzung dann nicht erforderlich seien,
wenn der Steuerpflichtige seiner Mitwirkung schuldhaft
nicht nachkomme, bietet der Wortlaut des § 162 Abs. 2 AO
keinerlei Anhaltspunkte. Sollte die Unterstellung richtig sein, daß der schweigende oder nicht eidesstattlich
versichernde Steuerpflichtige etwas zu verbergen habe,
müßte dies der Behörde gerade Ansporn zu anderweitigen
intensiven Ermittlungen sein, um das vermutete Geheimnis
ans Tageslicht zu bringen. Entlasten kann sie dieses von

1) v. Wallis in H/H/Sp AO u. FGO § 162 AO Rn 69
2) Kühn/Kutter/Hofmann AO u. FGO § 162 AO Anm 5
3) Kühn/Kutter/Hofmann, a.a.O., Anm 5
4) Klein/Orlopp AO § 162 Anm 3; Koch AO § 162 Rn 7; dies erkennen
   auch Kühn/Kutter/Hofmann AO u. FGO § 162 AO Anm 4

weiteren Ermittlungen hingegen nicht, denn durch Untä-
tigkeit wird sich ihr das Geheimnis des schweigenden
Steuerpflichtigen sicher nicht erschließen.

Eine Begrenzung der Amtsermittlungspflicht bringt die
Anwendung des § 162 Abs. 2 AO demnach nicht. Zur Anwendung gelangt diese Vorschrift erst dann, wenn die Behörde ihre anderweitigen Ermittlungsmöglichkeiten ausgeschöpft hat und den Sachverhalt gleichwohl nicht aufklären konnte. Für diese Fälle wendet § 162 Abs. 2 AO in
seinem Anwendungsbereich das Eingreifen von Beweislastregeln ab, indem er eine Tatsachenfeststellung aufgrund
eines verminderten Wahrscheinlichkeitsmaßstabes zuläßt[1].

b) Die Grundlohnfestsetzung gemäß § 318 c RVO

Allein von seinem Wortlaut her betrachtet räumt § 318 c
RVO dem Kassenvorstand sogleich nach Verletzung der Mel-
depflichten durch den Arbeitgeber die Schätzungsbefugnis
ein. Das Bundessozialgericht sieht den Zweck des § 318 c
RVO darin, eine Berechnung der Beiträge auch in den Fällen zu ermöglichen, in denen der Arbeitgeber seinen Mel-
depflichten nicht nachgekommen ist und ihnen möglicherweise wegen des Fehlens entsprechender Unterlagen auch
gar nicht mehr nachkommen kann[2]. Die Vorschrift sei
ihrem Zweck nach lediglich eine "Ersatzregelung", die
ihrer Funktion nach nicht zur Anwendung komme, wenn der
Behörde die für die Bemessung der Beiträge erforderlichen Ausgangswerte auf andere Weise als durch eine Mel-

---

1) Tipke/Kruse AO u. FGO § 162 AO Rn 1
2) BSGE 31, 119,121; vgl. auch: LSG Bremen BB 1976, 419

dung des Arbeitgebers bekannt geworden sei[1]. Geht es um
die Frage, ob überhaupt eine Versicherungspflicht besteht, kommt § 318 c RVO nicht zur Anwendung, da es
hierfür einer Ermittlung von Vergleichswerten nicht bedarf[2].

In der zitierten Entscheidung hat das Bundessozialgericht jedoch keine eindeutigen Aussagen darüber getroffen, wie weit die Amtsermittlungspflicht einer Schätzung
vorgeht oder ob nur vorhandene Erkenntnisse verwertet
werden müssen. Seinen Grund findet dies darin, daß in
dem dort entschiedenen Fall die Krankenkasse die Ermittlungen bereits so weit geführt hatte, daß § 318 c RVO
nach den vorstehenden Grundsätzen unanwendbar war. Aufschluß über die Stellung der Ermittlungspflicht können
Erwägungen des Bundessozialgerichts geben, die zur Bemessung der Beiträge für die Rentenversicherung angestellt worden sind. Nach ständiger Rechtsprechung setzt
dort die Erhebung einer Beitragsforderung die individuelle, auf die Person des einzelnen Arbeitnehmers bezogene, Feststellung der Versicherungspflicht, der Bei-
tragspflicht und der Beitragshöhe voraus[3]. Eine solche
Beitragserhebung entspricht mehr als eine pauschale Berechnung rechtsstaatlichen Grundsätzen, da sie die Verwaltungsentscheidung erst voll überprüfbar macht oder
eine Überprüfung erleichtert[4]. Für die Rentenversi-

---

1) BSGE 31, 119,121; so auch: Peters, Handbuch der Krankenversicherung, § 318 c RVO Anm 2; Krauskopf, Soziale Krankenversicherung, § 318 c RVO Anm 2; Brackmann, Handbuch der Sozialversicherung, Bd II S.367 f.
2) BSGE 31, 119, 121 f.
3) BSG EzS "Beitragsberechnung" 55/78 S. 306; BSGE 45, 206,207 f;
   E 41, 297,299; E 37, 114,115 f.
4) BSG EzS "Beitragsberechnung" 55/78 S. 307

- 169 -

cherung ist eine personenbezogene Beitragserhebung von
besonderer Bedeutung, da Rentenanwartschaften vom einzelnen Versicherten in der Regel (Ausnahme: § 1397 Abs.
1 RVO) nur erworben werden, wenn die Beitragsentrichtung
nachgewiesen ist[1]. Hierzu dient üblicherweise die Ein-
tragung durch den Arbeitgeber in die Versicherungskarte.
Gerade wenn der Arbeitgeber seine Pflichten nicht oder
nicht korrekt erfüllt, kommt den Ermittlungen erhöhte
Bedeutung zu, da sie dazu beitragen können, Pflichtver-
sicherten trotz der Versäumnisse des Arbeitgebers den
Nachweis der Beitragsentrichtung noch zu ermöglichen[2].
"Eine pauschale Beitragsberechnung würde dagegen für die
Rentenversicherung das wesentliche Ziel der Beitragsentrichtung verfehlen, nämlich zum Erwerb von individuellen Rentenanwartschaften zu führen, und nur allgemein
der Versicherungsgemeinschaft Einnahmen verschaffen"[3].

Das Schutzbedürfnis der Versicherten ist es also, das
die Krankenkassen zu intensiven Ermittlungen verpflichtet. Wollte man dem Bundessozialgericht nicht folgen, so
bedeutete dies, daß die Pflichtverletzungen des Arbeitgebers Dritten in Gestalt der Versicherten zum Nachteil
gereichten. Die Versicherten haben auf die Erfüllung
dieser Pflichten weder Einfluß und in aller Regel nicht
einmal Kenntnis von ihr. Hier würden die Grenzen rechtsstaatlichen Gesetzesvollzuges überschritten, denn der
Grundsatz der Gesetzmäßigkeit der Verwaltung und das
Prozeßgrundrecht auf ein faires Verfahren machen amtliche Ermittlungen dort zur Pflicht, wo der Nachweis von

---

1) BSG a.a.O.
2) BSG a.a.O.
3) BSG a.a.O.

Tatsachen dem Betroffenen nicht möglich oder nicht zumutbar ist[1]. Füllt der Arbeitgeber die Versicherungskarte nicht oder nicht vollständig aus, hat der Arbeitnehmer keine Möglichkeit, den Nachweis der Beitragsentrichtung zu führen. Wettgemacht werden muß dieses Manko in erster Linie und vorrangig durch amtliche Ermittlungen. Erst wenn diese nicht zum Erfolg führen, kann eine schätzweise Grundlohnfestsetzung die verbliebene Sachverhaltslücke schließen. Im Wege der teleologischen Reduktion ist § 318 c RVO auf diesen seinen zulässigen Anwendungsbereich zurückgeschnitten worden. Die Vorschrift nimmt so einen entsprechenden Platz ein wie § 162 Abs. 2 AO und verdrängt die Beweislastregeln. Einen Einfluß auf den Umfang amtlicher Ermittlungspflichten hat sie nicht.

5. Lockerung der Ermittlungspflicht durch § 66 SGB-I

Dem Mechanismus der Wirkungen von Mitwirkungspflichten auf die Amtsermittlung sowie des umgekehrten Vorganges hat sich der Gesetzgeber für die Person des Leistungsberechtigten in den §§ 60 bis 67 SGB-I angenommen. Unter den Gesichtspunkten der Verhältnismäßigkeit setzt § 65 SGB-I den Mitwirkungspflichten Grenzen und konkretisiert damit Grundsätze des allgemeinen Verfassungs- und Verwaltungsrechts[2].

Die Folgen der Verletzung von Mitwirkungspflichten, die der Sachverhaltsklärung dienen, bestimmt § 66 Abs. 1 Satz 1 SGB-I. Sein Beitrag zur Grenzziehung zwischen Mitwirkungspflichten und Amtsermittlungspflicht erschließt sich bei näherer Betrachtung seiner Voraussetzungen.

---

1) Dazu vorstehend S. 117
2) Hauck/Haines, SGB-I K § 65 Rn 1; Sterzel KJ 1986, 117, 127, 135 ff.

a) <u>Die Voraussetzungen des § 66 Abs. 1 Satz 1 SGB-I</u>

Mit § 66 SGB-I soll der Leistungsträger vor einer unbe-
rechtigten Inanspruchnahme oder vor unbegründeten An-
sprüchen geschützt werden[1]. Dieser Schutzzweck verbietet a priori eine Versagung oder Entziehung der Leistung, soweit ihre Voraussetzungen bereits anderweitig
nachgewiesen sind[2].

Die Bezugnahme auf § 65 SGB-I unterstreicht, daß eine
Versagung oder Entziehung von Leistungen wegen einer
verweigerten Mitwirkung dann nicht gerechtfertigt ist,
wenn die unterlassene Mitwirkung unverhältnismäßig im
Sinne des § 65 SGB-I war[3].

Sind die Leistungsvoraussetzungen nicht anderweitig
nachgewiesen und belastet die erforderliche Mitwirkung
den Beteiligten nicht unverhältnismäßig, so kann es nach
dem Wortlaut des § 66 Abs. 1 Satz 1 SGB-I zu einer Entscheidung "ohne weitere Ermittlungen" nur kommen, wenn
die Aufklärung "erheblich" erschwert wird.

Einige legen § 66 SGB-I einschränkend in dem Sinne aus,
daß der Leistungsträger auch bei einer pflichtwidrig
versagten Mitwirkung die Ermittlungen so lange fortzuführen habe, wie ihm andere Erkenntnisquellen zur Verfügung stehen[4]. An einem wortgetreuen Verständnis hegen

---

1) Peters/Hommel, SGB-I § 66 Anm 8
2) Peters/Hommel, SGB-I § 66 Anm 8; Hauck/Haines, SGB-I K § 66
   Rn 8; Rentenvers-Komm SGB-I § 66 Rn 7; BVerwG NVwZ 1985, 490
3) BVerwG NVwZ 1985, 490; Rentenvers-Komm SGB-I § 66 Rn 4;
   Zweng/Scheerer/Buschmann SGB-I § 66 Anm II 1
4) Zweng/Scheerer/Buschmann SGB-I § 66 Anm II 1; Burdenski in: GK
   SGB-I § 66 Rn 8 f; ders. BlStSozArbR 1974, 273, 276, unter Hinweis auf BSGE 4, 116; Berg, Die verwaltungsrechtliche Entscheidung bei ungewissem Sachverhalt, S. 260

sie rechtsstaatliche Bedenken[1], halten ein vorzeitiges Abbrechen der Ermittlungen für unverhältnismäßig[2] oder stellen auf den "Beugecharakter" der Vorschrift ab[3]. Die Ermittlungen müssen nach dieser Auffassung durch die unterlassene Mitwirkung nicht nur erheblich erschwert, sondern unmöglich geworden sein.

Andere halten das Abbrechen der Ermittlungen für zulässig, wenn das Fehlen der Mitwirkung zu erheblichen Aufklärungsschwierigkeiten führe[4]. Anzulegen sei ein strenger Maßstab, denn die zu verhängenden Sanktionen könnten weitreichende Folgen für den Antragsteller oder den Leistungsberechtigten haben[5]. Die Feststellungen müßten ohne die Mithilfe des Mitwirkungspflichtigen erst durch einen beträchtlichen zusätzlichen Verwaltungsaufwand ermöglicht werden[6]. Den Orientierungspunkt für die vorzunehmende Abwägung gäben die Ermittlungen, die bei Erfüllung der Mitwirkungspflicht durchzuführen wären[7]. Gestalten sich diese ohnehin recht schwierig und bringe die fehlende Mitwirkung keine fühlbare Steigerung, sei § 66 Abs. 1 Satz 1 SGB-I nicht anwendbar[8]. Das gleiche gelte, wenn sich die Tatsachensammlung auch bei der an-

---

1) Burdenski in: GK SGB-I § 66 Rn 8; ders. BlStSozArbR 1974, 273, 276
2) Zweng/Scheerer/Buschmann SGB-I § 66 Anm II 1
3) Berg, Die verwaltungsrechtliche Entscheidung bei ungewissem Sachverhalt, S. 260
4) Rentenvers-Komm SGB-I § 66 Rn 1; Hauck/Haines SGB-I K § 66 Rn 5; Peters/Hommel SGB-I § 66 Anm 4; Freitag in: Bochumer Kommentar SGB-I § 66 Rn 5; BVerwG NVwZ 1985, 490; BSG in SozR 1200 § 66 SGB-I Nr. 10 (S. 8)
5) Zweng/Scheerer/Buschmann SGB-I § 66 Anm II 1
6) Hauck/Haines SGB-I K § 66 Rn 5; Peters/Hommel SGB-I § 66 Anm 4; Freitag in: Bochumer Kommentar SGB-I § 66 Rn 5
7) Peters/Hommel SGB-I § 66 Anm 4
8) Hauck/Haines SGB-I K § 66 Rn 5

gezeigten Mitwirkung nicht wesentlich einfacher, leichter, billiger, weniger zeitraubend oder weniger umfangreich darstellte[1].

Zu einer in diesem Sinne erheblichen Erschwerung der Sachverhaltsaufklärung führe die Verletzung einer Mitwirkungspflicht nur dann, wenn sie für diese ursächlich sei, zu dieser in einem kausalen Zusammenhang stehe[2]. Die Erschwerung der Tatsachenerschließung müsse gerade auf der Nichterfüllung der Mitwirkungspflicht beruhen[3].

Als formelle Voraussetzung tritt gemäß § 66 Abs. 3 SGB-I hinzu, daß der Leistungsberechtigte zuvor schriftlich auf die möglichen Folgen hingewiesen worden ist und gleichwohl nicht innerhalb der ihm gesetzten angemessenen Frist mitgewirkt hat.

Sind nun alle Voraussetzung des § 66 Abs. 1 Satz 1 SGB-I erfüllt, steht es im Ermessen des Leistungsträgers, ob er ohne weitere Ermittlungen die Leistung bis zur Nachholung der Mitwirkung ganz oder teilweise versagt oder entzieht. Im Rahmen dieser Ermessensentscheidung hat der Leistungsträger sein Interesse an der Mitwirkung des Leistungsberechtigten gegen die konkreten Umstände abzuwägen, die diesen veranlaßt haben, der gebotenen Mitwirkung nicht nachzukommen[4]. Zu diesen Umständen gehören

---

1) Peters/Hommel SGB-I § 66 Anm 4
2) Hauck/Haines SGB-I K § 66 Rn 5; Peters/Hommel SGB-I § 66 Anm 4; Freitag in: Bochumer Kommentar SGB-I § 66 Rn 4; BVerwG NVwZ 1985, 490
3) Peters/Hommel SGB-I § 66 Anm 4
4) Hauck/Haines SGB-I K § 66 Rn 7, 22; Zweng/Scheerer/Buschmann SGB-I § 66 Anm II 1; Burdenski in: GK SGB-I § 66 Rn 10, 8; vgl. auch: Peters/Hommel SGB-I § 66 Anm 9; BSG in: SozR 1200 § 66 SGB-AT Nr. 10; Rentenvers-Komm SGB-I § 66 Rn 1

etwa Alter, Krankheit, Behördenangst, Sprachschwierig-
keiten, Schreibungewandtheit und dergleichen mehr[1].

Hält man den Leistungsträger bei einer Verletzung von
Mitwirkungspflichten auch unter der Geltung des § 66
SGB-I für verpflichtet, den Sachverhalt vollständig aufzuklären, führt diese Vorschrift nicht zu einer Ermittlungsbeschränkung. Nimmt man § 66 Abs. 1 SGB-I beim Wor-
te und läßt eine Entscheidung "ohne weitere Ermittlungen" zu, erfährt der Untersuchungsgrundsatz in Richtung
hin auf die Mitwirkungspflichten des Leistungsberechtigten eine Abgrenzung. Die Amtsermittlungspflicht erscheint jedoch in einer dreifachen Absicherung:

- Eine Beschränkung der Amtsermittlungspflicht durch die
  (Nicht-)Mitwirkung des Beteiligten scheidet aus, wenn
  sich die geforderte Mitwirkung nicht in den Grenzen
  des § 65 SGB-I hält;

- eine Beschränkung kommt weiter nicht in Betracht, soweit die durch die unterlassene Mitwirkung verursach-
  ten Erschwerungen nicht erheblich sind;

- sie ist schließlich dann unzulässig, wenn die Abwägung
  im Rahmen der Ermessensausübung den Motiven des Leistungsberechtigten den Vorrang verleiht.

Die genannten Sicherungen bilden quasi dreifach gestaffelte "Schranken-Schranken" der in § 66 Abs. 1 Satz 1
SGB-I vom Wortlaut vorgesehenen Ermittlungsbeschränkung.

---

1) Zweng/Scheerer/Buschmann SGB-I § 66 Anm II 1; Burdenski in: GK
   SGB-I § 66 Rn 10, 8, der auf die Schwierigkeiten hinweist, diese Gründe in Erfahrung zu bringen.

Bereits diese dreifach gestaffelte Sicherung gewährlei-
stet der Amtsermittlungspflicht auch nach dem wörtlichen
Verständnis des § 66 Abs. 1 SGB-I ein breites Anwen-
dungsgebiet.

b) Plädoyer für ein restriktives Verständnis
   vom § 66 Abs. 1 SGB-I

Nach Zweng/Scheerer/Buschmann gebietet es der Verhältnismäßigkeitsgrundsatz, daß der Leistungsträger grundsätzlich in seinen Ermittlungen fortschreitet, wenn andere Beweismittel vorhanden sein können[1].

In ihrer Pauschalität läßt sich diese Aussage nicht verifizieren, sucht das Gesetz doch gerade mit dem Zusam-
menspiel der §§ 65 und 66 SGB-I dem Grundsatz der Verhältnismäßigkeit gerecht zu werden[2]. Tragfähig werden
kann der Hinweis auf den Grundsatz der Verhältnismäßigkeit deshalb nur für solche Fälle, in denen § 65 SGB-I
die Beteiligten nicht von ihren Mitwirkungspflichten
entlastet, ihre Nicht-Mitwirkung zu erheblichen Aufklärungsschwierigkeiten führt, die Abwägung ein Übergewicht
des Interesses der Behörde an der Mitwirkung ergibt[3]
und die Ablehnung der Leistung gleichwohl unverhältnismäßig ist. Bereits ein Blick in § 65 Abs. 1 SGB-I zeigt
jedoch, daß solche Fälle kaum denkbar sind, denn der
Verhältnismäßigkeitsgrundsatz hat hier eine gesetzliche
Ausformung gefunden[4].

---

1) Zweng/Scheerer/Buschmann SGB-I § 66 Anm II 1
2) vgl. Hauck/Haines SGB-I K § 65 Rn 1
3) Die Darstellung der Schranken-Trias des § 66 Abs. 1 SGB-I findet sich auf S. 174
4) vgl. Hauck/Haines, SGB-I § 65 Rn 1; Sterzel, KJ 1986, 117,127,
   135 ff.

Ähnlich verhält es sich mit dem Versuch, die einschränkende Auslegung des § 66 Abs. 1 SGB-I mit dem Rechtsstaatsprinzip zu rechtfertigen[1]. Da dessen Konkretisierung dem Gesetzgeber obliegt, vermag es als Argument nur insoweit zu dienen, wie die Betrachtung der verfassungsrechtlichen Grundlagen des Untersuchungsgrundsatzes dort eine Verankerung desselben ergeben hat[2].

Verwaltungspraktische Erwägungen weisen allerdings den Weg zu einem möglichst zurückhaltenden Gebrauch des § 66 SGB-I. Der Wert einer Vorschrift für die tägliche Arbeit von Behörden sinkt umgekehrt proportional in dem Maße, in dem ihre Konkretisierung und damit ihre Anwendung Schwierigkeiten bereitet. § 66 Abs. 1 SGB-I und § 65 Abs. 1 SGB-I warten mit zahlreichen unbestimmten Rechtsbegriffen auf, was ihrer verbindlichen Konkretisierung naturgemäße Probleme implantiert. Die Aufklärung des Sachverhaltes etwa muß "erheblich" erschwert werden[3], die Mitwirkungspflicht muß beispielsweise in einem "angemessenen Verhältnis" zu der in Anspruch genommenen Sozialleistung stehen[4].

Bei der Ermessensentscheidung im Rahmen des § 66 Abs. 1 Satz 1 SGB-I, ob sie die Leistung entzieht oder versagt, hat die Behörde die persönlichen Umstände des Leistungsberechtigten zu berücksichtigen, die ihn zu seiner Nicht-Mitwirkung bewogen haben[5]. Gleiches gilt für die Bewertung des Aufwandes im Sinne des § 65 Abs. 1 Ziff. 3 SGB-I, denn gedacht ist diese Vorschrift in besonderem

---

1) Burdenski in: GK SGB-I § 66 Rn 8; ders. BlStSozArbR 1974, 273, 276
2) Dazu vorstehend S. 117
3) § 66 Abs. 1 Satz 1 SGB-I
4) § 65 Abs. 1 Ziff. 1 SGB-I
5) vorstehend S. 173 f.

Maße für alte, geschäftsungewandte oder behinderte Bürger[1]. Gerade die persönlichen Umstände des Leistungsberechtigten, wie hohes Alter, Sprachprobleme, Schreibungewandtheit oder schlicht Behördenangst, sind dem Leistungsträger in aller Regel unbekannt. Will die Behörde
(ermessens-) fehlerfrei entscheiden, muß sie zunächst
diese Umstände aufklären[2]. Die ermittlungsbeschränkende
Anwendung des § 66 Abs. 1 Satz 1 SGB-I führt so zu Er-
mittlungsgegenständen, die ihrer Natur nach nicht oder
nur unter großen Schwierigkeiten aufgeklärt werden können.

Die Aufgaben der Leistungsträger beschreibt § 17 Abs. 1
SGB-I dahingehend, dafür Sorge zu tragen, daß jeder Berechtigte die ihm zustehenden Sozialleistungen in zeitgemäßer Weise umfassend und schnell erhält, die sozialen
Dienste rechtzeitig und ausreichend zur Verfügung stehen
und der Zugang zu den Sozialleistungen möglichst einfach
gestaltet wird. Dieser Leistungsauftrag verpflichtet die
Behörde in doppelter Hinsicht. Zunächst hat sie dafür zu
sorgen, daß der einzelne Leistungsberechtigte schnell
und unkompliziert die jeweilige Leistung erhält. Darüber
hinaus muß sie gewährleisten, daß auch alle Leistungsberechtigten zum Zuge kommen. Die Behörde wird auf einen
zeitnahen Gesamtvollzug verpflichtet. Da ihr nur begrenzte und nicht beliebig ad hoc zu vermehrende Kapazitäten zur Verfügung stehen, kann eine stärkere Einbindung des Beteiligten in die Tatsachenermittlung die Behörde entlasten und ihr so die Bearbeitung der übrigen
Fälle erst ermöglichen. Diese Entlastungsnotwendigkeit

---

1) Burdenski in: GK SGB-I § 65 Rn 9; Freitag in: Bochumer Kommentar SGB-I § 65 Rn 20; Hauck-Haines SGB-I K § 65 Rn 10; Rentenvers-Komm SGB-I § 65 Rn 3; Ausschuß für Arbeit und Sozial-
   ordnung BT-DrS 7/3786 zu § 65
2) Burdenski in: GK SGB-I § 66 Rn 8

darf bei den im Rahmen der §§ 65, 66 SGB-I durchzuführenden Abwägungen nicht unbeachtet bleiben, weil dies
dem in § 17 Abs. 1 SGB-I formulierten Leistungsauftrag
zuwiderliefe. Seinem Leistungsauftrag entspricht ein
Leistungsträger im Hinblick auf beide Leistungsziele
eher, wenn er seine Ermittlungskapazitäten auf das Vorhandensein oder Fehlen der Leistungsvoraussetzungen
richtet und sie nicht - unnötig - dadurch bindet, daß er
der Frage nachgeht, ob und aus welchen Motiven der Leistungsberechtigte seinen - vermeintlichen oder wirklichen - Mitwirkungspflichten nicht nachgekommen ist[1].
Ergeben diese Ermittlungen etwa ein billigenswertes Motiv des Leistungsberechtigten, bleibt die Behörde zu
weiteren Ermittlungen verpflichtet, welche sie auch sogleich hätte durchführen können. Sie wird mit zusätzlichen Ermittlungen belastet, der Leistungsberechtigte hat
die Folgen der zeitlichen Verzögerung zu tragen. Selbst
wenn die Ermittlungen zu keinem achtenswerten Motiv führen, dürfte der hierfür notwendige Ermittlungsaufwand in
der Mehrzahl der Fälle nicht deutlich hinter dem für
eine Sach-Entscheidung Notwendigen zurückbleiben.

Ist es zweifelhaft und erst durch weitere Ermittlungen
zu klären, ob ein Beteiligter seine Mitwirkung zu Recht
oder zu Unrecht verweigert, so sollte die Behörde ihre
anderweitigen Ermittlungsmöglichkeiten in Richtung auf
die Sachentscheidung hin ausschöpfen. In diesen Fällen
sollte die Behörde ihrem Leistungsauftrag entsprechend
nach dem Grundsatz "in dubio pro veritate" (im Zweifel
für die Wahrheit) oder besser "in dubio pro re" (im
Zweifel für die Sache) verfahren. Kenntlich zu machen
wäre diese Maxime durch eine Ergänzung des § 66 Abs. 1
SGB-I um den Satz: "Im Zweifel sind die Ermittlungen
fortzuführen".

---

1) In diesem Sinne auch: Burdenski BlStSozArbR 1974, 273, 276

Verweigert der Beteiligte hingegen für die Behörde erkennbar oder leicht feststellbar unberechtigt seine Mitwirkung, so kann diese ohne weitere Ermittlungen gemäß
§ 66 SGB-I entscheiden. Die Geltung des Untersuchungsgrundsatzes und dessen partielle verfassungsrechtliche
Verankerung stehen dem nicht entgegen. In den aufgezeigten Grenzen bringt § 66 SGB-I so eine weitere Einschränkung der Amtsermittlungspflicht.

c) Die Ordnungsfunktion der §§ 65, 66 SGB-I

Den §§ 65, 66 SGB-I läßt sich eine gewisse Ordnung des
Ermittlungsablaufes entnehmen[1]. Zunächst hat die Behörde solche Ermittlungsmaßnahmen anzustrengen, die für sie
einen geringeren Aufwand als für den Leistungsberechtigten bedeuten (§ 65 Abs. 1 Ziff. 3 SGB-I). Stehen ihr
solche nicht zur Verfügung oder bleiben Fragen ungeklärt, kann sie den Leistungsberechtigten in den Grenzen
des § 65 Abs. 1 Ziff. 1, 2, Abs. 2, Abs. 3 SGB-I zur
Mitwirkung heranziehen. Verweigert der Beteiligte seine
Mitwirkung, obgleich er im Rahmen der §§ 65, 66 SGB-I
hierzu verpflichtet ist, und läßt sich dieses ohne
Schwierigkeiten feststellen, so kann die Behörde unter
den weiteren Voraussetzungen des § 66 SGB-I die Leistung
bis zur Nachholung der Mitwirkung ganz oder teilweise
versagen oder entziehen. Bleiben auch nach erfolgter
oder berechtigt verweigerter Mitwirkung Tatsachen zu erschließen, hat die Behörde ihre weiteren Aufklärungsmittel einzusetzen.

---

1) Zur Parallele in der AO siehe vorstehend S. 158

6. Ein Zwischenergebnis

Dieses Kapitel hat gezeigt, daß der Gesetzgeber - jedenfalls im Sozial- und Steuerrecht - im wesentlichen zwei
Regelungsmodelle verwendet, um die Ermittlungspflicht
der Behörden in Richtung auf die Mitwirkung der Beteiligten hin abzugrenzen. Entweder benutzt er eine Fülle
von Spezialregelungen, gekoppelt zumeist an die Vorschrift des jeweiligen materiellen Gesetzes, welches die
zu treffende Entscheidung regelt. Hierzu gehören die
tatbestandlichen und die tatbestandsähnlichen Nachweispflichten[1], aber auch die lokalen Ermittlungsgrenzen[2]. Die andere Möglichkeit, amtliche Ermittlungspflichten und die Mitwirkung der Beteiligten gegeneinander abzugrenzen, bildet der Regelungskomplex der §§ 65,
66 SGB-I. Dieser kann insgesamt - mit der bereits ausge-
führten Einschränkung[3] - als eine recht gute Problemlö-
sung bezeichnet werden. Zum einen deshalb, weil er die
verfassungsrechtlichen Vorgaben für die Sachverhaltsermittlung im Verwaltungsverfahren zutreffend umsetzt. Zum
anderen aber auch, weil er spezialgesetzliche Nachweispflichten im Sozialrecht in großem Umfange überflüssig
gemacht hat[4]. Der hierin liegende Beitrag zur Rechts-
vereinheitlichung bringt im Ergebnis auch ein Mehr an
Richtssicherheit. Insbesondere bei den hier als tatbe-
standsähnlich bezeichneten Mitwirkungspflichten[5] muß
von Vorschrift zu Vorschrift im Wege der Auslegung festgestellt werden, ob den Nachweispflichten materielles
Gewicht beigelegt worden ist oder ob sie lediglich

---

1) siehe vorstehend S. 120 ff., 127 ff., 131
2) siehe vorstehend S. 149 ff.
3) siehe vorstehend S. 175 ff.
4) Hauck/Haines, SGB-I K § 60 Rn 3 mit zahlreichen Beispielen
5) siehe vorstehend S. 128 ff., 131

"verfahrenswirksam" sind; denn die Ermittlungspflicht
begrenzen sie nur im ersteren Falle. Eine standardisie-
rende Regelung vermeidet solche Unwägbarkeiten. Dabei
darf jedoch nicht übersehen werden, daß auch eine stan-
dardisierte und generalisierte Regelung ein gewisses Maß
an Rechtsunsicherheit mit sich bringen muß; denn solche
Regelungen sind notwendig auf unbestimmte Rechtsbegriffe
angewiesen. Abhilfe können hier sowohl für den jeweiligen Entscheider wie auch für die Beteiligten Verwaltungsrichtlinien schaffen. Dem jeweils handelnden Bediensteten wird - in gewissem Umfange - die eigene Auslegung der unbestimmten Rechtsbegriffe abgenommen, das
Verwaltungshandeln wird damit einheitlich und so für den
Betroffenen berechenbarer. Einen weiteren Konkretisie-
rungsbeitrag mögen die Gerichte bei der Auslegung der
unbestimmten Rechtsbegriffe im Rahmen ihrer Kontrollfunktion leisten. Dieser ist ein doppelter: zum einen
wirken die veröffentlichten Entscheidungen unmittelbar
auf die eigene Auslegungsarbeit des jeweils Handelnden,
zum zweiten beeinflussen sie den Inhalt der gegebenenfalls zu ändernden Verwaltungsrichtlinien.

Denkbar wäre ein den §§ 65, 66 SGB-I entsprechender Regelungskomplex auch im Steuerrecht. Dort müßte der Behörde unter den Voraussetzungen des § 66 SGB-I das Recht
gewährt werden, die Besteuerungsgrundlagen zu schätzen.

Völlig entbehrlich werden spezialgesetzliche Nachweispflichten aber auch durch eine Regelung wie die §§ 65,
66 SGB-I nicht. Sie sind vorzusehen, wenn die Behörden
von vornherein von jeglicher Ermittlung entbunden werden
sollen und die Tatsachensammlung exklusiv in den Händen
der Beteiligten liegen soll. Angesiedelt sein kann eine
solche Nachweispflicht im Tatbestand des jeweiligen

Fachgesetzes, wie etwa in § 9a EStG, oder auch im Verfahrensrecht, wie es beispielsweise § 90 Abs. 2 AO demonstriert. Die Grenze der Einsatzfähigkeit solcher Nachweispflichten findet sich an den verfassungsrechtlichen Vorgaben zugunsten der Amtsermittlung.

In der vorgeschlagenen Weise läßt sich ein sachgerechter Ausgleich herbeiführen zwischen dem Interesse des Beteiligten an möglichst geringer Mitwirkung und dem Bedürfnis der Behörden nach Entlastung ihrer Kapazitäten.

IV. Kapitel

Die Mitwirkungspflicht als allgemeine Ermittlungsgrenze?

"Die Verpflichtung des Gerichtes zur Aufklärung des Sachverhaltes endet dort, wo die Partei ihrer Pflicht zur Mitwirkung am Rechtsstreit nicht nachkommt"[1]. Dieser begründungslos veröffentlichte Leitsatz des Bundesverwaltungsgerichtes zu seinem Urteil vom 8. Juli 1959[2] kennzeichnet als Schlaglicht die am weitesten gehende Begrenzungsfunktion, die eine Verletzung von Mitwirkungspflichten in Ansehung der Amtsermittlungspflicht im Gefolge haben kann. Sollte dieses für den Verwaltungsprozeß gegebene "statement" für das Verwaltungsverfahren verifizierbar sein, müßte der Untersuchungsgrundsatz wegen der Fülle von in den Verfahrensordnungen und Fachgesetzen enthaltenen Mitwirkungspflichten über weite Strecken das Dasein einer funktionslosen Hülle führen.

1. Die vertretenen Auffassungen

Die vertretenen Auffassungen sind einer nach ihren Standpunkten und Argumenten ausgerichteten gruppenbildenden Darstellung nur schwer zugänglich. Ihre Ursache finden diese Schwierigkeiten darin, daß den Mitwirkungspflichten zwar häufig eine amtsermittlungsbegrenzende

---

1) BVerwG NJW 1959, 2134; ähnlich: BVerwGE 26, 30 f.

2) NJW 1959, 2134

Funktion zugesprochen[1] oder aber ebenso entschieden abgesprochen wird[2]. In der Begründung beschränken sich
die Stellungnahmen jedoch allzu häufig auf Einzelproble-
me[3]. Dargestellt wird vielfach, **w a n n** die Verletzung von Mitwirkungspflichten ermittlungsbegrenzend
wirkt[4], verschwiegen häufig, **w a r u m** , auf welcher
rechtlichen Grundlage. Gleichwohl soll eine gruppenbil-
dende Darstellung vorgenommen werden, sich aus Zusammen-
fassungen ergebende Vereinfachungen werden sich dabei
nicht immer vermeiden lassen.

---

1) Meyer/Borgs VwVfG § 26 Rn 7, § 24 Rn 4; Stelkens/Bonk/Leonhardt
   VwVfG § 26 Rn 12; Kopp VwVfG § 24 Rn 18; ders.: Verfassungsrecht, S. 37; Obermayer VwVfG § 24 Rn 34, 35; Kühn/Kutter/Hof-
   mann AO u. FGO § 88 AO Anm. 2, 3; Koch AO § 90 Rn 5; Grüner
   SGB-X § 20 Anm. III 5; Hauck/Haines SGB-X K § 20 Rn 10 m.w.N.;
   Wolff/Bachof, Verwaltungsrecht III, § 156 IV c 2 (S.334); Martens, Verwaltungsverfahren, S.111 (Rn 169); Becker/Riewald/<u>Koch</u>
   RAO § 204 Anm. 5 e; Herrler, Mitwirkung der Banken bei der Besteuerung von Bankkunden, S.84 ff; Schuhmann DStZ 1986, 583,
   586; Wenzig DStZ 1986, 375, 379; aus der Rechtsprechung:
   BVerwGE 69, 46, 52; E 59, 87, 103 f = BayVBl 1980, 88; E 34,
   248, 250; E 11, 274, 275; BVerwG NJW 1986, 270; BVerwG NJW
   1985, 2490 f; BFH BStBl II 1984, 140, 143; BFH BStBl II 1976,
   513, 515; BFH BStBl II 1969, 550, 553; BFH BStBl II 1967, 322,
   323; BSGE 11, 102, 115 f; VGH Kassel NJW 1986, 1129 f; VGH München NJW 1982, 786, 787; BayVGH BayVBl 1982, 694; OVG Münster
   DÖV 1979, 421; vgl. auch: VGH Mannheim NJW 1986, 1370, 1372 f;
   OVG Münster NVwZ 1982, 251, 252; VGH Bad.-Württ. DÖV 1979,
   761 f; für den Verwaltungsprozeß: BVerwGE 66, 237, 238; E 26,
   30; BVerwG DVBl 1984, 1005, 1006 f; BVerwG DÖV 1983, 207 f.

2) Pickel SGB-X § 20 Anm 3; Peters SGB-X § 20 Anm 2 c 3 b 5; Tip-
   ke/Kruse AO u. FGO § 88 AO Rn 1, § 90 AO Rn 5; Söhn in: H/H/Sp
   AO u. FGO § 88 AO Rn 39; Clausen in: Knack VwVfG § 24 Rn 4.2;
   Pestalozza in: Boorberg-FS, S.185, 192 f; Berg, Die verwaltungsrechtliche Entscheidung bei ungewissem Sachverhalt, S.261
   f (der hiervon Nachweispflichten ausnimmt, die nach seiner Auffassung den Ermittlungsgegenstand verändern, dazu vorstehend S.
   131 ff.); Ule/Laubinger, Verwaltungsverfahrensrecht, § 21 I 2
   (S.166); Marx, Notwendigkeit und Tragweite, S.141; Brozat DStR
   1983, 76,77; Ritter FR 1985, 34,38; Wittmann StuW 1987, 35,44;
   aus der Rechtsprechung: BFH BStBl II 1977, 310

3) vgl. etwa die Aufzählung bei Kopp VwVfG § 24 Rn 18
4) vgl. etwa: Kopp VwVfG § 24 Rn 18; <u>Stelkens</u>/Bonk/Leonhardt VwVfG
   § 26 Rn 12

a) Die Mitwirkungspflicht als Grenze

Die §§ 24 VwVfG, 88 AO und 20 SGB-X verpflichten und berechtigen die Behörden, den Sachverhalt im Rahmen des Ermittlungsgegenstandes[1] umfassend zu ermitteln[2]. Akzeptiert man diese Grundpflicht als Inhalt der den Untersuchungsgrundsatz vorsehenden Verfahrensregelungen, so bedarf es einer Rechtfertigung, wenn die Behörde begehrt, aus der Pflicht genommen zu werden, obwohl sie die von ihr geforderte Informationssammlung nicht abgeschlossen hat. Das Erfordernis einer solchen Rechtfertigung kann vorab als Konsens aller vertretenen Auffassungen konstatiert werden, denn sonst wäre die allgemein übliche und weithin verbreitete Suche nach Legitimationsgrundlagen für Ermittlungsbeschränkungen unverständlich und überflüssig.

Abgesehen von den dargestellten Sonderregelungen[3] enthalten weder die AO noch das SGB-X und auch nicht das Verwaltungsverfahrensgesetz eine einer Generalklausel gleichkommende Vorschrift, die die Behörden von der gebotenen Informationssammlung entlastet, wenn die Ermittlungen zu viel Arbeit machen, zu teuer oder mangels Personal einfach nicht machbar sind. Expressis verbis nehmen die genannten Verfahrensordnungen generaliter zu diesen Schwierigkeiten praktischer Verwaltungsarbeit nicht Stellung.

---

1) Zu dessen Bestimmung siehe vorstehend S. 15 ff.

2) Zum Inhalt des Untersuchungsgrundsatzes siehe S. 24 ff.

3) vgl. soeben S. 119 ff.

Daß der am Verfahren Beteiligte beim Auftauchen von Er-
mittlungsproblemen das besondere Interesse von Behörden
findet, ist nur allzu verständlich, hat man doch in ihm
einen geeigneten, billigen und häufig kompetenten Kandi-
daten gefunden, der Behörden von Ermittlungsarbeit entlasten kann[1]. Verstärkt wird dieser Wunsch nach eigener
Entlastung und verantwortlicher Einbindung des Beteiligten in den Informationsprozeß sicherlich dann, wenn gerade er es gewesen ist, der das Verfahren durch seinen
Antrag "ins Rollen" gebracht hat und eine Leistung begehrt. Wie bereits angemerkt, hat der Gesetzgeber der
Verwaltung diesen Wunsch nur in einigen wenigen Sonderregelungen ausdrücklich erfüllt[2]. Verwaltungs-rechtliche Realität kann dieser Wunsch aber auch dann werden,
wenn allgemeine Institute juristischer Dogmatik der amtlichen Ermittlungspflicht an der Mitwirkung des Beteiligten eine Grenze setzen.

aa) <u>Die Verhältnismäßigkeit des Ermittlungsaufwandes</u>

Zurückgehend auf die amtliche Begründung[3] zur Einführung des Untersuchungsgrundsatzes in das Verwaltungsverfahrensgesetz findet der Grundsatz der Verhältnismäßigkeit Verwendung als Vehikel zur Begrenzung amtlicher

---

1) ähnlich: Ritter FR 1985, 34, 39

2) Dazu vorstehend S. 180

3) BT-DrS 7/910 (S. 48 f), dort heißt es auszugsweise: "Zu beachten ist, daß der Untersuchungsgrundsatz durch die einzelnen
   Sachgesetze nicht selten dadurch eingeschränkt wird, daß den
   Verfahrensbeteiligten konkrete Mitwirkungspflichten auferlegt
   werden (z.B. Vorlage bestimmter Urkunden u.ä.). Im übrigen findet z.B. die Ermittlung des Sachverhaltes auf Grund der Offizialmaxime dort ihre Grenze, wo weitere Bemühungen der Behörde
   im Verhältnis zum Erfolg nicht mehr vertretbar und zumutbar wären."

Ermittlungspflichten in Richtung hin auf die Mitwirkungspflichten[1]. Die Sachaufklärung erfahre dort ihre
Grenze, wo weitere Aufklärungsarbeit im Verhältnis zum
Erfolg nicht mehr vertretbar und zumutbar wäre[2]. Bezogen auf die Mitwirkungspflichten der Verfahrensbeteiligten wird der Verhältnismäßigkeitsgrundsatz in zweierlei
Hinsicht als "Ermittlungspflichtbegrenzer" eingesetzt:

Am weitesten geht diejenige Auffassung, die der Verletzung von Mitwirkungspflichten im Rahmen der Abwägung zur
Ermittlung der Verhältnismäßigkeit des Ermittlungsfort-
ganges ein eigenes spezifisches Gewicht beimißt[3]. Ausgelöst werden kann die Unverhältnismäßigkeit weiterer
Ermittlungen dadurch, daß der Beteiligte das ihm zumutbare Maß an Mitwirkung nicht erfüllt[4]. Der Versuch, den
Sachverhalt unter Einsatz sonstiger Beweismittel zu erschließen, bedeutet regelmäßig einen unverhältnismäßigen
Verwaltungs-Mehraufwand[5]. Hieraus resultiert ein wech-
selseitiges Abhängigkeitsverhältnis von Mitwirkung und
amtlicher Sach-Aufklärungspflicht derart, daß sich die
Untersuchungspflicht der Behörde in dem Maße verringert,
in dem der Beteiligte mit seinem Aufklärungsbeitrag hinter seiner Mitwirkungspflicht zurückbleibt[6].

---

1) Meyer/Borgs VwVfG § 24 Rn 4; Obermayer VwVfG § 24 Rn 35;
   Hauck/Haines SGB-X K § 20 Rn 10; Peters SGB-X § 21 Anm 5 f;
   Grüner SGB-X Art. I § 20 Anm III 5; Tipke/Kruse AO u. FGO § 90
   AO Rn 5; Söhn in: H/H/Sp AO u. FGO § 88 AO Rn 40, 59; Kühn/Kut-
   ter/Hofmann AO u. FGO § 88 AO Anm 2, 3; Koch AO § 90 Rn 5;
   Schuhmann DStZ 1986, 583, 586
2) Meyer/Borgs VwVfG § 24 Rn 4; Kühn/Kutter/Hofmann AO u. FGO § 88
   AO Anm 3
3) Kühn/Kutter/Hofmann AO u. FGO § 88 AO Anm 2, 3; Koch AO § 90 Rn
   5; Hauck/Haines SGB-X K § 20 Rn 10; Schuhmann DStZ 1986, 583,
   586
4) Kühn/Kutter/Hofmann AO u. FGO § 88 AO Anm 3
5) Koch AO § 90 Rn 5
6) Kühn/Kutter/Hofmann AO u. FGO § 88 AO Anm 2; Koch AO § 90 Rn 5;
   Hauck/Haines SGB-X K § 20 Rn 10; Schuhmann DStZ 1986, 583, 586

Ganz anders und nahezu gegenteilig verfährt und argumen-
tiert die zweite Auffassung[1]. Die Verletzung von Mitwirkungspflichten an sich führt noch nicht zu einer Ver-
ringerung amtlicher Ermittlungspflichten[2]. Auch die
pflichtwidrige Nicht-Mitwirkung indiziert keineswegs von
vornherein die Unzumutbarkeit jeder weiteren Aufklä-
rungstätigkeit, dies selbst dann nicht, wenn die Ermittlungen umständlicher oder zeitraubender werden[3]. Erreicht ist die Grenze der Zumutbarkeit, wenn die Beschaffung weiterer Informationen zwar möglich, jedoch
mit einem zu großen Aufwand verbunden ist, die Aufklärungsarbeit durch die Nicht-Mitwirkung außergewöhnlich
erschwert wird[4].

Der Grundsatz der Verhältnismäßigkeit wird auch von der
Rechtsprechung zur Begrenzung amtlicher Ermittlungspflichten herangezogen, wenn ein Beteiligter die ihm
auferlegte Mitwirkung unterläßt[5]. Der Bundesfinanzhof
hält es etwa für unzumutbar, daß ein Betriebsprüfer wo-
chenlang selbst steuererhebliche Belege aus den Unterlagen des Steuerpflichtigen heraussuche und sich so die
Prüfung für alle Beteiligten unzumutbar verlängere[6].
Wegen der ihm obliegenden Mitwirkungspflicht sei es Sache des Steuerpflichtigen, alle Unterlagen vorzulegen

1) Tipke/Kruse AO u. FGO § 90 AO Rn 5; Söhn in: H/H/Sp AO u. FGO
   § 88 AO Rn 39 ff, 59; Peters SGB-X § 21 Anm 5 f
2) Peters SGB-X § 21 Anm 5 f; Tipke/Kruse AO u. FGO § 90 AO Rn 5
3) Söhn in: H/H/Sp AO u. FGO § 88 AO Rn 59
4) Söhn in H/H/Sp AO u. FGO § 88 AO Rn 59; Söhn bemüht sich auch
   in diesem Bereich um eine Präzisierung, indem er den Verhältnismäßigkeitsgrundsatz in seine Teilgrundsätze zergliedert:
   a.a.O. Rn 54 ff.
5) BFH BStBl III 1967, 322, 323; für die gerichtliche Aufklärungspflicht: BFH BStBl II 1976, 513, 515; weitere Nachweise aus der
   Rechtsprechung zur Verhältnismäßigkeit als Ermittlungsschranke
   bei: Söhn in: H/H/Sp AO u. FGO § 88 AO Rn 53
6) BFH BStBl III 1967, 322, 323

und Umfang, Art und Zusammenhang einzelner Geschäftsvor-
fälle leicht und eindeutig überprüfbar nachzuweisen[1].
Die Grenze amtlicher Ermittlungspflichten befinde sich
dort, wo eine Sachaufklärung ohne die Mitwirkung des
Steuerpflichtigen entweder nicht oder nur mit unverhältnismäßigen Schwierigkeiten zu erreichen sei[2].

bb) Kapazitätsgrenzen und Wirtschaftlichkeit des Verwaltungshandelns

Die Reduktion der Ermittlungspflicht wird auch aus dem
Gedanken gerechtfertigt, die Behörde könne nicht zu Lasten anderer Verfahren, die bearbeitet werden müßten,
bei einer versagten Mitwirkung ihren Ermittlungsaufwand
beliebig vermehren[3]. Angesprochen wird so das Span-
nungsverhältnis zwischen dem Untersuchungsauftrag und
der begrenzten Verwaltungskapazität[4]. Es sei weder in
der Praxis erreichbar noch entspreche es dem Selbstbe-
stimmungsrecht des sogenannten mündigen Bürgers, wenn
die Behörden diesen unter Vernachlässigung ihrer sonstigen, andere Verfahren betreffenden, Ermittlungspflichten
zu "seinem Glück zwinge"[5]. Die Ausgestaltung des Ver-

---

1) BFH a.a.O.
2) BFH BStBl II 1976, 513, 515
3) Stelkens/Bonk/Leonhardt VwVfG § 26 Rn 12; Obermayer VwVfG § 24
   Rn 36; Schuhmann DStZ 1986, 583, 586

4) dazu: Isensee, Die typisierende Verwaltung, S.155 ff; Arndt,
   Praktikabilität und Effizienz, S.58 ff; Kopp, Verfassungsrecht,
   S.201, 219; Martens, Verwaltungsvorschriften, S.150 f; Ule/Lau-
   binger, Verwaltungsverfahrensrecht, S.165; Stelkens/Bonk/Leon-
   hardt VwVfG § 24 Rn 9; Clausen in: Knack VwVfG § 24 Rn 3.1;
   Berg, Die Verw 1976, 161 ff; Söhn in: H/H/Sp AO u. FGO § 88 AO
   Rn 60 ff; Tipke/Kruse AO u. FGO § 88 AO Rn 6; Koch AO § 88
   Rn 4; Peters SGB-X § 20 Anm 2 c 3 b 3

5) Stelkens/Bonk/Leonhardt VwVfG § 24 Rn 12

fahrens stehe im Ermessen der Behörde, wie sich aus § 10
Satz 2 und § 26 Abs. 1 Satz 1 VwVfG ergebe[1]. Insbesondere von der Gewichtigkeit des öffentlichen Interesses
an der zu treffenden Verwaltungsmaßnahme hänge es ab, ob
zeitraubende und kostspielige Ermittlungen angebracht
seien oder nicht[2].

cc) Reduzierung des Beweismaßes

Einen völlig anderen Weg beschreitet Martens[3]. Im Be-
streben, Beweislastentscheidungen im Steuerrecht zu
verhindern oder besser: überflüssig zu machen, benutzt
er die Reduzierung des Beweismaßes, um bei noch nicht
hinreichend geklärtem Sachverhalt gleichwohl zu einer
Tatsachenfeststellung zu kommen[4]. Das Abgabenrecht enthalte weitgehend Tatbestände, deren Aufklärung dem betroffenen Bürger im Wege der Beweisvorsorge regelmäßig
möglich und zumutbar sei[5]. Verletze dieser entsprechende Mitwirkungspflichten, bilde die Reduzierung des Beweismaßes zu seinen Lasten eine sachgemäß Alternative zu
der sonst durchzuführenden inquisitorischen Ermittlung,
welche mit einem weitreichenden Eindringen in die per-
sönliche und berufliche Lebenssphäre verbunden sei[6].

---

1) Stelkens/Bonk/Leonhardt VwVfG § 24 Rn 9; auf allgemeine Rechts-
   grundsätze in Verbindung mit §§ 10 und 26 Abs. 2 BVwVfG abstellend auch: Kopp VwVfG § 24 Rn 18
2) Stelkens/Bonk/Leonhardt VwVfG § 24 Rn 9; zum Zeitfaktor auch:
   Meyer/Borgs VwVfG § 24 Rn 4
3) Verwaltungsverfahren S. 111 (Rn 169)
4) Martens, a.a.O., S. 111 (Rn 169)
5) Martens, Verwaltungsverfahren, S. 111 (Rn 169)
6) Martens, Verwaltungsverfahren, S.111 f (Rn 169); ders. StuW
   1981, 322, 328; Herrler, Mitwirkung der Banken bei der Besteuerung der Bankkunden, S. 99; für eine Reduzierung des Beweismas-
   ses nach Erschöpfung anderweitiger Ermittlungsmöglichkeiten:
   Ritter FR 1985, 34, 38

Den Vorgang der Beweiswürdigung benutzt auch die Rechtsprechung als Einfallstor zur Berücksichtigung einer
versagten Mitwirkung, um ohne Ausschöpfung des Ermitt-
lungsapparates zu einer Tatsachenfeststellung zu gelangen[1].

In der Rechtsprechung des Bundesverwaltungsgerichtes und
der Oberverwaltungsgerichte sind hier in erster Linie
diejenigen Fälle angesiedelt, in denen es um die Entziehung einer Fahrerlaubnis gemäß § 3 Abs. 1 StVZO geht und
der Betroffene die Beibringung der gemäß § 3 Abs. 2
StVZO vorgesehenen Gutachten verweigert[2]. Kommt der Betroffene der Anordnung zur Begutachtung gemäß § 3 Abs. 2
StVZO nicht nach, so beschreitet das Bundesverwaltungsgericht folgenden Weg[3]:

"Wird sie nicht befolgt, so kann die Verwaltungsbehörde aus diesem Verhalten des Betroffenen Schlüsse
auf seine Eignung zum Führen von Kraftfahrzeugen
ziehen und aufgrund der gegen seine Eignung bestehenden Bedenken zu der Annahme gelangen, daß der
Betroffene geistige oder körperliche Mängel verbergen will, die seine Eignung zum Führen von Kraftfahrzeugen ausschließen. Der aufgrund bestimmter
Bedenken bestehende Verdacht auf Ungeeignetheit
kann sich dadurch bei der Verwaltungsbehörde zu der
Gewißheit verdichten, daß der Betroffene zum Führen
von Kraftfahrzeugen ungeeignet ist und daß ihm deshalb die Fahrerlaubnis zu entziehen ist (...)."

---

1) BVerwGE 11, 274,275; E 34, 248,250; BVerwG NJW 1985, 2490 f;
   BVerwG NJW 1986, 270; BFH BStBl II 1969, 550,553; BayVGH BayVBl
   1982, 694; OVG Münster NVwZ 1982, 251,252; VGH Mannheim NJW
   1986, 1370,1372 f.
2) BVerwGE 11, 274,275; E 34, 248,250; BVerwG NJW 1985, 2490 f;
   BVerwG NJW 1986, 270; BayVGH BayVBl 1982, 694; VGH Mannheim NJW
   1986,1370, 1372 f.
3) BVerwGE 34, 248, 250

Bei einer solchen Würdigung sind jedoch die Gründe zu
berücksichtigen, die den Betroffenen veranlaßt haben,
der behördlichen Anordnung nicht nachzukommen[1].

Ein vergleichbares Prozedere bringt auch der Bundesfinanzhof zur Anwendung[2]. Verweigert der Steuerpflichtige
die Erfüllung der ihm auferlegten Mitwirkungspflichten,
so ist das Finanzamt zu einer Sachaufklärung häufig aus-
serstande[3]. Vereitelt oder erschwert der Steuerpflichtige durch eine schuldhafte Verletzung seiner Mitwirkungspflicht die Tatsachenfeststellung, könne es gerechtfertigt sein, dieses Verhalten zu seinem Nachteil
zu würdigen[4]. Als Ergebnis einer solchen Würdigung kann
sich eine Tatsachenfeststellung zu Gunsten der durch die
Feststellungslast belasteten Behörde ergeben[5]. Zulässig
sei all dies jedoch nur dann, wenn andere geeignete Erkenntnismittel nicht ohne weiteres greifbar seien[6].

dd) Arbeitsteilige Informationssammlung

Mit einer Auslegung der die Sachverhaltsermittlung be-
stimmenden Vorschriften der AO beseitigen einige die al-
leinige Herrschaft der Untersuchungsmaxime im Besteuerungsverfahren und postulieren eine sogenannte "Kooperationsmaxime"[7]. In der Verfahrensherrschaft des Finanzamtes und der Arbeitsteilung zwischen Behörde und

---

1) BVerwG NJW 1985, 2490 f.
2) BFH BStBl II 1969, 550,553
3) BFH a.a.O.
4) BFH BStBl II 1969, 550, 553
5) BFH a.a.O.
6) BFH BStBl II 1969, 550, 553
7) Isensee, Die typisierende Verwaltung, S.103 f; Herrler, Die
   Mitwirkung der Banken bei der Besteuerung der Bankkunden, S.84
   ff, 88; Becker/Riewald/Koch RAO § 204 Anm 5 e; Wenzig DStZ
   1986, 375, 378 f.

Steuerpflichtigem kreuzen sich zwei Prinzipien des Er-
mittlungs- und Festsetzungsverfahrens[1]. Dem Finanzamt
ist die Verfahrensinitiative und die Stoffsammlung überantwortet, den Steuerpflichtigen treffen Pflichten zu
Erklärungen, Auskünften, Nachweisen und weiteren Ermitt-
lungshilfen[2]. Die Last der Sachaufklärung ist nicht
einseitig staatlichen Stellen aufgebürdet, das Verwaltungsverfahren gründet sich auf Kooperation[3]. Finanzamt
und Steuerpflichtiger sollen fair zusammenarbeiten, damit möglichst die richtige Steuer festgesetzt wird[4].
"Mitwirken im verfahrensrechtlichen Sinne heißt: sich
beteiligen, konstruktive Beiträge leisten, sich einem
gemeinsamen Ziel verpflichtet fühlen, auf den Verlauf
Einfluß nehmen, etwas gemeinsam erarbeiten"[5]. Finanzamt
und Steuerpflichtiger sind in besonderer Nähe zueinander
gerückt[6].

§ 90 Abs. 1 AO bildet die Basisnorm für ein solches Er-
mittlungsorganisationsverständnis, da der Gesetzgeber
den Beteiligten mit dieser Vorschrift zur Mitarbeit und
zur Mitverantwortung heranzieht[7]. Gerade durch seine
Steuererklärung kann der Beteiligte dazu beitragen, daß
eine weitere Beweiserhebung nicht veranlaßt wird[8]. § 90
Abs. 1 AO kommt damit eine ähnliche Funktion zu wie den
Aufgabenzuweisungsnormen der §§ 85 und 88 AO[9]. Das Besteuerungsverfahren wird nicht ausschließlich von der

---

1) Isensee, a.a.O., S. 103
2) Isensee, Die typisierende Verwaltung, S. 103
3) Isensee, a.a.O., S. 103
4) Becker/Riewald/Koch, RAO § 204 Anm 5 e
5) Wenzig DStZ 1986, 375, 378
6) Isensee, Die typisierende Verwaltung, S. 103
7) Herrler, Die Mitwirkung der Banken bei der Besteuerung von
   Bankkunden, S. 88
8) Herrler, a.a.O., S. 88
9) Herrler, Mitwirkung der Banken bei der Besteuerung der Bankkunden, S. 88

Untersuchungsmaxime beherrscht, mit § 90 Abs. 1 AO hat
der Gesetzgeber dieser eine "Kooperationsmaxime" an die
Seite gestellt[1].

Das arbeitsteilige Verfahren zur Informationssammlung
zielt darauf ab, steuerbare Vorgänge wirklichkeitsgetreu
zu erfassen[2]. Die Mitwirkungspflichten machen Behaup-
tungs- und Beweisführungslasten entbehrlich, die im Fi-
nanzverfahren systemkonsequent fehlen, da sie mit der
Untersuchungsmaxime nicht zu vereinbaren sind und das
Erreichen der materiellen Wahrheit als Verfahrensziel
vereiteln müssen[3]. Die Inpflichtnahme des Beteiligten
läßt die Kompetenz und die Aufklärungspflicht der Behörde unangetastet, führt nicht zu einer Verantwortungstei-
lung zwischen den "Kooperanten"[4].

ee) Obliegenheitsverletzung

Weithin eingebürgert hat sich die Bezeichnung der Mitwirkungspflichten als "Obliegenheiten", da sie nach der
Anordnung des § 26 Abs. 2 VwVfG für den Regelfall nicht
erzwingbar sind[5]. Bei Obliegenheiten handelt es sich

---

1) Herrler, a.a.O., S. 88
2) Isensee, Die typisierende Verwaltung, S. 104
3) Isensee, a.a.O., S. 104 f
4) Herrler, Mitwirkung der Banken bei der Besteuerung von Bankkunden, S. 88
5) Wolff/Bachof, Verwaltungsrecht III § 156 IV c 2 (S.334); Badura
in: Erichsen/Martens, Allgemeines Verwaltungsrecht, S.357; Martens, Verwaltungsverfahren, S.84 (Fn 18), S. 87 (Rn 130);
Meyer/Borgs VwVfG § 24 Rn 4, § 26 Rn 5; Hauck/Haines SGB-X K
§ 21 Rn 9; Peters/Hommel SGB-I Vorb § 60; Burdenski in: GK
SGB-I Vorb §§ 60 bis 67 Rn 3; v.Maydell NJW 1976, 161, 165; aus
der jüngeren Rechtsprechung etwa: BVerwGE 69, 46,49 = DVBl
1984, 483; BFH BStBl II 1986, 707, 710; gegen eine solche Ter-
minologie im Sozialrecht: Dickmann SGb 1975, 168, 170; Meier,
Die Mitwirkungspflichten des Sozialhilfeempfängers, S.170 ff.

um Verhaltensanforderungen, denen nachzukommen meist im eigenen Interesse desjenige liegt, den sie belasten[1].

Der Verletzung dieser "Obliegenheiten" oder "Mitwirkungslasten" wird in Ansehung der Amtsermittlungspflicht zweierlei Wirkung zugestanden:

- Borgs sieht als Konsequenz, daß die Aufklärungspflicht der Behörden dort ende, wo die Mitwirkungslast der Beteiligten einsetze[2]. Dies gelte dann nicht, wenn der Verwaltung anderweitige einfache Aufklärungsmöglichkeiten zur Hand seien[3].

- Eine weitere Folge der Verletzung von Mitwirkungslasten sei, daß der Beteiligte das Recht verliere, sich auf eine unzureichende Sachaufklärung zu berufen[4]. Die Bemängelung einer selbstverschuldeten ungenügenden Sachaufklärung verstoße gegen Treu und Glauben[5].

Auch nach der Rechtsprechung kann es eine Folge der Verletzung von Mitwirkungspflichten sein, daß der Beteiligte hierdurch sein Recht verliert, die Verletzung der behördlichen Aufklärungspflicht zu rügen[6].

---

1) Meyer/Borgs VwVfG § 26 Rn 5

2) Meyer/Borgs VwVfG § 26 Rn 5,7

3) Meyer/Borgs VwVfG § 26 Rn 7

4) Kopp VwVfG § 24 Rn 19; Meyer/Borgs VwVfG § 24 Rn 4; Hauck/Haines SGB-X K § 20 Rn 10; Wolff/Bachof, Verwaltungsrecht III, § 156 IV c 2 (S.335); für das gerichtliche Verfahrensrecht: Meyer-Ladewig SGG § 103 Rn 16; Kopp VwGO § 86 Rn 12

5) Wolff/Bachof, Verwaltungsrecht III, § 156 IV c 2 (S.335)

6) BVerwGE 69, 46,52 = DVBl 1984, 483; BFH BStBl II 1984, 140,143; OVG Münster DÖV 1979, 421; vgl. auch: VGH Bad.-Württ. DÖV 1979, 761 f.

Dieses Begründungsmuster benutzt das Bundesverwaltungsgericht in seiner Prüfungsrechtsprechung, wenn es um die
Frage geht, ob der Prüfling eine Störung des Prüfungsablaufes bei einer schriftlichen Prüfung bereits dort rügen muß oder ob er solches auch noch später tun kann[1].
Der Grundsatz der Chancengleichheit stehe einer Regelung
des Prüfrechtes nicht entgegen, die vom Prüfling forde-
re, die Störung des Prüfungsablaufes noch während der
Prüfung selbst zu rügen[2]. Auch ohne eine ausdrückliche
Regelung dieser Frage in den Prüfungsordnungen könne
sich eine solche Pflicht aus dem Grundsatz von Treu und
Glauben ergeben[3]. Folge der Verletzung einer solchen
Pflicht ist nach der Rechtsprechung des Bundesverwaltungsgerichtes nicht nur der Verlust des Rechts, die
Nicht-Aufklärung der Frage zu rügen, ob eine Störung des
Prüfungsablaufes vorgelegen hat oder nicht, sondern wei-
tergehend der Wegfall des Rechtes eine Störung des Prü-
fungsablaufes überhaupt geltend zu machen[4].

Auch der Bundesfinanzhof judiziert die Auffassung, auf
eine Unterlassung gebotener Ermittlungen von seiten der
Finanzbehörden könne sich nach den Grundsätzen von Treu
und Glauben nur berufen, wer seinerseits dem Finanzamt
in den Grenzen der Zumutbarkeit die wesentlichen Tatsachen dargelegt habe[5].

---

1) BVerwGE 69, 46 ff = DVBl 1984, 483; auch: OVG Münster DÖV 1979,
   421

2) BVerwGE 69, 46, 52

3) BVerwGE 69, 46, 48, 51

4) BVerwGE 69, 46, 52

5) BFH BStBl II 1984, 140, 143

b) Verpflichtung zum Fortgang der Ermittlungen

aa) Die Argumentation im Schrifttum

Die Vertreter derjenigen Auffassung, die die Behörde auch für den Fall der Nicht-Mitwirkung des Beteiligten für verpflichtet hält, die Informationssammlung in den Grenzen des Ermittlungsgegenstandes auf anderen Wegen fortzusetzen, stellen zunächst darauf ab, daß die Mitwirkung des Beteiligten nur unterstützende Funktion bei der Sachaufklärung durch die Behörde habe[1]. Die Mitwirkungspflichtigen sind bloße "Erforschungsgehilfen" der Behörden[2]. Diese erfüllen ihre Sach-Aufklärungspflicht durch die Einschaltung der Beteiligten in das Verwaltungsverfahren[3]. Die Beteiligten sind "Aufklärungs- und Beweismittel" in eigener Sache[4], ein solches unter mehreren, wie an der Regelung des § 26 Abs. 1 Nr. 2 VwVfG deutlich wird[5]. Wenn das Beweismittel "Beteiligter" ausfalle, sei dies kein Grund, die weiteren Ermittlungen einzustellen oder auch nur zu beschränken[6].

---

1) Pestalozza in: Boorberg-FS, S.185,193; Berg, Die verwaltungs-rechtliche Entscheidung bei ungewissem Sachverhalt, S.262; Reuß, Grenzen steuerlicher Mitwirkungspflichten, S.70; Wittmann StuW 1987, 35,44; auch: Söhn in: H/H/Sp AO u. FGO § 88 AO Rn 39 und Tipke/Kruse AO u. FGO § 88 AO Rn 1 a.E., die jedoch in der Nicht-Mitwirkung eine Grenze amtlicher Ermittlungspflichten finden, wenn hierdurch eine unverhältnismäßige Erschwerung eintritt: Tipke/Kruse AO u. FGO § 90 AO Rn 5; Söhn in: H/H/Sp AO u. FGO § 88 AO Rn 40,59
2) Söhn in: H/H/Sp AO u. FGO § 88 AO Rn 39
3) Söhn in: H/H/Sp AO u. FGO § 88 Rn 39; Tipke/Kruse AO u. FGO § 88 AO Rn 1 a.E.
4) Söhn in: H/H/Sp AO u. FGO § 88 AO Rn 39; Pestalozza in: Boorberg-FS, S.185,193; Reuß, Grenzen steuerlicher Mitwirkungspflichten, S.70, bezeichnet die Mitwirkungspflicht als eine "akzessorische Hilfe bei der Aufklärung"; vgl. auch: Berg, Die verwaltungsrechtliche Entscheidung bei ungewissem Sachverhalt, S.262
5) Tipke/Kruse AO u. FGO § 88 AO Rn 1 a.E.
6) Pestalozza in: Boorberg-FS, S.185,193

Das Gesetz wisse davon jedenfalls nichts, und die Regelung des § 24 Abs. 2 VwVfG widerspreche dem eindeutig[1].

§ 93 Abs. 1 Satz 3 AO sieht die Erteilung einer Auskunft durch andere Personen als die Beteiligten erst dann vor, wenn die Sachverhaltsaufklärung durch die Beteiligten nicht zum Ziele führt oder keinen Erfolg verspricht. Eine ähnliche Voraussetzung statuiert § 97 Abs. 2 Satz 1 AO zur Vorlage von Büchern, Aufzeichnungen, Geschäftspapieren und anderen Urkunden. Diese soll in der Regel erst dann verlangt werden, wenn der Vorlagepflichtige eine Auskunft nicht erteilt hat, die Auskunft unzureichend ist oder Bedenken gegen ihre Richtigkeit bestehen. Diese Regelungen, die weitere Maßnahmen der Behörde gerade an die Nichterfüllung einer Mitwirkungspflicht knüpfen, demonstrieren, daß die Untersuchungspflicht der Behörde nicht grundsätzlich dort endet, wo die Mitwirkungspflicht nicht erfüllt wird[2].

Die Behörde klärt den Sachverhalt im öffentlichen Interesse auf[3]. Die amtswegige Tatsachensammlung kann zwar auch dem Beteiligten zugute kommen, wie etwa bei begünstigenden Verwaltungsakten, und so dessen Individualinteresse dienen[4]. Das öffentliche Interesse leitet sich jedoch aus dem Prinzip der Gesetzmäßigkeit von Ver-

---

1) Pestalozza in: Boorberg-FS, S.185,193; abstellend auf dem den § 24 Abs. 2 VwVfG entsprechenden § 20 Abs. 2 SGB-X auch: Pickel SGB-X § 20 Anm 3

2) Tipke/Kruse AO u. FGO § 90 AO Rn 5

3) Pestalozza in: Boorberg-FS, S.185, 192

4) Pestalozza in: Boorberg-FS, S.185,192; sowie vorstehend S. 91 ff. mit weiteren Nachweisen

waltungshandeln ab, welchem nur dann genügt wird, wenn
der festgestellte Sachverhalt der Wirklichkeit entspricht[1]. Bemüht werden Strenge und Güte des Gesetzes
für Realien, nicht für Phänomene[2].

bb) Ansätze in der Rechtsprechung

Auch in der Rechtsprechung finden sich Hinweise, die ge-
gen wie auch immer geartete Ermittlungsbeschränkungen zu
sprechen scheinen. Zur Reichweite finanzgerichtlicher
Ermittlungspflichten und zur Auslegung des § 76 Abs. 1
FGO nahm der VII. Senat des Bundesfinanzhofes in seinem
Urteil vom 11. Januar 1977 wie folgt Stellung[3]:

"Nach ständiger Rechtsprechung des BFH ist die Bestimmung dahin auszulegen, daß die Tatsacheninstanz
gehalten ist, erforderlichenfalls unter Ausnutzung
aller verfügbaren Beweismittel den Sachverhalt so
vollständig wie möglich aufzuklären; ..."

c) Allgemein anerkannte Ermittlungsgrenzen

Unbeschadet der vorstehend dargestellten Argumentationen
findet sich in einigen Punkten ein breit angelegter Konsens zu der Frage, ob die Verletzung von Mitwirkungspflichten ermittlungsbegrenzend wirkt oder nicht.

---

1) Pestalozza in: Boorberg-FS, S.185, 193; Wittmann StuW 1987,
   35,43; sowie vorstehend S. 91 ff. mit weiteren Nachweisen.

2) Pestalozza in: Boorberg-FS, S.185, 193

3) BStBl II 1977, 310; tendenziell auch: BFH BStBl II 1969,
   550,553

aa) <u>Der begründete Ermittlungsanlaß</u>

"Am Anfang der Ermittlungen steht der Zweifel"[1]. Diese Formulierung Pestalozzas[2] gießt die allgemeine Auffassung in eine plastische Form, wonach die Behörde nicht ins Blaue hinein zu ermitteln hat, sondern für den Einsatz ihrer Ermittlungsarbeit eines begründeten Anlasses bedarf[3]. Je weniger der Beteiligte der Behörde im Rahmen seiner Mitwirkung vorträgt, desto weniger Anhaltspunkte bieten sich dieser, - weitere - Ermittlungen durchzuführen[4]. Der Behörde kann nicht zugemutet werden, von sich aus allen denkbaren Möglichkeiten von Amts wegen nachzugehen[5]. Mit dieser Auffassung gehen Vertreter beider Lager[6] mit der Rechtsprechung[7] konform.

---

1) Pestalozza in Boorberg-FS, S. 185,193
2) a.a.O. S. 193
3) <u>Stelkens</u>/Bonk/Leonhardt VwVfG § 24 Rn 8,13; Meyer/<u>Borgs</u> VwVfG § 24 Rn 4,5; Söhn in: H/H/Sp AO u. FGO § 88 AO Rn 50; Tipke/-Kruse AO u. FGO § 88 AO Rn 6; Kühn/Kutter/Hofmann § 88 AO Anm 1, 2 a cc; Pickel SGB-X § 20 Anm 1; Hauck/Haines SGB-X K § 20 Rn 6; Rentenvers-Komm SGB-X § 20 Anm 1; Haueisen NJW 1966, 764,765; Sterzel KJ 1986, 117, 134
4) Tipke/Kruse AO u. FGO § 90 AO Rn 5
5) Meyer/<u>Borgs</u> VwVfG § 26 Rn 7
6) grundsätzlich für ermittlungsbeschränkende Wirkung der Mitwirkungspflichten: Meyer/<u>Borgs</u> VwVfG § 26 Rn 7; <u>Stelkens</u>/Bonk/-Leonhardt VwVfG § 26 Rn 12, § 24 Rn 13; abstellend auf §§ 10 und 26 Abs. 2 VwVfG: Kopp VwVfG § 24 Rn 17 f; ders., Verfassungsrecht, S.219; Kühn/Kutter/Hofmann § 88 AO Anm 1; Koch AO § 88 Rn 4; § 90 Rn 8; vgl. auch: Schmidt-Aßmann in: Maunz/Düring/Herzog/Scholz GG Art. 19 Abs. 4 Rn 221; Hufen, Fehler im Verwaltungsverfahren, S.106 f; grundsätzlich gegen Ermittlungsbeschränkung: Pestalozza in: Boorberg-FS, S.185,193 f; Brozat DStR 1983, 76; Berg, Die Verw 1976, 161,169 ff; vgl. auch: Söhn in: H/H/Sp AO u. FGO § 88 AO Rn 50,51; und Tipke/Kruse AO u. FGO § 90 AO Rn 5, 162 AO Rn 4, die eine Begrenzung der Amtsermittlungen durch Mitwirkungspflichten nur akzeptieren, soweit die Aufklärung durch die Nicht-Mitwirkung unmöglich oder unzumutbar erschwert wird.
7) für das Verwaltungsverfahren: BVerwG BayVBl 1986, 153 f; BVerwGE 59, 87,103 f = BayVBl 1980, 88; BSGE 11, 102,115 f; VGH München NJW 1982, 786,787; vgl. auch: BSGE 28, 282,287; für den Verwaltungsprozeß: BVerwGE 66, 237,238; E 26, 30; BVerwG DVBl 1984, 1005,1006 f; BVerwG DÖV 1983, 207 f.

Die Rechtsprechung läßt es in immer wieder auftretenden
Fällen nicht mit dem Hinweis auf das Erfordernis eines
begründeten Ermittlungsanlasses bewenden, sondern bemüht
weitergehende Erwägungen, diesen Ansatz zu festigen[1].
Für die Bürgerbeteiligung gemäß § 2 a Abs. 6 BBauG in
der Fassung der Bekanntmachung vom 18. August 1976 erschließt das Bundesverwaltungsgericht das Merkmal der
"Abwägungsbeachtlichkeit"[2]. Was die planende Stelle
nicht sehe und nach den gegebenen Umständen auch nicht
zu sehen brauche, könne und müsse sie nicht bei der Abwägung berücksichtigen[3]. Aufgabe der Bürgerbeteiligung
bei der Bauleitplanung sei es nicht zuletzt, der planenden Stelle die Betroffeneninteressen sichtbar zu machen[4]. Habe es ein Betroffener unterlassen, auf seine
Betroffenheit hinzuweisen, dann sei diese abwägungsbe-
achtlich nur dann, wenn sich der planenden Stelle die
zugrunde liegenden Tatsachen aufdrängen mußten[5].

Bei Honorarprüfungen von Ärzten stellt das Bundessozialgericht auf eine Verteilung der Verantwortung für die
Aufklärung der für die Honorarprüfung maßgebenden Umstände zwischen den Prüfungsorganen und dem zu prüfenden
Arzt ab[6]. Unterläßt es der Arzt, auf Besonderheiten
hinzuweisen, die in seinem Falle eine Abweichung von den
Prüfzahlen rechtfertigen, so kann in der Regel vom
Nichtvorliegen solcher Besonderheiten ausgegangen werden[7].

---

1) so in:BVerwGE 59, 87,103 f = BayVBl 1980, 88; BVerwGE 66,
   237,238; BVerwG BayVBl 1986, 153 f; BVerwG DÖV 1983, 207 f;
   BSGE 11, 102, 115 f.
2) BVerwGE 59, 82,103 f; BVerwG BayVBl 1986, 153 f.
3) BVerwGE 59, 82, 103
4) BVerwG, a.a.O., S. 103 f.
5) BVerwGE 59, 87, 104; BVerwG BayVBl 1986, 153 f.
6) BSGE 11, 102, 115
7) BSGE 11, 102, 116

Für die Bestimmung der Reichweite gerichtlicher Sach-
Aufklärungspflichten wendet sich das Bundesverwaltungsgericht im Rahmen seiner Asylrechtsprechung zuweilen
einer Auslegung des die Amtsermittlungspflicht enthal-
tenden § 86 VwGO zu[1]. Die Amtsermittlungspflicht der
Gerichte finde ihre Grenze an den Mitwirkungspflichten
der Beteiligten, wie die Regelung des § 86 Abs. 1 Satz 1
zweiter Halbsatz VwGO erweise[2]. Diese seien insbesondere gehalten, die ihnen bekannten der Antragsbegründung
dienenden Tatsachen anzugeben[3]. Fehle ein entsprechender Vortrag oder andere konkrete Anhaltspunkte, sei das
Gericht nicht verpflichtet zu ermitteln, ob nicht ir-
gendein bislang unentdeckt gebliebener Umstand die
Rechtmäßigkeit des zu beurteilenden Verwaltungshandeln
beeinflussen konnte[4].

bb) <u>Der Beteiligte als einziger Wissensträger</u>

Vertreter beider Auffassungen weisen der versagten Mitwirkung im weiteren eine ermittlungsbegrenzende Funktion
zu, soweit der Beteiligte der einzige Wissensträger ist
oder sonst ohne seine Mitwirkung die Aufklärung des
Sachverhaltes nicht erfolgen kann[5]. Zu denken ist hier
etwa an Auslandssachverhalte, über die allein der

---

1) BVerwGE 66, 237, 238; BVerwG DÖV 1983, 207 f.
2) BVerwGE 66, 237,238; BVerwG DÖV 1983, 207
3) BVerwGE 66, 237, 238; BVerwG DÖV 1983, 207
4) BVerwGE 66, 237, 238; BVerwG DÖV 1983, 207
5) auf der einen Seite: Pestalozza in: Boorberg-FS, S.185,193;
   Marx, Notwendigkeit und Tragweite, S.141 ff; Wittmann StuW
   1987, 35,45; auf der anderen: Meyer/<u>Borgs</u> VwVfG § 26 Rn 8;
   Peters SGB-X § 21 Anm 5 f; Grüner SGB-X Art I § 21 Anm IV;
   auch: Söhn in: H/H/Sp AO u. FGO § 88 AO Rn 42, 56, § 90 AO
   Rn 6,7; aus der Rechtsprechung: BFH BStBl II 1969, 550, 553;
   BFH BStBl II 1976, 513,515; VGH Kassel NJW 1986, 1129 f.

Steuerpflichtige die besteuerungsrelevanten Kenntnisse besitzt[1], oder aber an Konstellationen, in denen der Beteiligte sich einer Untersuchung unterziehen oder Zutritt zu seinen Räumen gewähren soll[2]. In diesen Fällen werde die Aufklärungspflicht der Behörde nicht durch die Nichterfüllung der Mitwirkungspflicht reduziert, sondern als Konsequenz des Fehlens anderweitiger Ermittlungsmöglichkeiten[3]. Die Nicht-Mitwirkung ist lediglich der Grund für die mangelnde Aufklärungsmöglichkeit[4]. Etwas Unmögliches kann auch von der Behörde nicht gefordert werden[5].

cc) Die Betroffenheit Dritter

Sind an dem Verwaltungsverfahren mehrere Personen beteiligt, so kann die unterlassene Mitwirkung des einen nicht auch Nachteile für den oder die anderen haben[6]. Die Mitwirkung ist keine Gesamtschuld aller Beteiligten, weshalb die Verweigerung eines von ihnen nicht zur "Bestrafung" aller führen darf[7]. Bei der versagten Mitwirkung eines von mehreren Beteiligten sind die Ermittlungen deshalb nach allgemeiner Ansicht fortzuführen.

---

1) vgl. BFH BStBl II 1976, 513, 515

2) vgl. VGH Kassel NJW 1986, 1129

3) Söhn in: H/H/Sp AO u. FGO § 88 AO Rn 42

4) Söhn, a.a.O., Rn 42

5) Pestalozza in Boorberg-FS, S. 185, 193

6) auf der einen Seite: Meyer/Borgs VwVfG § 26 Rn 7; Stelkens/ Bonk/Leonhardt VwVfG § 26 Rn 12; vgl. auch: Kopp VwVfG § 24 Rn 11; auf der anderen Seite: Pestalozza in: Boorberg-FS, S.185,192

7) Pestalozza in: Boorberg-FS, S.185, 192

2. Erste Bemerkungen zum Streitstand

Die Betrachtung der vertretenen Auffassungen hat gezeigt, daß in die Kontroverse um die Funktion der Mitwirkungspflichten als Grenze der Amtsermittlung eine
kaum mehr übersehbare Fülle von Argumenten eingebracht
wird.

Zur Rechtfertigung und zum Schutz der Grenze wird nahezu
alles aufgeboten, was überhaupt nur rechts- oder pflich-
tenbegrenzend wirken kann. Beteiligt sich der Verfahrensbeteiligte nicht an der Informationssammlung, so be-
ginnen die möglichen Folgen beim Fehlen eines begründeten Anlasses zu anderweitigen Ermittlungen[1] und enden
mit dem Verlust des Rechtes, die mangelnde Sachaufklärung oder gar die durch diese verursachte Rechtsverletzung selbst zu rügen[2]. Zwischen diesen beiden Polen
findet sich ein reichhaltiges Sortiment weiterer Begründungsansätze.

Dem gegenüber wirkt der Begründungsaufwand der gegentei-
ligen Position bescheiden. Begnügen sich ihre Vertreter
doch im wesentlichen mit den Hinweisen, der Beteiligte
sei "Erforschungsgehilfe", "Beweismittel", und der Sachverhalt werde wegen des in Art. 20 Abs. 3 GG fußenden
Gesetzesvorbehaltes im öffentlichen Interesse aufgeklärt[3]. Gemessen an dem für eine Grenzziehung wenig
aussagekräftigen Gesetzeswortlaut, wirken sie zumindest
auf den ersten Blick wie Vertreter einer "reinen Lehre".
Wie sehr sie damit angesichts der Flut von Aufgaben, die
Verwaltung mit einem in der Tat nicht beliebig und schon

---

1) vorstehend S. 200 ff.
2) vorstehend S. 194 ff.
3) vorstehend S. 197 ff.

gar nicht ad hoc vermehrbaren Personal- und Mittelbe-
stand zu bewältigen hat, praktischen Bedürfnissen Rechnung tragen, steht freilich auf einem anderen Blatt.

Wirft man einen ersten Blick auf die Argumente zur Begrenzung des Ermittlungsaufwandes bei einer versagten
Mitwirkung, erscheint dem Betrachter die Reminiszenz an
den Volksmund, wonach in einem dunklen Keller am laute-
sten derjenige pfeife, der am meisten Angst habe. Recht
wird jedoch nicht an Quantitäten gemessen, weder in der
einen noch in der anderen Richtung. Und doch leidet eine
Auffassung in ihrer Überzeugungskraft, wenn sie mit allzu vielen Argumenten unterfüttert wird, die dann auch
vielfach für das zu lösende Problem nicht so recht passen wollen. So öffnen sich Flanken, die Zweifel an der
Position insgesamt schüren und zum Nachhaken einladen.
Dem dient die weitere Untersuchung.

Aus der Praxis ertönt zuweilen der Ruf nach einer ver-
läßlichen Grenzziehung zwischen dem amtlichen Ermittlungsauftrag und den Mitwirkungspflichten[1]. Nach ihrem
gegenwärtigen Stand sind Rechtsprechung und Schrifttum
hiervon noch weit entfernt. Die vorliegende Untersuchung
hätte einen zu großen Anspruch zu erfüllen, wollte sie
dieses Manko wettmachen. Bereits die Betrachtung der
Nachweispflichten[2] hat gezeigt, daß von Fall zu Fall
oder dort besser: von Vorschrift zu Vorschrift entschieden werden muß, ob eine Nachweispflicht eine tatbestandliche oder eine tatbestandsähnliche[3] und damit eine die
Amtsermittlungspflicht begrenzende Wirkung hat oder

1) Ritter FR 1985, 34, 39
2) vorstehend S. 127 ff.
3) zu den Begriffen vorstehend S. 131

nicht. Schwieriger im Sinne von einzelfallabhängiger muß
es auf Feldern zugehen, auf denen die Grenzziehung Folge
einer Abwägung oder einer Wertung ist. So etwa beim offenbar konsensfähigen "begründeten Ermittlungsanlaß"[1].
Ein solcher muß Ergebnis einer einzelfallspezifischen
Wertung sein und bleiben, kann aber nicht allgemein verbindlich bereits im voraus festgestellt werden.

Einer generalisierenden Entscheidung fähig ist jedoch
die Frage, ob Behörden auch bei nicht vorhandenen Zweifeln ermitteln müssen oder aber Ermittlungen tatsächlich
einen begründeten Anlaß zur Voraussetzung haben. Die
eine Grenzziehung erlaubenden Institute sind es also,
die eine generalisierende Betrachtung erlauben, nicht
aber der Grenzverlauf im einzelnen.

Hilfreich und geboten ist zu diesem Zwecke der Blick auf
die von den Mitwirkungspflichten unabhängigen Grenzen
des Untersuchungsgrundsatzes. Soweit sich die Argumente
zur Begrenzung der Ermittlungspflicht dort auch für die
übrigen Informationsquellen finden, bildet dies zunächst
ein Indiz für die Behauptung der Gegenseite, die Mitwirkung der Beteiligten sei nur ein Beweismittel von vielen. Zugleich müßten die im Hinblick auf andere Informationsquellen vorhandenen Begrenzungen auch für das Beweismittel Beteiligter gelten. Erschöpft sich die Argumentation um die Grenzziehung der Mitwirkungspflichten
schließlich in dem, was ungeachtet der (Nicht-)Mitwir-
kung von Beteiligten zur Begrenzung amtlicher Ermittlungspflichten erörtert wird, oder geht - mit anderen
Worten: - die begrenzende Wirkung der Verletzung von

---

1) vorstehend S. 200 ff.

Mitwirkungspflichten nicht über das hinaus, was sich auch beim Versiegen einer sonstigen Informationsquelle ergibt, kommt den Mitwirkungspflichten keine spezifische Grenzfunktion zu. Die Mitwirkungspflichten der am Verwaltungsverfahren Beteiligten wären dann keine Grenze des Untersuchungsgrundsatzes, zu einer solchen würde erst ihre Verletzung. Diese wiederum wirkten lediglich im Sinne einer relativen, nicht aber einer absoluten Grenze[1], ebenso, wie wenn eine Dritter Auskunft verweigert oder eine Inaugenscheinnahme wegen Unterganges der Sache unmöglich ist. Versagt ein Beteiligter eine ihm zumutbare Mitwirkung, müßte die Entscheidung über den Fortgang der Ermittlungen genauso ausfallen, wie wenn eine andere Informationsquelle versiegte.

3. Allgemeine Grenzen des Untersuchungsgrundsatzes

a) Der "begründete Ermittlungsanlaß"

Nahezu unwidersprochen wird für sämtliche Erkenntnisquellen vertreten, die Behörde bedürfe zu ihrer Erschließung eines begründeten Anlasses[2]. Einigen Auto-

---

1) zu den Begriffen vorstehend S. 149 ff.
2) Kopp VwVfG § 24 Rn 18; Stelkens/Bonk/Leonhardt VwVfG § 24 Rn 8; Meyer/Borgs VwVfG § 24 Rn 4; Tipke/Kruse AO u. FGO § 88 AO Rn 6; Söhn in: H/H/Sp AO u. FGO § 88 AO Rn 50 f; Kühn/Kutter/Hofmann AO u. FGO § 88 AO Anm 1, 2 a cc; Koch AO § 88 Rn 4; Hauck/Haines SGB-X K § 20 Rn 6; Pickel SGB-X § 20 Anm 1; Rentenvers-Komm SGB-X § 20 Anm 3 b, 4; Pestalozza in: Boorberg-FS, S.185,194 f; Isensee, Die typisierende Verwaltung, S. 106; Berg, Die Verw 1976, 161,169 ff; Brozat DStR 1983, 76; Sterzel KJ 1986, 117,134; aus der Rechtsprechung: BVerwG BayVBl 1986, 153 f; BVerwGE 59, 87,103 f = BayVBl 1980, 88; BSGE 11, 102, 115 f; VGH München NJW 1982, 786,787; vgl. auch: BSGE 28, 282, 287; für den Verwaltungsprozeß = BVerwGE 66, 237,238; E 26, 30; BVerwG DVBl 1984, 1005,1006 f; BVerwG DÖV 1983, 207 f; anders: Obermayer VwVfG § 24 Rn 14 ff; Herrler, Mitwirkung der Banken bei der Besteuerung von Bankkunden, S. 107 ff.

ren erscheint diese These als so selbstverständlich, daß
sie ihr nicht einmal eine Begründung beigeben[1].

Der Gleichklang der Auffassungen und seine Selbstver-
ständlichkeit überraschen, ist doch den §§ 24 VwVfG,
88 AO und 20 SGB-X nicht so ohne weiteres anzusehen, daß
die Behörden   n a c h   der Verfahrenseinleitung[2] für
die Ermittlung des Verfahrensgegenstandes[3] noch eines
"begründeten Anlasses" bedürfen. Zu erwarten gewesen wäre vielmehr, daß die Behörden nach der Verfahrenseinleitung alle Sachverhaltsquellen erschließen, um Ausbil-
dungsförderung, Wohngeld oder Steuern in der zutreffenden Höhe festsetzen zu können.

aa) Die Anwendungsbereiche des "begründeten
    Ermittlungsanlasses"

Eine Nachschau zeigt, daß es zwei ganz unterschiedliche
Problemfelder sind, die man mit dem Erfordernis eines
"begründeten Ermittlungsanlasses" bearbeiten will. Zum
einen geht es darum, ob die Behörde jede Behauptung des
Beteiligten in Zweifel ziehen und überprüfen muß oder ob
sie dies nur bei einem entsprechenden Anlaß zu tun
hat[4]. Im Besteuerungsverfahren könne und dürfe die Behörde in der Regel davon ausgehen, daß die Erklärungen
des Steuerpflichtigen der Wahrheit entsprächen[5]. Die

---

1) so etwa: <u>Stelkens</u>/Bonk/Leonhardt VwVfG § 24 Rn 8; Meyer/<u>Borgs</u>
   VwVfG § 24 Rn 4; Tipke/Kruse AO u. FGO § 88 AO Rn 6; Pickel
   SGB-X § 20 Anm 1
2) Zur Verfahrenseinleitung vorstehend S. 8 ff.
3) Zu seiner Bestimmung vorstehend S. 15 ff.
4) <u>Stelkens</u>/Bonk/Leonhardt VwVfG § 24 Rn 8; Söhn in: H/H/Sp AO u.
   FGO § 88 AO Rn 50 f; Kühn/Kutter/Hofmann AO u. FGO § 88 AO Anm
   1, 2 a cc; Koch AO § 88 Rn 4; Hauck/Haines SGB-X K § 20 Rn 6;
   Pickel SGB-X § 20 Anm. 1; Rentenvers-Komm SGB-X § 20 Anm 3 b,
   4; Isensee, Die typisierende Verwaltung, S.106; Brozat DStR
   1983, 76; Sterzel KJ 1986, 117,134
5) Söhn in: H/H/Sp AO u. FGO § 88 AO Rn 51

Finanzbehörden müßten dem Steuerpflichtigen nicht mit
Mißtrauen begegnen, Vertrauen sei die Regel, Nachprüfung
die Ausnahme[1]. Eine Verpflichtung zur Überprüfung bestehe nur, wenn sich hinreichende Zweifel am Vorliegen
des vom Steuerpflichtigen erklärten Sachverhaltes zeig-
ten[2]. Grundregel der Beweiswürdigung im Steuerverfahren
sei die Vermutung für das Übliche[3]. Entsprächen die Angaben des Steuerpflichtigen dem Üblichen, komme ihnen
ein "Glaubwürdigkeitsvorschuß" zugute[4]. Dieser schwin-
de, wenn die Angaben ungewöhnlich seien oder mit der Lebenserfahrung nicht in Einklang stünden[5].

Ähnlich im Sozialverwaltungsverfahren: Auch dort genieße
der Bürger der Behörde gegenüber Vertrauensschutz, weshalb diese ohne besonderen Anlaß nicht an der Richtigkeit der Angaben zu zweifeln habe[6]. Solche könnten sich
etwa aus der Gesamtlage des Falles ergeben[7].

Zur Rechtfertigung dieser Auffassung wird etwa auf den
Grundsatz der Verhältnismäßigkeit verwiesen[8]. Bestünden
keine Zweifel an den Angaben des Steuerpflichtigen, sei
den Finanzbehörde eine weitere Aufklärung nicht zuzumuten[9]. Andere ziehen Ermessensgesichtspunkte heran[10].
Das Ausmaß der Ermittlungen stehe im pflichtgemäßen Ermessen der Behörde[11]. Im Rahmen der Ermessensentschei-

---

1) Söhn, a.a.O., Rn 51
2) Söhn, a.a.O., Rn 51
3) Isensee, Die typisierende Verwaltung, S. 106
4) Isensee, a.a.O., S. 106
5) Isensee, a.a.O., S. 106
6) Sterzel KJ 1986, 117, 134; Hauck/Haines SGB-X K § 20 Rn 6
7) Hauck/Haines SGB-X K § 20 Rn 6
8) Kühn/Kutter/Hofmann AO u. FGO § 88 AO Anm 2 a cc; Koch AO § 88
   Rn 4; Sterzel KJ 1986, 117, 134; vgl. auch: Söhn in: H/H/Sp AO
   u. FGO § 88 AO Rn 50
9) Koch AO § 88 Rn 4
10) Hauck/Haines SGB-X K § 20 Rn 6; Koch AO § 88 Rn 4
11) Hauck/Haines SGB-X K § 20 Rn 6

dung könne die Zweckmäßigkeit des Einsatzes der personellen und materiellen Mittel der Behörde ausschlagge-
bend sein[1].

Gegenstand dieser Betrachtungen ist die Frage, ob und
wann sich bereits im Entscheidungsprozeß befindliche Informationen durch die Erhebung - weiterer - Beweise er-
härtet werden müssen. Eingebracht wurden die Informationen durch die Verfahrensbeteiligten. Das Ziel des der
Entscheidung vorangehenden Informationsprozesses ist die
Überzeugung des Entscheiders, daß die entscheidungsrelevanten Tatsachen mit an Sicherheit grenzender Wahrscheinlichkeit vorliegen oder fehlen[2]. Gelangt der Entscheider bereits aufgrund der Angaben des Verfahrensbeteiligten zu dieser Überzeugung, ist das Verfahrensziel
erreicht, können die Tatsachen als festgestellt behandelt werden. Zweifelt er an dessen Angaben, bedarf die
Tatsachenfeststellung weiterer Informationen. Diese Informationen sollen Auskunft über die Wahrheit oder Unwahrheit der bereits bekannten Informationen geben. Es
handelt sich mithin um einen Akt der Beweiserhebung, wobei die Behörde allerdings an ein in Einzelheiten bestimmtes Beweisverfahren und an die klassischen Beweismittel nicht gebunden ist[3]. "Ermitteln" bedeutet hier
"Beweis erheben", gesucht wird quasi nach Sekundär-In-
formationen, die über den Wahrheitsgehalt der Primär-In-
formationen berichten sollen. Man befindet sich also im
Stadium der Beweiswürdigung[4].

1) Koch AO § 88 Rn 4; zur Berücksichtigung vorhandener Kapazitäten
   auch: Söhn in: H/H/Sp AO u. FGO § 88 AO Rn 50; Brozat DStR
   1983, 76
2) Zur Tatsachenfeststellung vorstehend S. 36 f.
3) Zur Ordnung des Ermittlungsverfahrens in AO und SGB-X vgl. vorstehend S. 158 und S. 179
4) Isensee, Die typisierende Verwaltung, S. 106, stellt seine Erwägungen denn auch zutreffend unter der Überschrift "Beweiswürdigung mittels Verwaltungserfahrung" an.

Einige Autoren verlassen das Feld der Beweiswürdigung und machen dem "begründeten Ermittlungsanlaß" einen ganz anderen Bereich zugänglich[1]. Die Behörde müsse nicht von sich aus Umständen nachgehen, die sich bei vernünftiger Überlegung nicht aufdrängten[2]. Ermittlungen habe sie nur anzustellen, wenn der Vortrag der Beteiligten oder der Sachverhalt als solcher bei sorgfältiger Überlegung andere Gestaltungsmöglichkeiten aufdränge[3]. Finanzbehörden seien nicht verpflichtet, den Sachverhalt ohne hinreichende Anhaltspunkte auf alle möglichen Ausnahmen hin zu erforschen[4]. Das gelte insbesondere bei Fragen, die ein Beteiligter ohne weiteres aufklären könne, ihm dies zumutbar und die Bedeutung für das Verfahren bekannt sei[5].

Eine Begründung dieser These wird kaum gegeben[6]. Kopp findet sie in "allgemeinen Rechtsgrundsätzen i.V.m. § 10 und § 26 Abs. 2" VwVfG[7].

Angesiedelt sind diese Erwägungen nicht im Rahmen der Beweiswürdigung, sondern an der "Nahtstelle" zwischen der Bestimmung des Ermittlungsgegenstandes[8] und der Ermittlung dieser Tatsachen.

---

1) Kopp VwVfG § 24 Rn 18; Stelkens/Bonk/Leonhardt VwVfG § 24 Rn 8; Meyer/Borgs § 24 Rn 4; Tipke/Kruse AO u. FGO § 88 AO Rn 6; Pestalozza in: Boorberg-FS, S.185, 194 f.
2) Stelkens/Bonk/Leonhardt VwVfG § 24 Rn 8 mit Nachweisen
3) Meyer/Borgs VwVfG § 24 Rn 4
4) Tipke/Kruse AO u. FGO § 88 AO Rn 6
5) Kopp VwVfG § 24 Rn 18
6) ohne Begründung: Meyer/Borgs VwVfG § 24 Rn 4; Stelkens/Bonk/-Leonhardt VwVfG § 24 Rn 8; Tipke/Kruse AO u. FGO § 88 AO Rn 6
7) Kopp VwVfG § 24 Rn 18; vgl. auch: Stelkens/Bonk/Leonhardt VwVfG § 24 Rn 9
8) Zu seiner Bestimmung vorstehend S. 15 ff.

bb) Stellungnahme und Einfluß der Mitwirkungspflichten

Unproblematisch ist das Erfordernis eines "begründeten Zweifels", wenn es um die Frage geht, ob die Angaben des Beteiligten einer Überprüfung unterzogen werden sollen. Festgestellt werden können Tatsachen nach der ganz herrschenden Auffassung dann, wenn der Entscheider davon überzeugt ist, daß der relevante Sachverhalt mit an Sicherheit grenzender Wahrscheinlichkeit vorliegt[1].

Ist die Behörde überzeugt, daß der Beteiligte die Wahrheit sagt, weil sie etwa aus gleichgelagerten Fällen Gleiches kennt, ist das Verfahrensziel der Tatsachenfeststellung erreicht. Fehlt es an dieser Überzeugung, zweifelt die Behörde mithin noch, sind weitere Beweise zu erheben, soweit vorhanden. Ein solches Prozedere ist jeder Beweiswürdigung immanent, weshalb es eines Rekurses auf Begriffe, wie Verhältnismäßigkeit und Ermessen, nicht bedarf. Sie sind eher fehl am Platze, denn die zur Tatsachenfeststellung notwendige Überzeugung bildet sich nicht auf der Basis "verhältnismäßig" oder "ermessensgerecht" erlangter Informationen, benötigt wird einfach Informationsmaterial in dem Umfange, wie es zur Überzeugungsbildung ausreichend ist. In dem Moment, in dem der Entscheider überzeugt ist, daß eine bestimmte Tatsache mit an Sicherheit grenzender Wahrscheinlichkeit vorliegt, wird die weitere Beweiserhebung überflüssig, nicht, weil sie unverhältnismäßig oder ermessensfehlerhaft wäre, sondern weil die Tatsachenfeststellung bereits abgeschlossen ist.

---

1) dazu vorstehend S. 37 f.

Die bei insoweit bestehenden oder verbliebenen Zweifeln durchzuführenden Ermittlungen dienen lediglich zur Beantwortung der Frage, ob eine entscheidungsrelevante Information, die sich bereits im Entscheidungsprozeß befindet, wahr oder unwahr ist. Zweifelt der Entscheider nicht, wird die Information als gegeben der Entscheidung zugrunde gelegt. So wird auch dann verfahren, wenn die durch Zweifel veranlaßten weiteren Ermittlungen die zu überprüfende Information bestätigt haben. Bringen die weiteren Ermittlungen das Gegenteil zutage, scheidet die Information aus dem Entscheidungsprozeß aus. Final betrachtet sind die weiteren Ermittlungen auf einen Ja-Nein-Effekt gerichtet: Verifizierung oder Falsifikation bereits vorhandener Informationen. Betrachtet vom Ermittlungsprogramm des Verfahrensgegenstandes her, wirkt deshalb das Erfordernis des begründeten Ermittlungsanlasses insoweit nicht ermittlungsbeschränkend, sondern genau umgekehrt: Die Behörde sammelt Informationen, die das Ermittlungsprogramm vollständig ausfüllen. Ist sie vom Wahrheitsgehalt der Informationen nicht überzeugt, sucht sie nach weiteren Quellen oder Stützen für d i e s e l b e n Informationen. Verletzt der Verfahrensbeteiligte seine Mitwirkungspflicht und bringt keine Informationen in das Verfahren ein, kann es zu derartigen zusätzlichen Ermittlungen nicht kommen, denn Zweifel an seinen Informationen sind per se ausgeschlossen. Das Fehlen von begründeten Zweifeln an seiner - nicht gegebenen - Information gibt jedoch keinen Aufschluß darüber, ob die Informationen auf anderen Wegen gesammelt werden müssen oder nicht. Eine Beschränkung des amtlichen Ermittlungsauftrages in Ansehung der Mitwirkungspflichten bringt der "begründete Ermittlungsanlaß" insoweit nicht.

Einen weitergehenden Einfluß auf das vom Verfahrensgegenstand vorgezeichnete Ermittlungsprogramm hat der "begründete Ermittlungsanlaß", wenn man ihn zur Voraussetzung für die Beleuchtung des Verfahrensgegenstandes in
alle Richtungen hin erhebt[1]. Bildet er tatsächlich den
unumgänglichen Einstieg in die Suche nach den Voraussetzungen für "alle möglichen Ausnahmen"[2] oder "die einem
Beteiligten günstigen Tatsachen"[3], nimmt er Einfluß auf
die Breite behördlicher Informationssammlung. Hier geht
es nicht mehr um die Absicherung oder Verwerfung vorhandener Informationen, sondern um die originäre Gewinnung von bislang unbekannten Erkenntnissen, die die Entscheidung beeinflussen können, mithin entscheidungsrelevant sind. Gesteht man dem "begründeten Ermittlungsanlaß" einen so weitreichenden Einfluß zu, ebnet man einer
immensen Ermittlungsschranke die Bahn. Der Feststel-
lungsrahmen würde nicht mehr allein von den Tatbestandsmerkmalen der anzuwendenden materiell-rechtlichen und
verfahrensrechtlichen Rechtssätze bestimmt[4], ermittelt
werden müßten diese nur, wenn für ihr Vorhandensein bereits vor Aufnahme ihrer Ermittlung ein begründeter Verdacht bestünde oder sie sich sogar aufdrängten. Man er-
öffnete der Verwaltung auf diesem Wege ein Seitentor zur
pauschalierenden, vereinheitlichenden Verfahrensweise.
Ermittelt werden muß nur noch das "Übliche", für "Außer-
gewöhnliches" bedarf man besonderer Hinweise.

---

1) vgl. vorstehend S. 211
2) Tipke/Kruse AO u. FGO § 88 AO Rn 6
3) Kopp VwVfG § 24 Rn 18
4) vgl. vorstehend S. 17 f. mit Nachweisen

Das Gesetz weiß von all dem nichts. § 24 Abs. 2 VwVfG,
§ 88 Abs. 2 AO und § 20 Abs. 2 SGB-X verlangen von den
Behörden, "alle für den Einzelfall bedeutsamen, auch die
für die Beteiligten günstigen Umstände zu berücksichtigen". Alle, nicht nur die üblichen, Vollständigkeit wird
angemahnt. Zu Recht leitet Pestalozza hieraus das grundsätzliche Verbot einer Typisierung in dem Sinne her, daß
Sachverhalte pauschal anvisiert und entschieden werden[1]. Damit nicht genug, die §§ 25 VwVfG, 89 AO und 13
bis 16 SGB-AT nehmen die Verwaltung zu einer umfängli-
chen Beratung und Auskunftserteilung in die Pflicht.
"Die Behörde soll die Abgabe von Erklärungen, die Stellung von Anträgen oder die Berichtigung von Erklärungen
oder Anträgen anregen, wenn diese offensichtlich nur
versehentlich oder aus Unkenntnis unterblieben oder unrichtig abgegeben oder gestellt worden sind"[2]. Wo etwa
das Antragserfordernis dem behördlichen Bemühen um individuelle und sachgerechte Erledigung eine Grenze setzt,
sollen Beratung und Auskunft unterstützend und korrigie-
rend wirken. Mit diesen Vorschriften will das Gesetz dagegen steuern, daß der Betroffene aus Unkenntnis oder
Unbeholfenheit seine materiellen und verfahrensrechtlichen Rechte einbüßt[3]. Eine weitreichende Verfahrensfür-
sorge für die Beteiligten hat so ihre legislative Ausformung gefunden[4]. Das nobile officium einer jeden Verwaltungsbehörde, Beteiligte zu betreuen und zu beraten,
findet in diesen Vorschriften seinen positiv-rechtlichen
Niederschlag[5]. Das Gesetz verlangt von den Behörden
differenzierende Individualität, nicht pauschalierende
Generalität.

---

1) Pestalozza in: Boorberg-FS, S. 185, 188 f.
2) § 25 S. 1 VwVfG
3) Söhn in: H/H/Sp AO u. FGO § 89 AO Rn 2; Kopp VwVfG § 25 Rn 1
4) vgl. Kopp VwVfG § 24 Rn 1
5) vgl. Söhn in: H/H/Sp AO u. FGO § 89 AO Rn 3

Niemand kennt das jeweils entscheidungsrelevante Ermittlungsprogramm besser als die zu seiner Ermittlung beru-
fenen Fachbehörden selbst. Ihre Bediensteten sind für
ihre Aufgaben speziell geschult und mit den anfallenden
Problemen aus täglicher Praxis vertraut. Eine vergleichbare Kompetenz zeichnet die am Verfahren Beteiligten,
die von ihm Betroffenen, in der Regel nicht aus. Im Besteuerungsverfahren mag der verbreitete Einsatz von
steuerberatenden Berufen in gewissem Umfange ausglei-
chend wirken, wenn auch längst nicht alle, vermutlich
nicht einmal die Mehrheit der Steuerpflichtigen, entsprechend beraten werden. Im Sozialverwaltungsverfahren
steht der Betroffene den Behörden in aller Regel ohne
eine entsprechende Unterstützung gegenüber. Bereits diese unausgewogene Kompetenzverteilung, vielfach beschrieben als "Waffenungleichheit"[1), macht es einsichtig, daß
in der Regel nur die Behörden in der Lage sind, die sich
aus den zur Verfügung stehenden Rechtssätzen ergebende
notwendige Ermittlungsbreite zu übersehen. Der Informationsprozeß nach den Leitlinien des Untersuchungsgrundsatzes soll die materielle Wahrheit zutage fördern, er
wird nahezu als Garant ihrer Offenbarung verstanden[2).
Materielle Wahrheit heißt auch ganze Wahrheit. Diese erschließt sich in vielen Fällen oder vermutlich in aller
Regel nicht, wenn man zur Tatsachensammlung erst und nur
dann ansetzt, wenn hinreichende oder sogar sich aufdrän-
gende Zweifel hierzu den Anlaß geben. Woher sollen solche Zweifel auch kommen, wenn man sich nicht um Erkenntnis bemüht? Ermittlungen müssen deshalb hier nicht dem
Zweifel, sondern einer gewissen Systematik folgen.

---

1) etwa: Kopp VwVfG § 25 Rn 1; Söhn in: H/H/Sp AO u. FGO § 89 AO
Rn 2; zum verfassungskräftigen Gebot der "Waffengleichheit"
siehe vorstehend S. 109 f.
2) dazu vorstehend S. 90 f. mit Nachweisen

Verwaltungen benötigen Instrumente, die sie benutzen, um
den entscheidungsrelevanten Sachverhalt systematisch
komplett aufzurollen, wie es die zu treffende Entscheidung fordert. Ein solches sind etwa Antrags- und Erklä-
rungsformulare[1]. Insoweit steht in Abwandlung des von
Pestalozza[2] geprägten Wortes am Anfang der Ermittlungen
nicht der Zweifel, sondern eine systematische Aufberei-
tung aller in dem Verfahren zu klärenden Punkte. Anhand
einer solchen, wie auch immer beschaffenen, "Checkliste"
sind die Ermittlungen zu betreiben. Schritt für Schritt
ist diese Liste durchzugehen, bis auch der letzte Punkt
abgehakt ist.

Eine gewisse Bestätigung erfährt die vorstehende Sichtweise in dem Bemühen der Gerichte, andere Begründungen
für das Erfordernis eines begründeten Ermittlungsanlas-
ses zu gewinnen[3]. Mit dem einschränkenden Verständnis
der "Abwägungsbeachtlichkeit"[4] beschneidet das Bundes-
verwaltungsgericht das sich aus den tatbestandlichen
Voraussetzungen der anzuwendenden Rechtssätze ergebende
Ermittlungsprogramm mit einer reduktiven Auslegung. Wenn
Bundesverwaltungsgericht[5] und Bundessozialgericht[6] die
Aufteilung der Ermittlungspflicht zwischen Bürger und
Behörde zur Begründung bemühen, führen sie ein anderes
Institut in die Diskussion, welches ebenfalls zu über-
prüfen bleibt, halten das Erfordernis eines "begründeten
Ermittlungsanlasses" aber nicht allein für tragfähig und
dem Untersuchungsgrundsatz für immanent.

---

1) Zu dieser Bedeutung des Formulareinsatzes in der Rechtsprechung
   des Bundesfinanzhofes vorstehend S. 11 f. Zur Festlegung des
   Ermittlungsprogramms vorstehend S. 15 ff., 104 f.
2) Pestalozza in: Boorberg-FS, S. 185, 193
3) vorstehend S. 201 f.
4) BVerwGE 59, 82, 103 f; BVerwG BayVBl 1986, 153 f.
5) BVerwGE 66, 237,238; BVerwG DÖV 1983, 207 f.
6) BSGE 11, 102, 115

Seine Berechtigung hat der "begründete Ermittlungsanlaß"
danach allein in der Situation, in der es darum geht,
vorhandene Informationen zu überprüfen. Hier sind zum
Teil auch die Untersuchungen Bergs angesiedelt, die
einen variablen Ermittlungsumfang im Verwaltungsverfahren konstatieren[1]. Nach ihm hängt die Aufklärungsqualität im Einzelfall von verschiedenartigen, oft gegensätzlichen Verwaltungs-Zielbestimmungen ab, wird geprägt von
materiellen und formellen Geboten und Beschränkungen,
von finanziellen, personellen und zeitlichen Möglichkeiten, vom Gewicht einer zu erwartenden Entscheidung für
den Einzelnen und für die Allgemeinheit und von politi-
schem Druck[2].

Tatsachen können festgestellt werden, wenn der Entscheider davon überzeugt ist, daß der relevante Sachverhalt
mit an Sicherheit grenzender Wahrlichkeit vorliegt[3]. Zu
fordern ist dieses Überzeugungsmaß - abgesehen von einigen Ausnahmen[4] - immer, unabhängig davon, welches Gewicht die zu treffende Entscheidung hat und welchen Ver-
waltungszielen sie dient. Die sich hieraus aufbauende
Spannung zu den Untersuchungsergebnissen Bergs löst
sich, wenn man berücksichtigt, daß eine Behörde wohl weniger schnell zu überzeugen ist, wenn eine Entscheidung
mit schweren und weitreichenden Konsequenzen von ihr gefordert wird. Die betriebliche Veranlassung eines Blei-
stiftkaufes etwa wird unproblematischer das Placet der
Finanzbehörden finden als die Anschaffung eines Heliko-
pters oder eines Düsenflugzeuges. Deutlich wird

---

1) Berg, Die Verw 1976, 161, 165 ff; auch: Clausen in: Knack VwVfG
   § 24 Rn 3.1; Meyer/Borgs VwVfG § 24 Rn 4
2) Berg, Die Verw 1976, 161, 187
3) vorstehend S. 37 mit Nachweisen
4) dazu vorstehend S. 37

hieran auch die Subjektivität der Tatsachenfeststellung.
Gemeint ist der Umstand, daß für das Vorhandensein der
zur Tatsachenfeststellung erforderlichen Überzeugung auf
die Person des Entscheiders abzustellen ist. Besonders
deutlich hat dies der Bundesgerichtshof in seinem Urteil
vom 17. Februar 1970[1] formuliert:

".... Im übrigen stellt § 286 ZPO nur darauf ab, ob
der Richter selbst die Überzeugung von der Wahrheit
einer Behauptung gewonnen hat. Diese p e r s ö n -
l i c h e   G e w i ß h e i t   ist für die Entscheidung notwendig, und allein der Tatrichter hat ohne
Bindung an gesetzliche Beweisregeln und nur seinem
Gewissen unterworfen die Entscheidung zu treffen, ob
er die an sich möglichen Zweifel überwinden und sich
von einem bestimmten Sachverhalt als wahr überzeugen
kann. Eine von allen Zweifeln freie Überzeugung setzt
das Gesetz dabei nicht voraus. Auf diese eigene Überzeugung des entscheidenden Richters kommt es an, auch
wenn andere zweifeln oder eine andere Auffassung erlangt haben würden. ....."

Von der Überzeugung des jeweils entscheidenden Richters
hängt es mithin ab, ob er eine Tatsache als erwiesen ansieht oder an ihrem Vorliegen noch zweifelt[2] und deshalb weitere Ermittlungen anstellt. Dem Richter wird die
unabhängige, nur dem Gesetz unterworfene, Entscheidung
vom Grundgesetz in Art. 97 Abs. 1 garantiert. Eine vergleichbare Unabhängigkeit in seinen Entscheidungen wird
dem Beamten nicht gewährt. Das Gesetz verpflichtet

1) BGHZ 53, 245,256 ("Anastasia"); vgl. etwa auch: Kopp, VwGO
   § 108 Rn 8 a.E.; Tipke/Kruse, AO u. FGO, § 96 FGO Rn 9; BVerwG
   DVBl 1983, 1105,1106; BVerwGE 68, 338,339
2) zur notwendigen Objektivierung von Zweifeln an Rechtsfragen im
   Rahmen der Zweifelsvorlagen: Schefold, Zweifel des erkennenden
   Gerichts, Berlin 1971

ihn beispielsweise in § 37 BRRG, die von seinen Vorge-
setzten erlassenen Anordnungen auszuführen und ihre allgemeinen Richtlinien zu befolgen. Die Grenze dieser Wei-
sungsgebundenheit ist erst dort erreicht, wo die Rechtmäßigkeit der vom Beamten zu treffenden Entscheidung in
Frage steht (vgl. § 38 Abs. 1 BRRG). Diese Weisungsge-
bundenheit ermöglicht es etwa den Behördenspitzen, den
die Tatsachen ermittelnden Beamten auch im Umfang seiner
Ermittlungen zu beeinflussen und so die Tatsachensammlung zu steuern. Geschehen kann dies durch Richtlinien,
in bestimmten Fällen den Angaben des Beteiligten ohne
weiteres Glauben zu schenken, oder umgekehrt bei bestimmten Tatsachenbehauptungen stets weitere Ermittlungen durchzuführen. Als Beispiel mögen die als Werbungskosten gemäß § 9 Abs. 1 Ziff. 4 EStG abzugsfähigen Aufwendungen des Arbeitnehmers für Fahrten zwischen Wohnung
und Arbeitsstätte dienen. Richtlinien können beispielsweise vorsehen, daß dem Steuerpflichtigen die üblichen
Aufwendungen für Dauerkarten öffentlicher Verkehrsmittel
ohne Nachweis zu glauben sind, Taxikosten für denselben
Zweck jedoch eines spezifizierten Nachweises bedürfen[1].
Der weitere Ermittlungen auslösende Zweifel wird so der
subjektiven Einschätzung des Beamten entzogen, standardisiert und damit objektiviert.

Da die Sachverhaltsermittlung nicht im Ermessen der Behörde steht, handelt es sich bei diesen Verwaltungsvorschriften um gesetzesauslegende oder norminterpretierende Richtlinien[2]. Überwiegend wird diesen Richtlinien

---

1) Zur grundsätzlichen Abzugsfähigkeit von Taxikosten in diesem
   Zusammenhang: BFH BStBl II 1980, 582
2) Zum Begriff: BVerwG NJW 1970, 674,675; BVerwG NJW 1971, 1578,
   1579; BVerwG NJW 1975, 180,181; Stelkens/Bonk/Leonhardt, VwVfG
   § 40 Rn 26; Wolff/Bachof, Verwaltungsrecht I, § 24 II d; Spanner in: H/H/Sp AO u. FGO § 4 AO Rn 73

eine Außenwirkung und damit auch eine Bindung der Gerichte abgesprochen[1]. Eine Bindung der Gerichte könnten norminterpretierende Verwaltungsvorschriften deshalb nicht bewirken, weil die Befugnis zur letztverbindlichen Auslegung des objektiven Rechts durch Art. 19 Abs. 4 GG den Gerichten und nicht der Verwaltung übertragen ist[2]. Intern sind die Beamten wegen §§ 37 f BRRG, 55 f BBG jedoch an diese Richtlinien gebunden[3].

Trotz seiner grundsätzlichen Übereinstimmung mit dieser Auffassung judiziert der Bundesfinanzhof eine eingeschränkte Bindung der Finanzgerichte an norminterpretierende Verwaltungsvorschriften insbesondere im Hinblick auf die Tatsachenermittlung[4]. Als Begründungsansatz dient ihm zum einen die Schätzung. Für die Anwendung von Pauschbeträgen für Paketsendungen an Bewohner der DDR im Rahmen des § 33 a Abs. 1 EStG führte er im Urteil vom 9. Dezember 1983[5] aus:

---

1) BVerfGE 12, 180,199; BVerfG NJW 1970, 674,675; BVerwG NJW 1971, 1578,1579; BVerwG NJW 1975, 180,181; Stelkens/Bonk/Leonhardt, VwVfG § 40 Rn 26; Tipke/Kruse, AO u. FGO, § 4 AO Rn 26 mit zahlreichen Nachweisen aus der Rechtsprechung des Bundesfinanzhofes; a.A.: Wolff/Bachof, Verwaltungsrecht I, § 24 II d; Spanner in: H/H/Sp AO u. FGO, § 4 AO Rn 73; Klein/Orlopp, AO § 4 Anm 5 f.

2) BVerwG NJW 1970, 674,675; Tipke/Kruse, AO u. FGO § 4 AO Rn 36 m.w.N.

3) Stelkens/Bonk/Leonhardt, VwVfG § 40 Rn 26

4) BFH BStBl II 1987, 78,79; BFH BStBl II 1986, 824,827; BFH BStBl II 1984, 309,310; BFH BStBl II 1984, 522,525; BFH BStBl 1976, 795, 797; sowie die Darstellung bei Tipke/Kruse, AO u. FGO, § 4 AO Rn 37

5) BFH BStBl II 1984, 309,310

"Derartige Verwaltungsanweisungen, die auf Erfah-
rungsgrundsätzen beruhende Schätzungen zum Inhalt
haben, dienen der Gleichmäßigkeit der Besteuerung
und werden deshalb auch von den Steuergerichten beachtet, solange sie nicht im Einzelfall offensichtlich zu falschen Ergebnissen führen (...)."

Mit der "Gleichmäßigkeit der Besteuerung" gibt der Bundesfinanzhof einen Hinweis auf seinen zweiten Begrün-
dungseinstieg. Im Urteil vom 17. Januar 1984[1] heißt es:

"Solche Anweisungen verpflichten die Steuergerichte
nicht, da die Gerichte nur an Gesetz und Recht gebunden sind (...). Die Gerichte folgen ihnen nur
dann, wenn sie eine zutreffende Auslegung des Gesetzes beinhalten, in sich verständlich sind und
dem Gleichheitssatz des Art. 3 Abs. 1 des Grundgesetzes (GG) entsprechen".

Unter dem Gesichtspunkt der Schätzung kann eine Verwal-
tungsvorschrift die Sachverhaltsermittlung nicht für die
Gerichte bindend verkürzen, denn eine Schätzung wird
erst dann möglich, wenn die Ermittlungsmöglichkeiten
ausgeschöpft worden sind und eine Tatsachenfeststellung
gleichwohl nicht möglich war[2]. Als sachgerecht erscheint hingegen die Anknüpfung an Art. 3 Abs. 1 GG,
wenn die Verwaltungsvorschriften eine zutreffende Auslegung des Gesetzes beinhalten und damit rechtmäßig sind.
In diesem Falle gebietet es Art. 3 Abs. 1 GG in seiner

---

1) BFH BStBl II 1984, 522,525; siehe auch: BFH BStBl II 1976,
795,796
2) dazu vorstehend S. 162 ff.; so auch: Tipke/Kruse, AO u. FGO,
§ 4 AO Rn 37

Ausgestaltung zum Gebot der Rechtsanwendungsgleichheit,
daß auch die Gerichte sich an die Verwaltungsvorschriften halten[1]. Befolgt die Behörde die Verwaltungsvor-
schrift, wovon auszugehen ist, bedeutete eine Abweichung
von ihr eine verfassungswidrige Ungleichbehandlung, so-
fern die Abweichung im Einzelfall nicht durch besondere
Gründe gerechtfertigt ist[2].

Für die Tatsachenermittlung und insbesondere die ange-
sprochene Zweifelsproblematik bedeutet dies, daß auch
die Finanzgerichte an Richtlinien gebunden sind, die bei
einem bestimmten Sachvortrag des Beteiligten zu weiteren
Ermittlungen verpflichten oder aber solche ausschließen.
Es gilt jedoch immer die Prämisse, daß es sich noch um
eine zulässige Interpretation des Untersuchungsgrundsatzes handeln muß. Bei dem Beispiel des Fahrtkostennach-
weises hieße dies etwa, daß im Finanzprozeß das Finanz-
gericht nun nicht ohne besonderen Grund auf die Vorlage
der Zeitkarten bestehen darf, wenn die Verwaltungsvorschriften dieses ausschließen. Denn es entspricht den
Erfahrungen der Finanzbehörden, daß diese Kosten dann
auch tatsächlich entstanden sind, womit eine Tatsachenfeststellung möglich ist. Andernfalls ergäbe sich eine
Rechtsungleichheit vor Behörde und Gericht, was Art. 3
Abs. 1 GG nicht zuläßt.

Mit der Standardisierung des Ermittlungsumfanges durch
Verwaltungsvorschriften lassen sich für die Verwaltung
zudem Entlastungseffekte erzielen, weil nicht in allen

---

1) so auch: Wolff/Bachof, Verwaltungsrecht I, § 24 II d; Spanner
   in: H/H/Sp AO u. FGO, § 4 AO Rn 73; Klein/Orlopp, AO § 4 Anm
   5 f; Kopp, VwVfG § 40 Rn 23
2) Wolff/Bachof a.a.O.

Fällen Beweis erhoben werden muß. Diesen Gesichtspunkt der Verwaltungsökonomie hat auch der Bundesfinanzhof wiederholt hervorgehoben[1].

Der "begründete Ermittlungsanlaß" übernimmt insgesamt mithin nicht die Funktion, den Umfang der Tatsachensammlung zu begrenzen. Sein Anwendungsbereich ist auf die Beantwortung der Frage beschränkt, ob bereits vorhandene Informationen zu einer Tatsachenfeststellung ausreichen oder durch eine weitere Beweiserhebung verifiziert werden müssen.

b) (Un-)Möglichkeit weiterer Ermittlungen

Allgemein können Behörden ihren vom Untersuchungsgrundsatz motivierten Informationsprozeß dann beenden, wenn weitere Ermittlungen nicht möglich oder aussichtslos[2] oder aus Rechtsgründen unzulässig sind[3]. Die Pflicht zur Sachverhaltserforschung entfällt mangels Erfüllbarkeit[4]. Daß der Satz impossibilium nulla est obligatio auch für Behörden gilt, auch von ihnen Unmögliches nicht verlangt werden kann[5], liegt auf der Hand und bedarf keiner langen Begründung.

Diese allgemeine Ermittlungsschranke hat auch in Ansehung der Beteiligtenmitwirkung eine große Bedeutung. Hat allein der Beteiligte die Kenntnis vom entscheidungserheblichen Sachverhalt, ist er einziger Wissensträger,

---

1) BFH BStBl II 1987, 78,79; BFH BStBl II 1986, 824,827
2) Söhn in: H/H/Sp AO u. FGO § 88 AO Rn 56; v.Wulffen in: Schroeder-Printzen SGB-X § 20 Anm 7; Obermayer VwVfG § 24 Rn 32; BFH BStBl II 1969, 550, 553; BStBl II 1976, 513,515; VGH Kassel NJW 1986, 1129 f.
3) Kühn/Kutter/Hofmann AO u. FGO § 88 AO Anm 3; Tipke/Kruse AO u. FGO § 88 AO Rn 6,4; Obermayer VwVfG § 24 Rn 33
4) Söhn in: H/H/Sp AO u. FGO § 88 AO Rn 56
5) Pestalozza in: Boorberg-FS, S. 185, 193

muß die Aufklärung scheitern, wenn er seine Mitwirkung versagt[1]. Das gilt in allen Fällen, in denen der Beteiligte die einzige Informationsquelle darstellt oder nur er Informationsmaterial, wie etwa Urkunden, besitzt und eine Mitwirkung verweigert und diese auch nicht erzwungen werden kann[2]. Die allgemeine Ermittlungsschranke Unmöglichkeit wird dann auch in Richtung auf die Beteiligten hin wirksam.

c) Der Grundsatz der Verhältnismäßigkeit

aa) Kontroverse um den Einsatz des Grundsatzes
    im Ermittlungsverfahren

Eine sehr große Verbreitung hat die Auffassung gefunden, der Verhältnismäßigkeitsgrundsatz begrenze amtliche Ermittlungspflichten[3]. Die Behörden könnten den Informationsprozeß abbrechen, wenn weiteres Bemühen im Verhältnis zum Erfolg nicht mehr vertretbar und zumutbar sei[4]. Erreicht werde die Zumutbarkeitsgrenze, wenn der Fortgang der Ermittlungen zwar möglich, jedoch mit einem

---

1) Söhn in: H/H/Sp AO u. FGO § 88 AO Rn 56; zu den relativen oder lokalen Ermittlungsschranken vorstehend S. 149 ff.
2) Zur Erzwingbarkeit von Mitwirkungspflichten: vorstehend S. 151 ff.
3) Clausen in Knack VwVfG § 24 Rn 3.1; Stelkens/Bonk/Leonhardt VwVfG § 24 Rn 9; Meyer/Borgs VwVfG § 24 Rn 4; Obermayer VwVfG § 24 Rn 35; Söhn in: H/H/Sp AO u. FGO § 88 AO Rn 57 ff nimmt eine Aufteilung in die Teilgrundsätze vor und spricht sich gegen den Einsatz der Verhältnismäßigkeit (Rn 57) aber für die Anwendung der Zumutbarkeit aus (Rn 58 f); Tipke/Kruse AO u. FGO § 90 AO Rn 5; Kühn/Kutter/Hofmann AO u. FGO § 88 AO Anm 3; Koch AO § 88 Rn 6,4; Klein/Orlopp AO § 88 Anm 3; Rentenvers- Komm SGB-X § 20 Rn 4; Grüner SGB-X Art I Anm III 3; Wolff/Bachof § 156 IV c 3; Brozat DStR 1983, 76; Hamacher DB 1985, 1807; Schuhmann DStZ 1986, 583,586; Rechtsprechungsnachweise bei: Söhn in: H/H/Sp AO u. FGO § 88 AO Rn 53
4) Meyer/Borgs VwVfG § 24 Rn 4

zu großen Aufwand an Zeit und Arbeit verbunden sei[1]. Zu
erfüllen hätten die Behörden mit und bei ihrem Handeln
unterschiedliche und zuweilen miteinander nicht vollständig vereinbare Verwaltungsziele, wobei die Beseiti-
gung letzter Zweifel am Tatsachenmaterial nicht immer
den vordersten Platz einnehme[2]. Geboten sei deshalb
eine Abwägung zwischen dem öffentlichen und dem privaten
Interesse an einer schnellen Erledigung und dem an einer
gründlichen und vollständigen Tatsachenermittlung[3].
Einzustellen in diese Abwägung seien u.a. die Bedeutung
und das Gewicht der zu treffenden Entscheidung für die
Beteiligten oder die Allgemeinheit, die Zügigkeit und
Effizienz des Verfahrens sowie auch die Gebote von Wirtschaftlichkeit und Sparsamkeit der Verwaltungsführung[4].

Der Einsatz des Verhältnismäßigkeitsgrundsatzes an dieser Stelle erscheint vielen Autoren offenbar als so
selbstverständlich, daß sie auf jegliche Begründung verzichten[5]. Borgs verweist zur Legitimation der so variabel gehaltenen Aufklärungsqualität auf den bei Behörden
vorhandenen Zeitmangel und auf die Möglichkeit, den Ver-
waltungsrechtsweg mit einer unbeschränkten Aufklärungspflicht zu beschreiten[6]. Stelkens hält den Verhältnis-

---

1) Kühn/Kutter/Hofmann AO u. FGO § 88 AO Anm 3; Söhn in: H/H/Sp AO
   u. FGO § 88 AO Rn 59; Klein/Orlopp AO § 88 Anm 3
2) Meyer/Borgs VwVfG § 24 Rn 4
3) Stelkens/Bonk/Leonhardt VwVfG § 24 Rn 9; Clausen in: Knack
   VwVfG § 24 Rn 3.1
4) Meyer/Borgs VwVfG § 24 Rn 4; Stelkens/Bonk/Leonhardt VwVfG § 24
   Rn 9; Rentenvers-Komm SGB-X § 20 Rn 4
5) so: Clausen in: Knack VwVfG § 24 Rn 3.1; Obermayer VwVfG § 24
   Rn 35; Kühn/Kutter/Hofmann AO u. FGO § 88 AO Anm 3; Tipke/Kruse
   AO u. FGO § 90 AO Rn 5; Koch AO § 88 Rn 6,4; Klein/Orlopp AO
   § 88 Anm 3; Wolff/Bachof, Verwaltungsrecht III § 156 IV c 3;
   Brozat DStR 1983, 76; Schuhmann DStZ 1986, 583,585 f.
6) Meyer/Borgs VwVfG § 24 Rn 4

mäßigkeitsgrundsatz auf diesem Gebiet für einsatzfähig, weil die Gestaltung des Verfahrens gemäß § 10 Satz 2 VwVfG im Ermessen der Behörde stehe, wie § 26 Abs. 2 Satz 1 VwVfG zur Auswahl der Beweismittel ausdrücklich betone[1]. Einige erkennen, daß der Verhältnismäßigkeitsgrundsatz als Begrenzung öffentlich-rechtlicher Pflichten des Bürgers entwickelt worden ist, sehen in ihm nunmehr aber eine allgemeine Pflichtengrenze, eine "übergreifende Leitregel allen staatlichen Handelns" mit Verfassungsrang[2]. Staatliche Maßnahmen dürften nicht ausserhalb jedes vernünftigen Verhältnisses zu ihrer Zielsetzung stehen[3]. Auch die Sachverhaltsermittlungspflicht werde so auf einen zumutbaren Umfang zurückgeführt[4].

Andere wenden sich gegen einen so geführten Einsatz des Verhältnismäßigkeitsgrundsatzes[5]. Sie halten ihn für völlig untauglich zur Begrenzung amtlicher Ermittlungspflichten[6] oder für einsatzfähig nur dann, wenn dies zu Gunsten des Beteiligten wirke, mit dem Sinn und Zweck des Gesetzes vereinbar sei, dem öffentlichen Interesse nicht widerspreche und nicht andere Beteiligte belaste[7]. Es widerspreche dem Grundsatz der Gesetzmäßigkeit, kostspielige und schwierige Ermittlungen nur des-

---

1) <u>Stelkens</u>/Bonk/Leonhardt VwVfG § 24 Rn 9
2) Söhn in: H/H/Sp AO u. FGO § 88 AO Rn 58; Grüner SGB-X § 20 Anm III 3 verweist auf BVerfGE 23, 127, 133; E 35, 382, 400; E 43, 101, 106; die sämtlich die Verhältnismäßigkeit von Eingriffen in Rechte von Bürgern behandeln.
3) Grüner SGB-X § 20 Anm III 3
4) Söhn, a.a.O., Rn 58
5) Ule/Laubinger, Verwaltungsverfahrensrecht, § 21 I 1 (S.165); Ule VerwArch 1971, 114,126; Kopp VwVfG § 24 Rn 9 ff; Peters SGB-X § 20 Anm 2 c 3 b 3
6) Ule/Laubinger, Verwaltungsverfahrensrecht, § 21 I 1 (S.165); Ule VerwArch 1971, 114, 126
7) Peters SGB-X § 20 Anm 2 c 3 b 3; Kopp VwVfG § 24 Rn 9

- 228 -

halb zu unterlassen, weil dem Verfahrensgegenstand keine
große Bedeutung zukomme[1]. Verfahrensökonomisch mache so
etwas wenig Sinn, da die Ermittlungen später im Anfech-
tungsprozeß zur Überprüfung der Rechtmäßigkeit nachgeholt werden müßten, einem Prozeß, der bei zutreffender
Sachverhaltsermittlung unter Umständen nicht hätte
durchgeführt werden müssen[2]. Dies gelte auch für Verfahren mit einer Vielzahl von Beteiligten, sogenannten
Massenverfahren, denn eine Regel "je mehr Beteiligte,
desto weniger umfangreich und gründlich die Ermittlungen" sei mit dem Grundsatz der Gesetzmäßigkeit nicht
vereinbar[3].

bb) Stellungnahme

Es verwundert nicht, daß der Verhältnismäßigkeitsgrundsatz in die vorderste Linie derjenigen Instrumente ein-
gereiht wird, von denen man sich eine fallbezogene Reduzierung amtlicher Ermittlungspflichten erhofft, ist er
doch das bereits klassische Vehikel, die Last normativer
Generalität in individuelle Erträglichkeit zu transfor-
mieren.

Seine Wurzeln findet der Grundsatz in den Grundrechten[4]
und/oder dem Rechtsstaatsprinzip[5]. Die Kontroverse um

1) Peters, a.a.O.
2) Peters, a.a.O.; derart "verkappt vorläufige Entscheidungen" hält Pestalozza (in: Boorberg-FS, S.184,189 f) wegen § 24 Abs. 2 VwVfG für unzulässig.
3) Peters SGB-X § 20 Anm 2 c 3 b 3
4) Kunig, Das Rechtsstaatsprinzip, S.350 ff, 354 ff; Schnapp in: v.Münch
   GG Art. 20 Rn 27; ders. in: Scupin-FS, S.899, 904 ff; ders. JuS 1983,
   850,852 f; vgl. auch: BVerfGE 19, 342, 348 f.
5) Grabitz AöR 98 (1973), 568,584; Maunz/Düring/Herzog/Scholz GG Art. 20 I
   Rn 18, VII Rn 71 f; aus der neueren Rechtsprechung des BVerfG: E 69, 1,
   2,35; E 69, 161,169; E 71, 64,65 ("allgemeiner Rechtsgrundsatz der Verhältnismäßigkeit"); E 71, 137,145 ("Verfassungsgrundsatz der Verhältnismäßigkeit"); E 72, 34,38 (Art. 12 Abs. 1 i.V.m. Art. 20 Abs. 3)

die sedes materiae hält an[1]), obwohl sie in die eine wie
auch in die andere Richtung für entschieden gehalten
wird[2]). Ihrer klassischen Funktion nach sind die Grundrechte Abwehrrechte des Bürgers gegen den Staat. Allein
die Beziehung des Verhältnismäßigkeitsgrundsatzes zu den
Grundrechten – ungeachtet der Frage, ob er dort seinen
alleinigen Standort findet – läßt es als fragwürdig erscheinen, diesen Grundsatz zur Entlastung von Behörden
heranzuziehen.

Historisch nahm die Entwicklung des Grundsatzes im Polizeirecht ihren Anfang, dort ist er entstanden als allgemeine Grenze von Eingriffen der Exekutive bei Gefahren
für die öffentliche Sicherheit und Ordnung[3]). Lothar
Hirschberg vermochte im Jahre 1981 in seiner Monographie
zum Verhältnismäßigkeitsgrundsatz "mit einiger Sicherheit" festzustellen, "daß die durch die historische Entwicklung bedingte Festlegung des außergesetzlichen
Grundsatzes der Verhältnismäßigkeit auf den Schutz des
Bürgers gegen den 'eingreifenden' Staat als natürlich
empfunden wird"[4]). Werde diese Konvention überhaupt ar-
tikuliert, so geschehe dies mit Aussagen, wie der Grundsatz sei ein Abwehrrecht gegen den Staat oder er lasse
keine weiteren als die vom Gesetzgeber vorgesehenen Beschränkungen der Freiheit des Bürgers zu[5]).

---

1) Die jüngsten Ausführungen Kunigs (Das Rechtsstaatsprinzip,
   S.350 ff) belegen dies
2) zugunsten des Rechtsstaatsprinzips: Maunz/Dürig/Herzog/Scholz
   GG Art. 20 VII Rn 72; zugunsten der Grundrechte: Schnapp in:
   v.Münch GG Art. 20 Rn 27
3) Badura, Staatsrecht, S. 84 (Rn 26); Maunz/Dürig/Herzog/Scholz
   GG Art. 20 VII Rn 71; eingehende Darstellung der Entwicklung
   etwa bei: Hirschberg, Der Grundsatz der Verhältnismäßigkeit, S.
   2 ff.
4) Hirschberg, Der Grundsatz der Verhältnismäßigkeit, S. 195
5) Hirschberg, a.a.O., S. 195 mit Nachweisen

Es zeigen sich jedoch Ansätze, die Konvention zu verlassen und dem Grundsatz andere Felder zu erschließen[1]. So wird er etwa dem Bereich der Leistungsverwaltung in dem Sinne beigegeben, daß die Behörde zur Erbringung einer Leistung nicht nur die dafür vorhandenen Vorschriften einzuhalten, sondern zusätzlich darüber zu wachen habe, daß der Aufwand nicht außer Verhältnis zu dem angestrebten Erfolg stehe[2].

Zu dieser Entwicklung gehört auch der Einsatz des Grundsatzes als Ermittlungsschranke. Entstanden ist er als "Schutzhütte", als letztes Refugium des Bürgers gegen Eingriffe des Staates. Mit der Verwendung des Verhältnismäßigkeitsgrundsatzes als Ermittlungsminderer sucht auch die Exekutive in dieser "Hütte" Zuflucht, erhebt den Verhältnismäßigkeitsgrundsatz als Schutzschild nicht gegen den Bürger, sondern gegen die Legislative, die den umfassenden Ermittlungsauftrag in Gestalt des Untersuchungsgrundsatz erteilt hat. Der Verhältnismäßigkeitsgrundsatz begrenzte so nicht mehr nur staatliches Handeln zu Gunsten des Bürgers, sondern in Gesetze gefaßte Handlungsaufträge zu Gunsten der Exekutive.

Die Gesetzbindung der Verwaltung aus Art. 20 Abs. 3 GG schließt den Auftrag ein, den Gesetz gewordenen Willen der einzig demokratisch legitimierten Volksvertretung zu vollziehen[3]. Schaltet die Exekutive diesem Vollzugsauftrag, der für den Untersuchungsgrundsatz Ermittlungsauftrag heißt, den Verhältnismäßigkeitsfilter vor, muß sie deshalb rechtsstaatlichen Bedenken begegnen[4].

---

1) Dargestellt bei Hirschberg, Der Grundsatz der Verhältnismäßigkeit, S. 196 ff, 187
2) Hirschberg, a.a.O., S. 187 mit Nachweisen
3) vgl. Stern, Das Staatsrecht der Bundesrepublik Deutschland, S. 803; Stein, Staatsrecht, S. 166
4) vorstehend S. 227 f.

Dem einzelnen Verfahren wäre häufig nicht mehr anzusehen, ob und unter Geltung welcher Verfahrensordnung es
stattfindet.

Was könnte ein Gesetzgeber tun, der all dies nicht will
und die von ihm aus guten Gründen so und nicht anders
gefaßten Verfahrensordnungen eingehalten sehen möchte?
Eröffnet man dem Verhältnismäßigkeitsgrundsatz erst einmal den Einsatzort, Pflichten von Exekutive und Judikative zu nehmen, liefert man die Legislative den übrigen
beiden Gewalten aus. Jegliche in Gesetze gekleidete Äu-
ßerung politischen Willens stünde unter dem Vorbehalt,
daß sie die Exekutive und/oder Judikative nicht unzumutbar belastet. Schlecht wäre es um die Vorhersehbarkeit
des Gesetzesvollzuges bestellt. Gesetzen wäre in dieser
Abmilderung aus Art. 20 Abs. 3 GG kein Vollzugsauftrag,
sondern eher eine - bei Unverhältnismäßigkeit auch abzu-
schlagende - "Vollzugsbitte" beigegeben. Dem Art. 20
Abs. 3 GG wäre die Einschränkung unterlegt, daß die
vollziehende Gewalt und die Rechtsprechung an Gesetz und
Recht gebunden sind, soweit sie diese Bindung nicht unzumutbar belastet.

Sicher redet niemand einer so weitgehenden Einschränkung
der Gesetzesbindung das Wort, aber warum soll der Verhältnismäßigkeitsgrundsatz auf die Pflicht zur Tatsa-
chenerforschung anwendbar sein, auf den Zwang zur Gewährung von Akteneinsicht oder zur Durchführung von mündlichen Verhandlungen hingegen nicht? Handelt es sich bei
dem Verhältnismäßigkeitsgrundsatz um eine "übergreifende
Leitregel allen staatlichen Handelns"[1) in diesem Sinne,

---

1) so: Söhn in: H/H/Sp AO u FGO § 88 AO Rn 58; Grüner SGB-X § 20
   Anm III 3

müßte sie auch Akteneinsicht und mündliche Verhandlungen auf ein zumutbares Maß zurückführen können.

Deutlich geworden ist so, daß der Verhältnismäßigkeitsgrundsatz jedenfalls für die Verfahrensordnungen zur Reduzierung behördlicher Pflichten und damit auch der Ermittlungspflichten untauglich ist. Er mag die Mitwirkungspflichten mildern[1], kann die Behörde jedoch nicht aus ihren Verfahrenspflichten nehmen.

Rechtfertigen läßt sich die gegenteilige Auffassung auch nicht mit dem Hinweis Stelkens[2] auf § 10 Satz 2 VwVfG, wonach die Gestaltung des Verfahrens im Ermessen der Behörde steht. Zum einen könnte man mit diesem Ansatz das Verfahrensrecht ebenso aushebeln wie mit der direkten Anwendung des Verhältnismäßigkeitsgrundsatzes, zum anderen könnten die Behörden über den Transformator Ermittlungs-Ermessen auch solche Sachentscheidungen selbst zu Ermessensentscheidungen degradieren, die der Gesetzgeber mit einer zwingenden Rechtsfolge determiniert hat[3]. Dem Ermessen zur Verfahrensgestaltung hat der Gesetzgeber mit der Anordnung des Untersuchungsgrundsatzes eine Grenze gesetzt.

---

1) Dazu vorstehend S. 102 ff.
2) Stelkens/Bonk/Leonhard VwVfG § 24 Rn 9
3) mit diesen Bedenken auch: Clausen in: Knack VwVfG § 24 Rn 3.1; Grüner SGB-X Art. I § 20 Anm III 3; Hill (NVwZ 1985, 449,453) sieht in § 24 Abs. 2 VwVfG eine Grenze des Verfahrensermessens. Halte sich die Behörde hieran nicht und unterlasse mögliche Ermittlungen, so unterliege sie einem Ermessensfehler

Da der Verhältnismäßigkeitsgrundsatz insgesamt untauglich ist, die Behörde von Ermittlungen zu entlasten,
gilt dies auch in den Fällen, in denen sie die Verletzung einer Mitwirkungspflicht zum Anlaß seines Einsatzes
nehmen will. Mangels einer Abwägung kann die Nicht-Mitwirkung hierbei auch kein spezifisches Gewicht gewinnen.
Nicht nur zu Lasten, sondern auch zu Gunsten des Beteiligten kann sie unter Berufung auf den Verhältnismäßigkeitsgrundsatz nicht von Ermittlungen absehen, solange
sie wegen des Ermittlungsgegenstandes noch Zweifel hegt.

d) Ökonomische Ermittlungsgrenzen

Für das Haushaltsjahr 1967 stellte der Bundesrechnungshof als Folge des Steuerermittlungs- und Festsetzungsverfahrens nicht mehr erträgliche Ungleichmäßigkeiten
bei der Besteuerung und große Steuerausfälle fest[1].
Seine Ursachen finde dies hauptsächlich in der stetigen
Erweiterung der gesetzlichen Aufgabenbereiche, in der
komplizierten Steuergesetzgebung, in der steigenden Zahl
von Verfassungsbeschwerden und Normenkontrollverfahren,
in der mangelnden Praktikabilität der Steuergesetze, in
dem wesensfremden Subventionszweck vieler Steuervergün-
stigungen sowie in der notwendigen Anpassung des Steuerrechts und der Rechtsprechung an die immer mannigfalti-
geren bürgerlich-rechtlichen und handelsrechtlichen Gestaltungsmöglichkeiten[2]. In den meisten Fällen müßten
die ohnehin überforderten Veranlagungsdienststellen
schon aus Zeitmangel auf vorgeschriebene Ermittlungen
verzichten[3].

---

1) BT-DrS VI/559, S. 31
2) Bundesrechnungshof, a.a.O.
3) Bundesrechnungshof, a.a.O.

"Die genaue Beachtung und strikte Anwendung aller Gesetze und Verordnungen, Richtlinien und Erlasse, Pläne und
Programme durch den öffentlichen Dienst würde inzwischen
auf nahezu jedem Verwaltungsgebiet die Tätigkeit der
Verwaltung zum Stillstand kommen lassen." So lautet die
Bestandsaufnahme Frido Wagners für den öffentlichen
Dienst im Jahre 1979[1]. Hieran hat sich bis heute nichts
geändert[2]. Da Aufklärungspflicht und Aufklärungsmöglichkeit aus einem ganzen Arsenal von Gründen auseinanderklaffen, deren auffallendste Kompliziertheit der Gesetze und Personal- sowie Mittelknappheit der Behörden
sind, und dies vermutlich auch noch für eine lange Zu-
kunft tun werden[3], scheint die Verwaltung für ihr Funktionieren des "pragmatischen Verfassungsverstoßes" zu
bedürfen: Sie tut nicht mehr alles, was sie eigentlich
tun müßte[4].

Dieses Auseinanderklaffen von "Sein und Sollen"[5] der
Verwaltung in Massenverfahren bereitet das Lager, die
Effizienz oder Praktikabilität des Gesetzesvollzuges zum
Gegenstand der Betrachtungen werden zu lassen. Das in
der Verfassung angelegte Effizienzgebot[6] ermächtige die
Verwaltung nach einer Auffassung zu einem "vereinfachen-
den Gesetzesvollzug" in dem Sinne, daß sie aus Gründen
der Wirtschaftlichkeit und der Erhaltung ihrer Funk-

---

1) VVDStRL 37 (1979), 215,244; mit ähnlichem Befund: Isensee, Die typisierende Verwaltung, S. 155 ff; Jenetzky StuW 1982, 273,275 ff
2) etwa: Tipke/Kruse AO u. FGO § 88 AO Rn 6; Söhn in: H/H/Sp AO u. FGO
   § 88 AO Rn 60
3) vgl. Söhn in: H/H/Sp AO u. FGO § 88 AO Rn 60; Arndt, Praktikabilität
   und Effizienz, S. 76
4) so: Frido Wagner VVDStRL 37 (1979), 215,244
5) Tipke/Kruse AO u. FGO § 88 AO Rn 6
6) zur verfassungsrechtlichen Verortung instruktiv: Schwarze DÖV 1980,
   581, 590; sowie: Kunig, Das Rechtsstaatsprinzip, S. 438 f; Häberle AöR
   98 (1973), 625, 631 ff; ders. in: Boorberg-FS, S.47, 80 f; für Effi-
   zienzneutralität der Verfassung: Leisner, Effizienz als Rechtsprinzip,
   S. 24 ff

tionsfähigkeit von einer vollständigen Tatsachenermittlung in jedem Einzelfall absehen könne[1]. Diese Auffassung nähert das Sollen dem Sein der Verwaltung. Gerade den umgekehrten Weg hält die Gegenposition der Verwaltung von der Verfassung für gewiesen, ein Verzicht auf Ermittlungen aus Gründen der Wirtschaftlichkeit und Praktikabilität komme nicht in Betracht[2].

aa) Praktikabilität und Effizienz als Ermittlungsschranke

Die Reduzierung von Ermittlungspflichten unter dem Eindruck "verwaltungsökonomisch motivierter Praktikabilitätserwägungen" wird teilweise mit dem Hinweis auf das Verhältnismäßigkeitsprinzip gerechtfertigt[3]. Insoweit bildet diese Auffassung lediglich eine Spielart des vorstehend Seite 225 ff. behandelten Versuches, amtliche Ermittlungspflichten zu begrenzen. Es finden sich aber auch von Praktikabilitäts- und Effizienzerwägungen eigenständig motivierte Ansätze, die Einschränkung der ansich vom Untersuchungsgrundsatz gebotenen Informationssammlung zu legitimieren.

---

1) Isensee, Die typisierende Verwaltung, S. 155 ff; Arndt, Praktikabilität und Effizienz, S. 58 ff; Berg, Die Verw 1976, 161, 181 ff; ders., Die verwaltungsrechtliche Entscheidung bei ungewissem Sachverhalt, S. 267; Kopp, Verfassungsrecht, S. 201,219; Stelkens/Bonk/Leonhardt VwVfG § 24 Rn 9; Koch AO § 88 Rn 4; Hoffmann-Riem StuW 1972, 127,131; Lohmann AöR 100 (1975), 415, 431 ff
2) Tipke/Kruse AO u. FGO § 88 AO Rn 6; Söhn in: H/H/Sp AO u. FGO § 88 AO Rn 66,68; Peters SGB-X § 20 Anm 2 c 3 b 3; Clausen in Knack VwVfG § 24 Rn 3.1; Ule/Laubinger, Verwaltungsverfahrensrecht, S.165; Martens, Verwaltungsvorschriften, S.151; Herrler, Mitwirkung der Banken bei der Besteuerung von Bankkunden, S.95 f; Papier DVBl 1980, 787,796; Schwarze DÖV 1980, 581,593 f; Schuhmann DStZ 1986, 583,586; vgl. auch: Frido Wagner VVDStRL 37 (1979), 215,253
3) Lohmann AöR 100 (1975), 415,431 ff; vgl. Stelkens/Bonk/Leonhardt VwVfG § 24 Rn 9; Koch AO § 88 Rn 4

(1) Das Modell Isensees

Angestellt hat Isensee seine Überlegungen zur Rechtfertigung des typisierenden Verwaltungshandelns. Das gesetzlich vorgegebene Sollen der Verwaltung stoße auf die Grenze ihres realen Könnens, Legalität stehe so im Konflikt zur Praktikabilität[1]. Da die Verwaltung unter dem Zwang zu Entscheidungen stehe, könne sie nicht darauf warten, daß sie der Gesetzgeber aus diesem Dilemma befreie[2]. Einen gewissen Ausweg biete die Typisierung, indem sich die Verwaltung die Vollzugsarbeit erleichtere und so der Verwaltungsökonomie diene[3]. Dem Betroffenen werde sein Recht nicht mehr "maßgeschneidert", sondern nach "Konfektionsgrößen verpaßt"[4]. Mit einer solchen Vorgehensweise hebe die Verwaltung die Gesetzesbindung nicht auf, lockere sie nur, aus "Einzelfall-Legalität" werde "Normalfall-Legalität"[5].

Zur Rechtfertigung eines solchen Prozedere wendet sich Isensee zunächst der "verfassungsdogmatischen Relevanz der Praktikabilität" zu[6]. Unter Praktikabilität versteht er "die Gesamtheit der Bedingungen, die einen effizienten wie ökonomischen Gesetzesvollzug gewährleisten"[7]. "Effizienz" bedeute als Verwaltungsmaxime, daß der höchste Wirkungsgrad bei der Erreichung eines vorgegebenen Zweckes mit den vorhandenen Mitteln anzustreben sei[8].

---

1) Isensee, Die typisierende Verwaltung, S.158; ders. StuW 1973, 199,202
2) Isensee, a.a.O., S. 158
3) Isensee, a.a.O., S. 158
4) Isensee, a.a.O., S. 158
5) Isensee, a.a.O., S. 158
6) a.a.O., S. 159
7) Isensee, Die typisierende Verwaltung, S. 162 f.
8) Isensee, a.a.O., S. 162

Gebot der Verwaltungsökonomie sei es, die vorhandenen
Mittel zum vorgegebenen Zweck schonend einzusetzen[1].

Die verfassungsrechtlichen Ansatzpunkte des so gefüllten
Praktikabilitätsbegriffes findet er in Art. 114 Abs. 2
und in Art. 108 Abs. 4 Satz 1 GG[2]. Gleichwohl bilde die
Praktikabilität keine Gegenposition zum Gesetzmäßigkeitsprinzip, denn Effizienz und Ökonomie seien notwendig auf vorgegebene Zwecke bezogen, welche für die ge-
setzes-akzessorische Verwaltung im Gesetz lägen[3]. Effizienz und Ökonomie wollten sich nicht gegen das Gesetz
durchsetzen, sondern dieses "in Raum und Zeit" verwirklichen[4]. Effizienz und Ökonomie seien nicht Rechtsnorm,
sondern Rechtsprinzip[5]. "Die effiziente und ökonomische
Verwirklichung der Norm im Einzelfall transzendiert das
rein Rechtliche"[6]. Als ratio legis sei die administrative Praktikabilität in jedem gesetzgeberischen Vollzugsauftrag enthalten[7]. Sie bilde weiter einen Ausle-
gungsmaßstab des Inhaltes, daß beim Fehlen höherrangiger
Zielvorstellungen diejenige Auslegung vom Gesetzgeber
gewollt sei, die den Gesetzesvollzug am einfachsten er-
mögliche[8].

Effizienz und Ökonomie sind für Isensee also nur "Hilfs-
prinzipien"[9] oder "Sekundärziele"[10] bei der Reali-

---

1) Isensee, a.a.O., S. 162
2) Isensee, Die typisierende Verwaltung, S. 163
3) Isensee, a.a.O., S. 163
4) Isensee, a.a.O., S. 163
5) Isensee, a.a.O., S. 164
6) so Isensee wörtlich a.a.O., S. 164
7) Isensee, a.a.O., S. 164
8) Isensee, a.a.O., S. 164 f; dazu auch: Lohmann AöR 100 (1975),
   415 ff.
9) a.a.O., S. 163
10) a.a.O., S. 165

sierung der Gesetzesbindung. Auf Verfassungsebene sieht er noch keine gangbare Lösung zur Lockerung der Gesetzesbindung zum Nutzen der Praktikabilität, zum Übergang von der "Einzelfall-Legalität" zur "Normalfall-Legalität".

Die auf der Verfassungsebene nicht gefundene Lockerung der Gesetzesbindung versucht Isensee alsdann originär aus der Vollzugssituation zu schöpfen. In dem Moment, in dem die Anforderungen des Gesetzesvollzuges die realen Kräfte der Verwaltung überstiegen, eröffne sich der Raum für eine typisierende Rechtsanwendung[1]. Die Verwaltung habe es nicht in der Hand, ihre Kapazität zu erweitern, zuständig sei insbesondere der Haushaltsgesetzgeber, der die persönlichen und sachlichen Mittel der Verwaltung bewillige[2]. Hinter dem scheinbaren Konflikt zwischen Legislative und Exekutive verberge sich der wahre Widerstreit zwischen Sach- und Haushaltsgesetzgeber[3]. Die Kapazitätsgrenze erweise sich so als "rechtliches Datum"[4].

Soweit der von der Verwaltung zu vollziehende Gesetzesauftrag die ebenfalls gesetzlich determinierte Leistungsfähigkeit der Verwaltung übersteige, werde strenge Gesetzmäßigkeit unmöglich. Die Verwaltung gewinne damit einen gesetzesfreien Entscheidungsraum, in dem ihr ein Ermessen zuwachse, das dem des Gesetzgebers vergleichbar sei[5].

---

1) Isensee, Die typisierende Verwaltung, S. 171
2) Isensee, a.a.O., S. 171 f.
3) Isensee, a.a.O., S. 172
4) Isensee, a.a.O., 172
5) Isensee, a.a.O., S. 172; ders. StuW 1973, 199, 203

Bestimmt werde dieses Ermessen von den Geboten, die vorhandenen Kapazitäten wirksam zu aktivieren und größtmög-
liche Ökonomie der Aufgabenerfüllung bei größtmöglicher
Nähe zum Gesetz zu erreichen[1].

Mit einer Typisierung erreiche die Verwaltung bei optimaler Ökonomisierung der vorhandenen Mittel ein Höchst-
maß an Legalität. Das Gesetzmäßigkeitsprinzip werde
nicht aufgegeben, sondern auf "Normalfall-Adäquanz" zurückgeführt[2]. Damit wähle die Verwaltung das geringere
Übel im Vergleich zu der Lösung, die den individuellen
Vollzug vorziehe, die Gesamtheit des Arbeitsanfalles jedoch nicht bewältigen könne[3]. Tauglich sei der in diesem Sinne vereinfachende Gesetzesvollzug nicht nur für
das Steuerrecht, sondern für alle Verwaltungssektoren,
in denen es gelte, eine Vielzahl einander ähnlicher Verfahren in ökonomischen Verfahren zu behandeln[4]. Sein
Modell betitelt Isensee als das der "brauchbaren Illegalität"[5].

Bei der Betrachtung des Rechtsschutzes gegen den gesetz-
zesvereinfachenden Vollzug der Verwaltung findet Isensee
zurück zu seinem verfassungsrechtlichen Ergebnis: Da die
Verwaltung sich im Rahmen strenger und exklusiver Gesetzesbindung bewege, seien die Gerichte zur individuellen
und nicht lediglich zu einer Rahmenüberprüfung verpflichtet und berechtigt[6]. Gerichte könnten selbst
nicht zu einer typisierten Rechtsanwendung greifen, da

---

1) Isensee, a.a.O., S. 172
2) Isensee, a.a.O., S. 172
3) Isensee, a.a.O., S. 173
4) Isensee StuW 1973, 199, 205
5) Isensee StuW 1973, 199, 205 f.
6) Isensee, Die typisierende Verwaltung, S. 178 ff.

sie keinem entsprechenden Vollzugsnotstand unterlägen und für ihre Tätigkeit der Zweck dominiere, individuellen Rechtsschutz zu gewährleisten[1]. Gleichwohl stehe nicht zu befürchten, daß die Gerichte die Arbeit übernähmen, die sich die Verwaltung mit der Typisierung erspare, denn das Prozeßrecht knüpfe die Zulässigkeit einer Klage an das Vorhandensein einer Beschwer – der Möglichkeit einer Rechtsverletzung[2]. Eine solche liege in der Typisierung selbst noch nicht, denn diese sei rechtmäßig. Gefordert sei eine materielle Beschwer in Form einer Mehrbelastung. Da der Großteil der Steuerfälle schemakonform sei, komme es in der Regel zu keiner materiellen Rechtsverletzung[3]. Liege diese in der gesetzeswidrigen Gewährung einer Begünstigung, sei zudem allein objektives Recht verletzt und eine Anfechtung ausgeschlossen. Einen weiteren Filter bilde das behördliche Vorverfahren, in dem die Verwaltung nicht mehr an der kategorischen Typisierung festhalten dürfe[4].

(2) Das Modell Arndts

Einen etwas verschlungenen Weg zur Rechtfertigung vereinfachenden Gesetzesvollzuges im Sinne unvollständiger Tatsachenermittlung beschreitet Arndt[5]. Dem Praktikabilitätsargument räumt er zunächst Bedeutung im Rahmen der herkömmlichen Auslegung der jeweils anzuwendenden Norm ein[6]. Seine weitergehenden Betrachtungen leitet er mit der Erwägung ein, daß für den Fall eines lediglich vorübergehenden Vollzugsnotstandes der Exekutive oder der

---

1) Isensee, a.a.O., S. 178 f.
2) Isensee, a.a.O., S. 180
3) Isensee, a.a.O., S. 180
4) Isensee, a.a.O., S. 180 f.
5) Arndt, Praktikabilität und Effizienz, S. 76 ff.
6) Arndt, a.a.O., S. 63 ff u. 101

nur temporären Legitimationslosigkeit des vereinfachenden Gesetzesvollzuges die dogmatisch zutreffende Rechtfertigung dieses Zustandes beim Aspekt einer Übergangs-
regelung zu suchen und zu finden sei[1].

Alsdann mißt er dem Vollzugsnotstand dauerhaften Charakter bei, weist aber auf die Möglichkeit hin, dem hieraus
resultierenden vereinfachenden Gesetzesvollzug rein normativ abzuhelfen[2]. Erreichen könne man dies, indem man
allen Gesetzen, bei deren Vollzug dies erforderlich sei,
eine Verordnungsermächtigung beigebe, die zu pauschalierenden generalisierenden Regelungen ermächtige[3]. Für
das Einkommensteuergesetz schlägt er folgenden Text
vor[4]:

"Die Bundesregierung wird ermächtigt, mit Zustimmung
des Bundesrates aus Verwaltungsvereinfachungsgrün-
den durch Rechtsverordnung allgemeine Regelungen zu
treffen, wenn und soweit eine Einzelfallermittlung
von Steuertatbeständen einen unverhältnismäßig großen Verwaltungsaufwand mit sich bringen würde. Die
Regelung muß sich dabei so nahe wie möglich an den
typischen Lebenssachverhalt anlehnen. Diese Ermächtigung gilt:

a) für die Abgrenzung von Werbungs- und Lebenshal-
tungskosten,
b) für die Abschreibung von Wirtschaftsgütern,
c) etc. ..."

---

1) Arndt, a.a.O., S. 75
2) Arndt, a.a.O., S. 76
3) Arndt, a.a.O., S. 76
4) Arndt, a.a.O., S. 76 f.

Für denkbar hält Arndt derartige Ermächtigungen auch etwa im Sozialverwaltungsrecht[1]. Dem Hauptvorwurf gegen den vereinfachenden Gesetzesvollzug, der Diskrepanz zwischen Normprogramm und Normanwendung, könnte so begegnet werden, Vorbehalt und Vorrang des Gesetzes blieben gewahrt.

Bis zur Schaffung derartiger Ermächtigungen sei an eine zeitweilige Legitimation des bestehenden Zustandes zu denken. Arndt knüpft an die Rechtsprechung des Bundesverfassungsgerichtes an, in denen es den Gesetzgeber zu Neuregelungen aufgefordert hat, die angegriffene Regelung jedoch wenigstens für die Übergangszeit für verfassungsgemäß erklärt hat oder aber den bestehenden Zustand als verfassungswidrig deklarierte, dieser jedoch für eine bestimmte Zeit hingenommen werden müßte[2]. Hinter dieser Rechtsprechung verberge sich eine Konstruktion des Inhaltes, daß, wenn der verfassungsmäßige Zustand vorerst nicht erreicht werden könne, die ihm am nächsten kommende Regelung "normativ gesollt" sei[3].

Für den vereinfachenden Gesetzesvollzug folge hieraus: Er verletze die Verfassungsgrundsätze der Gesetzmäßigkeit und der Gleichheit vor dem Gesetz. Ohne den vereinfachenden Gesetzesvollzug stellte sich der Zustand der Massenverwaltung im Steuer- und Sozialrecht noch verfassungsferner dar, es bliebe dem Zufall überlassen, bei wem sich die Steuerpflicht aktualisierte und wer Arbeitslosengeld erhielte[4]. Als Ersatz biete sich eine

---

1) Arndt, a.a.O., S. 77
2) Arndt, a.a.O., S. 77 f mit Nachweisen
3) Arndt, Praktikabilität und Effizienz, S. 78 f.
4) Arndt, a.a.O., S. 79

normative Erfassung aller Vereinfachungen an, was einiger Zeit bedürfe. Bis dahin hätten Exekutive und Judikative den bestehenden Zustand als den verfassungsnäheren zu akzeptieren[1].

Im Anschluß geht Arndt dazu über, diesen Begründungsansatz wieder zu demontieren[2]. Er stellt sich die Frage, ob die von ihm vorgeschlagenen Verordnungen einen demokratischen Gewinn brächten. Zweifel hegt er angesichts der Rechtsprechung des Bundesverfassungsgerichtes zur sogenannten "Wesentlichkeitstheorie", wonach die Entscheidung aller grundsätzlichen, den Bürger unmittelbar betreffenden, Fragen durch Gesetz erfolgen müssen[3]. Die von ihm vorgeschlagene Ermächtigung sei lediglich eine Blankettweitergabe, da sich weiterhin das Ausmaß der Verwaltungsvereinfachung nach den Verwaltungsgegebenheiten richte[4]. Demokratischen Gewinn spiele eine solche Verordnung deshalb nur ein, soweit die Grundentscheidung, ob überhaupt ein gesetzesvereinfachender Vollzug möglich sei, nicht bereits von der Verfassung selbst getroffen werde[5].

Zur Beantwortung dieser Frage wendet sich Arndt einer Auslegung des Art. 20 Abs. 3 GG zu[6]. Immer dann, wenn die Kapazität der Verwaltung nicht ausreiche, den Gesetzesvollzugsauftrag vollständig zu erfüllen, ergänzten und bedingten Praktikabilität und Legalität einander[7].

---

1) Arndt, a.a.O., S. 79
2) Arndt, a.a.O., S. 80 ff.
3) Arndt, a.a.O., S. 80 mit Nachweisen
4) Arndt, a.a.O., S. 80 f.
5) Arndt, a.a.O., S. 81
6) a.a.O., S. 85 ff.
7) Arndt, a.a.O., S. 82

Bei einem Vollzugsnotstand entstehe ein Konflikt zwischen den Verfassungsgrundsätzen der gleichen (willkürfreien) und der tatbestandsmäßigen (individualisierenden) Gesetzesanwendung, wenn das anzuwendende Gesetz seinen zeitgerechten Gesamtvollzug intendiere oder gar ausdrücklich normiere, wie es für das Steuer- und Sozialrecht der Fall sei[1]. Bei Art. 20 Abs. 3 GG handele es sich um eine Ausprägung des Rechtsstaatsprinzips, welches gesetzloses und insofern willkürliches Handeln verbiete. Art. 20 Abs. 3 GG könne deshalb nicht so ausgelegt werden, daß die Einhaltung strikter Gesetzesbindung zu Willkür führe[2]. Verfassungsdogmatischer Hintergrund sei "das im rechtsstaatlichen Verhältnismäßigkeitsgrundsatz verankerte Gebot umfassender Rechtsgüterabwägung". Die "gesetzesvereinfachende Praktikabilität" bringe die verfassungsrechtlichen Postulate der Tatbestandsmäßigkeit und des gleichmäßigen Gesamtvollzuges in ein rechtes Verhältnis[3]. Einen Zuwachs an Demokratie bringt die Verordnungsermächtigung - nach Arndt - also nicht.

Auch einen rechtsstaatlichen Gewinn der von ihm vorgeschlagenen Verordnungen vermag Arndt nicht zu erkennen, da sie es der Verwaltung erlaubten, sich weiter vom Tatbestand der anzuwendenden Gesetze zu entfernen, als dies beim vereinfachenden Gesetzesvollzug ohne normative Grundlage der Fall sei[4].

---

1) Arndt, a.a.O., S. 84 unter Hinweis auf §§ 3, 85 AO und 38, 40, 41 SGB-I
2) Arndt, a.a.O., S. 85
3) Arndt, a.a.O., S. 87
4) Arndt, a.a.O., S. 88 ff.

Auch die Gerichte seien an den vereinfachenden Vollzug der Verwaltung gebunden. Als Kontrollorgane hätten sie zu überwachen, daß die Vorteile der Vereinfachung - Ausschaltung eines willkürlichen Gesetzesvollzuges - im rechten Verhältnis zur Beeinträchtigung individueller Rechte bzw. dem Belassen ungerechtfertigter Vorteile stehe[1].

(3) Das Modell Bergs

Berg begreift den Untersuchungsgrundsatz im Verwaltungsverfahren "als Mittel zur Erreichung der materiell-gesetzlich vorgeschriebenen Verwaltungsziele"[2]. Die Verwaltung habe diesen Auftrag mit Haushaltsmitteln durchzuführen, weshalb nicht bereits die Sachverhaltsermittlung so aufwendig sein dürfe, daß für die Maßnahmen selbst nichts mehr übrig bleibe[3]. Das Postulat der Wirtschaftlichkeit sei deshalb ein "integrierender Bestandteil des Gesetzmäßigkeitsprinzips"[4]. Als Staatsziel sei der Zwang zur Wirtschaftlichkeit "ein variabler, aber stets vorhandener Faktor innerhalb jedes gesetzlichen Auftrages" und könne als solcher die behördliche Inquisition begrenzen[5].

---

1) Arndt, a.a.O., S. 98

2) Berg, Die Verw 1976, 161, 181

3) Berg, Die Verw 1976, 161,182; ders., Die verwaltungsrechtliche Entscheidung bei ungewissem Sachverhalt, S. 268

4) Berg, Die Verw 1976, 161,181; ders., Die verwaltungsrechtliche Entscheidung bei ungewissem Sachverhalt, S. 268

5) Berg, Die Verw 1976, 161,182; ders., Die verwaltungsrechtliche Entscheidung bei ungewissem Sachverhalt, S. 267 f.

bb) <u>Die Gegenpositionen</u>

Die Gegenposition wendet sich bereits gegen die Behauptung, ein vereinfachender Gesetzesvollzug sei bei der gegenwärtigen Lage der Verwaltung unvermeidlich[1]. Diese Aussage beruhe auf einer Verkennung der Rechtslage jedenfalls im Steuerrecht, denn dort orientiere sich die Informationssammlung nicht einseitig an der behördlichen Inquisition[2]. Das Besteuerungsverfahren sei durch weitreichende Informations- und Beweispflichten des Steuerpflichtigen gekennzeichnet. Berücksichtige man dies zureichend, baue sich die Divergenz zwischen Gesetzesauftrag und Verwaltungskapazität - weitgehend - ab[3].

Vielfach wird der Befund eines "Vollzugsnotstandes" geteilt und doch wegen Art. 20 Abs. 3 GG ein "vereinfachender Gesetzesvollzug", eine "brauchbare Illegalität", abgelehnt[4]. Solle jener tragende Grundsatz der Verfassung nicht seine normative Kraft einbüßen, sei in einer solchen Situation primär der Gesetzgeber aufgerufen[5]. Für ein rechtsstaatliches Verwaltungsrecht sei ein das Prinzip der Gesetzmäßigkeit sprengendes "Wirtschaftlichkeitsdenken" nicht akzeptabel[6].

---

1) Martens, Verwaltungsvorschriften, S. 150 f; Herrler, Mitwirkung der Banken bei der Besteuerung von Bankkunden, S. 91,95 f.
2) Martens, Verwaltungsvorschriften, S. 151; Herrler, a.a.O., S. 91
3) Martens, a.a.O., S. 151; Herrler, a.a.O., S. 91
4) Tipke/Kruse AO u. FGO § 88 AO Rn 6; Söhn in: H/H/Sp AO und FGO § 88 AO Rn 65 ff; Peters SGB-X § 20 Anm 2c 3b 3; Papier DVBl 1980, 787,796; Schwarze DÖV 1980, 581,593
5) Schwarze DÖV 1980, 581, 593; Tipke/Kruse, a.a.O., Rn 6
6) Schwarze DÖV 1980, 581, 593

- 247 -

Isensee wird entgegengehalten, daß sein Lösungsvorschlag
den Vollzugsnotstand der Exekutive nicht behebe, sondern
vergrößere[1]. Im Einspruchs- und Gerichtsverfahren po-
stuliere er eine kompromißlose Gesetzmäßigkeit, was eine
vermehrte Inanspruchnahme dieser Verfahren zum Ausgleich
für Typisierungsnachteile erwarten lasse[2]. Die Vermeh-
rung der Einspruchsverfahren lasse den Inspektoren weniger Zeit, den eigentlichen Steuervollzug voranzutreiben.
So vergrößere sich der Vollzugsnotstand, Typisierungen
nähmen zu, mit ihnen die Einsprüche - ein circulosus vi-
tiosus baue sich auf[3]. Mit der zunehmenden Inanspruchnahme der Gerichte gerieten auch diese in einen Vollzugsnotstand. Da auch sie ihre Kapazitäten nicht auswei-
ten könnten, müßten sie ebenfalls zu Typisierungen greifen können[4]. Isensee schaffe eine relative Rechtmäßigkeit für das Außenverhältnis, eine solche gebe es aber
nicht. Es gehe nicht an, mit dem Wandel des Funktions-
trägers (Übergang von der Exekutive zur Judikative)
einen Wandel der Rechtmäßigkeit zu vollziehen (von der
Relativen zur Absoluten)[5]. Entweder der vereinfachende
Gesetzesvollzug sei dem Bürger gegenüber rechtmäßig oder
nicht. In jenem Falle könnte auch die Judikative keine
Verletzung subjektiver Rechte des Bürgers feststellen[6].

Rechtfertige man den Vollzugsnotstand der Exekutive mit
einer "überlegalen Notkompetenz", entlasse man den Gesetzgeber aus seiner Verantwortung für diesen Zustand[7].

---

1) Arndt, Praktikabilität und Effizienz, S. 58
2) Arndt, a.a.O., S. 58
3) Arndt, a.a.O., S. 58
4) Arndt, a.a.O., S. 58; Tipke/Kruse AO u. FGO § 88 AO Rn 6
5) Arndt, Praktikabilität und Effizienz, S. 59 f.
6) Arndt, a.a.O., S. 60
7) Tipke/Kruse AO u. FGO § 88 AO Rn 6; Söhn in: H/H/Sp AO u. FGO
   § 88 AO Rn 66

Gesetzmäßigkeit und Gleichmäßigkeit erreiche man nicht
durch eine "brauchbare Illegalität", sondern durch bessere, einfachere, übersichtlichere und vor allem durch
weniger Gesetze[1]. Die Grundrechte dürften nicht nur insoweit gelten, als die Parlamente für ihre Beachtung
personelle und sachliche Mittel bereitstellten. Das Sollen müsse das Sein der Exekutive regieren, nicht umgekehrt[2].

cc) Stellungnahme zu ökonomischen Ermittlungsgrenzen

Angesichts der hohen und durch eine nicht versiegende
Gesetzesflut zunehmenden Arbeitsbe- oder -überlastung
der Behörden in den Massenverfahren der Steuer- und So-
zialverwaltung muß der Wunsch nach einer Vereinfachung
des Gesetzesvollzuges Verständnis wecken. Es kann nicht
gewollt und richtig sein, daß der auch aus der Kompliziertheit und Komplexität der Steuergesetze resultierende Ermittlungsaufwand dazu führt, daß zehn Steuerfälle
gründlich untersucht und bearbeitet werden, einhundert
andere dagegen liegen bleiben und letztlich der Festset-
zungsverjährung überantwortet werden. Steuern haben die
Finanzbehörden gleichmäßig festzusetzen und zu erheben
(§ 85 AO). Auch das Sozialrecht verträgt es nicht, daß
einige wenige Berechtigte ihre Leistungen zur rechten
Zeit und in der rechten Weise erhalten, andere oder gar
die Mehrzahl aber überhaupt nicht oder erst nach Jahren,
zu einem Zeitpunkt, da die Bedürftigkeit möglicherweise
bereits entfallen ist. Die Leistungsträger haben dafür
Sorge zu tragen, daß "jeder Berechtigte die ihm zuste-

---

1) Tipke/Kruse, a.a.O., Rn 6
2) Tipke/Kruse, a.a.O., Rn 6

henden Sozialleistungen in zeitgemäßer Weise umfassend
und schnell erhält" (§ 17 Abs. 1 Ziff. 1 SGB-AT), jeder,
nicht nur einige wenige.

Doch ist es in dieser Situation zutreffend oder auch nur
zulässig, Abhilfe mit einer Reduzierung des ansich erforderlichen Ermittlungsaufwandes zu schaffen? Es gilt,
sich an dieser Stelle auf die communis opinio zu besin-
nen, wonach nur die Feststellung des wahren Sachverhaltes die von Art. 20 Abs. 3 GG qua constitutione zemen-
tierte Gesetzesbindung der Verwaltung Realität werden
lassen kann[1]. Alle Versuche, den Ermittlungsaufwand zu
Gunsten eines Gesamtvollzuges unter den Stichworten
Praktikabilität des Gesetzesvollzuges und Effizienz des
Verwaltungshandelns zu reduzieren, stoßen deshalb auf
dieses "Urgestein konstitutionellen Gedankengutes"[2].

Isensee erkennt und respektiert dieses, wie etwa anhand
seines verfassungsrechtlichen Votums deutlich wird[3]. Um
dennoch der von ihm postulierten "brauchbaren Illegalität"[4] eine Grundlage zu geben, nutzt Isensee den Begriff der Unmöglichkeit[5]. Dabei intendiert er jedoch
eine bestimmte Perspektive, nämlich die der auf den Gesamtvollzug verpflichteten Behörde, denn gemessen an jedem Einzelfall wäre strenge Gesetzmäßigkeit ja möglich.
Maßstab für die Gesetzesbindung muß aber der jeweilige
Einzelfall sein, nicht die Summe aller Fälle.

---

1) Vorstehend S. 90 f. mit Nachweisen
2) siehe vorstehend S. 93
3) Isensee, Die typisierende Verwaltung, S. 163 ff.
4) Isensee StuW 1973, 199,205 f; Tipke/Kruse AO u. FGO § 88 AO
   Rn 6: "ein entlarvendes Wort!"
5) Isensee, Die typisierende Verwaltung, S. 172

Wollte man anders verfahren, gäbe man jeglichen Maßstab
auf, denn wie sollte für den jeweiligen Einzelfall das
für ihn mögliche Ermittlungsmaß bezogen auf die Gesamtheit der Fälle bestimmt werden? Welche Fallsumme wäre
zudem als Bezugsgröße heranzuziehen: die Gesamtzahl der
Bundesrepublik Deutschland, die eines OFD-Bezirkes oder
die eines Finanzamtes? Zutreffend könnte ja wohl nur
letztere sein, denn Finanzämter tauschen ihre Kapazitäten nicht aus. Dies bedeutete wiederum einen Wechsel der
Schwelle zur Unmöglichkeit von Finanzamt zu Finanzamt.
Das Maß der notwendigen Ermittlung von Steuerfällen wäre
danach davon abhängig, welches Finanzamt hierfür zuständig ist. Ein Zustand, den Steuerpflichtige de facto bereits erdulden müssen, würde ihnen auch de jure zugemutet.

Es muß sich die Frage erheben, wer die Einhaltung einer
so relativierten Ermittlungspflicht überhaupt noch wie
überwachen können soll. "Niemand", lautet die Antwort
Isensees, denn sobald sich der Betroffene mit dem Ein-
spruch und der Klage zur Wehr setzt, läßt Isensee sein
Modell auffliegen und erhebt nunmehr die Einzelfall-Per-
spektive zum Maßstab. Diese kaum erklärbare "relative
Rechtmäßigkeit für das Außenverhältnis"[1] läßt zudem den
praktischen Nutzen der Erwägung Isensees gegen Null
streben. Eine "brauchbarere Illegalität" von Verwaltungshandeln, die die Nagelproben von Einspruchs- und
Klageverfahren nicht übersteht, kann die Situation eines
Vollzugsnotstandes nicht sanieren, sondern allenfalls
das Gewissen der extra legem agierenden Verwaltung beru-
higen.

---

1) vgl. Arndt, Praktikabilität und Effizienz, S. 59 f.

Diesem Widerspruch entzieht sich Arndt, indem er auch
die Gerichte an die eingeschränkte Sachverhaltssicht der
Verwaltung bindet und sie nur fragen läßt, ob genug Anlaß zu einer solchen (Kurz-)Sicht bestand[1]. Man darf
nicht aus den Augen verlieren, daß der Verwaltung damit
letztlich rechtsfreie Räume bezugsfertig übergeben werden. Läßt man die Finanzbehörden aus Gründen des Vollzugsnotstandes etwa von Ermittlungen absehen, ob eine
Ausgabe betrieblich veranlaßt war oder nicht, und beschränkt die Kontrolle der Gerichte darauf zu prüfen, ob
die Arbeitsüberlastung im Verhältnis zu der möglichen
Rechtsverletzung nur groß genug war, stellt man die Anerkennung von Betriebsausgaben in das rechtsfreie Belie-
ben der Verwaltung. Müßte sich nunmehr ein Sozialhilfe-
empfänger, der in Haushaltsgemeinschaft mit Verwandten
oder Verschwägerten lebt, entsprechend der Vermutung des
§ 16 BSHG Unterhaltsleistungen anrechnen lassen, wenn
die Arbeitsüberlastung der Sozialbehörden so groß ist,
daß die Einholung einer Auskunft gemäß § 116 BSHG unterbleiben kann? Rechtfertigen will Arndt dies mit einer
Auslegung des Art. 20 Abs. 3 GG, nach der bei einem
Vollzugsnotstand Praktikabilität und Legalität einander
bedingten, da nur ein praktikabler Vollzug gleichmäßigen
und damit willkürfreien Gesetzesvollzug zulasse[2].

Es erscheint als sehr fragwürdig, ob die Gesetzesbindung
der Verwaltung eines Kompromisses mit der Praktikabilität zugänglich ist, der sich in seiner Ausgestaltung an
dem Verhältnis zwischen Leistungsauftrag und Leistungs-
vermögen der Verwaltung orientieren soll. Mit einer Zu-
nahme des Leistungsauftrages und/oder einer Abnahme der
Kapazitäten entfernte sich die Verwaltung bei einem so

---

1) Arndt, Praktikabilität und Effizienz, S. 98
2) Arndt, a.a.O., S. 85 ff.

determinierten Kompromiß von der Bindung an Gesetz und
Recht. Wie sollten auch je die Gerichte zur Wahrnehmung
ihrer Kontrollfunktion die Kapazität der jeweiligen Behörde ermitteln? Angewiesen wären sie wohl letztlich auf
Auskünfte der Behördenspitzen. Man könnte zudem recht
willkürlich an der "Auftrags-" oder der "Kapazitäts-
schraube" drehen und so die Gesetzesbindung variabel
halten. Kaum schützen könnte sich ein Betroffener dagegen, daß Behörden zur Ermittlung der diesen günstigen
Tatsachen größere Kapazitäten einsetzten, als für die
übrigen, und so die Richtung ihres Vollzugsnotstandes
beeinflußten. Einer so weitgehenden Kompromißfähigkeit
kann und darf die Gesetzesbindung der Verwaltung nicht
zugänglich sein. Unabhängig von den finanziellen und
sachlichen Mitteln sowie der personellen Ausstattung der
Behörden muß die Bindung an Gesetz und Recht in täglicher Verwaltungsarbeit Wirklichkeit werden[1]. Andernfalls korrigierte die Verwaltung den gesetzgeberischen
Willen am Maßstab der Praktikabilität und Effizienz, den
sie wiederum aus der nur ihr en détail bekannten Arbeitsüberlastung bezöge. Nicht nur das Prinzip der Gesetzesbindung stünde damit auf dem Spiele. Verliehen hat
die Verfassung der Verwaltung ein solches Mandat nicht.

Nur im Rahmen der Auslegung von Gesetzen kann Erwägungen
der Wirtschaftlichkeit Zugang zum Recht gewährt werden,
nur insoweit sind ihre Postulate im Hinblick auf die
Tatsachensammlung "integrierende Bestandteile des Gesetzmäßigkeitsprinzips", wie Berg es nennt[2].

---

1) vgl. auch Tipke/Kruse AO u. FGO § 88 AO Rn 6

2) Berg, Die Verw 1976, 161,181; ders., Die verwaltungsrechtliche
Entscheidung bei ungewissem Sachverhalt, S. 268

Zu suchen und zu finden hat allein der Gesetzgeber die
Lösung für das Verwaltungsdilemma. Ob dabei die von
Arndt vorgeschlagene Verordnungsermächtigung[1] der richtige Weg ist oder ob nicht besser gleich die anzuwendenden materiellen Gesetze praktikabler gefaßt und in ihrer
Anzahl reduziert werden sollten[2], mag an dieser Stelle
dahinstehen. Die Verwaltung kann sich mit Recht, im Sinne von rechtmäßig, aus Wirtschaftlichkeitserwägungen ihrem umfassend gestalteten Ermittlungsauftrag jedenfalls
nicht entziehen. Erwägungen dieser Art taugen deshalb
auch nicht, ermittlungsbegrenzend dann zu wirken, wenn
die Beteiligten ihren Mitwirkungspflichten nicht nachkommen.

Die Verwaltung muß weiter unter der Spannung funktionieren, mit unzureichenden Kapazitäten ihrem Leistungsauftrag recht und schlecht nachzukommen. Die Betroffenen
behalten in dieser Situation aber zumindest die Möglichkeit, ihr Recht vor Gericht durchzusetzen. Ihnen dieses
Recht zu nehmen, um damit einen auf allen Seiten als un-
befriedigend empfundenen Verwaltungszustand zu rechtfertigen und so gleichzeitig schwer einseh- und kontrol-
lierbare Rechts-Freiräume zu schaffen, kann weder
rechtsstaatlich noch rechtspolitisch wünschenswert sein.
Rechtsstaatlich deshalb nicht, weil den Beteiligten
Rechte genommen werden, die Judikative Kontrollmöglich-
keiten verliert und die Exekutive einen Bedeutungszu-
wachs erfährt, den die Verfassung nicht kennt. Rechtspolitisch nicht, weil der Gesetzgeber so von dringend
gebotenen Vereinfachungsaufgaben abgelenkt würde[3].

---

1) Arndt, Praktikabilität und Effizienz, S. 76 f.
2) so Tipke/Kruse AO u. FGO § 88 AO Rn 6
3) so auch: Tipke/Kruse AO u. FGO § 88 AO Rn 6; Söhn in: H/H/Sp
   AO u. FGO § 88 AO Rn 66

dd) <u>Weitere Aspekte der Implementation</u>

Können die unzureichenden sachlichen und personellen Kapazitäten der Verwaltung de jure zwar den erforderlichen
Ermittlungsaufwand nicht reduzieren, so läßt sich hieran
jedoch kaum die Hoffnung knüpfen, daß diese Tatsachen
keinen faktischen Einfluß auf die Qualität der Behörden-
arbeit auch und gerade im Bereich der Tatsachenermittlung nehmen. Muß eine Verwaltung stetig wachsende Aufgaben mit gleichbleibenden oder sich gar verringernden
Mitteln bewältigen, so werden Qualitätseinbußen unab-
weisbar. Das Datum vorhandener Kapazitäten gewinnt so
Einfluß auf den Weg eines Gesetzes von seiner Formulierung zu seiner Wirkung, oder mit anderen Worten: auf den
Gesetzes- oder Programmvollzug durch die Behörden.

Einflüssen dieser Art auf den Gesetzesvollzug widmet
sich die Implementationsforschung[1]. Deren Forschungsge-
genstand beschrieb Renate Mayntz 1977 so[2]:

"Mit Implementation ist die Durchführung bzw. die
Anwendung der im Prozeß der Politikentwicklung entstandenen Gesetze und anderen Handlungsprogramme
gemeint. Die Bedeutung der Implementation innerhalb
des umfassenden politischen Prozesses, der sich von
Programmartikulation über Programmentwicklung und
Implementation bis schließlich zur Wirkung (impact)

---

1) dazu etwa: Mayntz (Hrsg), Implementation politischer Programme
   II, 1983; Knoepfel, Öffentliches Recht und Vollzugsforschung,
   1979; Knoepfel/Weidner, Explaining differences in the performance of clean air policies in: Policy and Politics, Vol 14
   No. 1 (1986), 71-91; Wollmann (Hrsg), Politik im Dickicht der
   Bürokratie, 1980; Windhoff-Héritier, Politikimplementation,
   1980; Seibel, Die Nutzung verwaltungswissenschaftlicher Forschung für die Gesetzgebung, 1984; Zeh, Wille und Wirkung der
   Gesetze, 1984
2) zitiert nach: Blankenburg/Gawron/Rogowski/Voigt in: DÖV 1986,
   274, 275

erstreckt, liegt in der ebenso banalen wie unbe-
streitbaren Tatsache, daß politische Programme
die Ergebnisse administrativen Handelns nur sehr
unvollständig bestimmen, d.h. daß ihre W i r -
k u n g wesentlich von der A r t i h r e r
D u r c h f ü h r u n g abhängt."

Die Implementationsforschung geht davon aus, daß Entscheidungen des Gesetzgebers von den durchführenden Behörden uminterpretiert und abgeändert werden, Gesetze
Ausgangsbedingungen für einen neuen politischen Prozeß
in neuer Arena darstellen[1]. Diese Arena ist die
"black-box" zwischen Programmentwicklung und Programmwirkung[2]. Untersucht werden die Einflüsse, die in dieser Arena wirksam werden und so die Programmwirkung
(mit-)bestimmen. Zu nennen sind beispielhaft etwa folgende Faktoren:

(1) Die Wahl der Implementationsinstanz

Für den Normvollzug bedeutsam ist bereits die Auswahl
des staatlichen Vollzugsträgers, wenn etwa eine besondere Sachkompetenz oder die Kenntnis örtlicher Gegebenheiten für die Programmverwirklichung erforderlich ist[3].

---

1) Blankenburg/Gawron/Rogowski/Voigt in: DÖV 1986, 274

2) Blankenburg/Gawron/Rogowski/Voigt in: DÖV 1986, 274,275

3) Mayntz, Implementation von regulativer Politik in: dies. (Hrsg)
   Implementation politischer Programme II, S.50,56 f.,61

(2) Kontrollverfahren

Einfluß auf die Programmverwirklichung nehmen Verfahren
der Kontrolle von Behördentätigkeit und Adressatenver-
halten, wie etwa durch externe Prüfer oder Berichts-
pflichten, die das Maß der Normbefolgung dokumentie-
ren[1].

(3) Rechtliche Verbindlichkeit und Detaillierungsgrad
    des Programms

Ist bekannt, daß sich technische oder wissenschaftliche
Standards in absehbarer Zeit an sich wandelnde Erkenntnisse anpassen müssen, so kann es dem Programmvollzug
förderlich sein, wenn diese Standards (Beispiel: Schad-
stoffkonzentrationen oder Emissionswerte) nicht im Gesetz selbst fixiert, sondern in Form von Richtwerten
formuliert sind, weil so ein höheres Maß an Flexibilität
erreicht werden kann. Umgekehrt kann auch eine Verrecht-
lichung solcher Standards vorteilhaft sein, weil ihre
Durchsetzung erleichtert wird[2].

Eine ähnliche Ambivalenz findet sich bei den unterschiedlichen Detaillierungsgraden der Programme. Diese
kann der Gesetzgeber in die Gestalt von Generalklauseln
kleiden und der Behörde so weite Gestaltungsspielräume
eröffnen oder aber in Form klarer, wenn .... dann Ein-
zelfallregelungen erlassen und so jeden Entscheidungs-
spielraum der Behörde ausschließen[3]. Für Generalklauseln spricht die größere Flexibilität, für Detailrege-
lungen das Postulat der Gleichbehandlung, welche bei
großen Gestaltungsspielräumen nicht mehr gesichert
ist[4].

---

1) Mayntz, a.a.O., S. 57 f.
2) Mayntz, a.a.O., S. 58
3) Mayntz, a.a.O., S. 59
4) Mayntz, a.a.O., S. 59

(4) Behördliche Ressourcen

Daß Art und Umfang der behördlichen Ressourcen, wie ver-
fügbares Personal, Finanzmittel, technische Ausstattung
etc., Einfluß auf die Programmverwirklichung nehmen[1],
wurde bereits eingangs angesprochen und bedarf keiner
näheren Erläuterung.

(5) Eigene Orientierung des Personals

Die Orientierung des Behördenpersonals ist u.a. abhängig
vom Selektionsmechanismus bei der Rekrutierung, der Aus-
bildung, der bisherigen Berufserfahrung, den wahrgenom-
menen Karrierechancen, der innerorganisatorischen Beloh-
nungsstruktur sowie von administrativen Routinen[2]. So
wird es für die Anwendung gegebener Normen einen Unterschied machen, ob die zuständigen Beamten technisch oder
juristisch ausgebildet sind oder zuvor ihre Berufserfahrung in der Gesundheitsverwaltung oder der Bauverwaltung
gesammelt haben, bevor sie Aufgaben etwa des Gewässer-
schutzes übernommen haben. Der karrierebewußte Beamte
wird zudem auch darauf achten, ob es für sein Fortkommen
günstiger ist, eine Norm im Sinne der übergeordneten
Fachaufsicht strikt oder dem Interesse der ihm vorge-
setzten Behördenspitze kompromißbereit anzuwenden[3].
Fehlen spezifische Verhaltensanweisungen vorgesetzter
Behörden, so wird sich eine Neigung entwickeln, sich an

---

1) Mayntz, a.a.O., S.63; vgl. auch: Zeh, Wille und Wirkung der Gesetze, 526 f., der den vorhandenen Finanzmitteln jedoch keinen
   entscheidenden Einfluß beimißt
2) Mayntz, Implementation von regulativer Politik in: dies.(Hrsg)
   Implementation politischer Programme II, S.50,64; Hucke/Bohne,
   Bürokratische Reaktionsmuster bei regulativer Politik und ihre
   Folgen in: Wollmann (Hrsg), Politik im Dickicht der Bürokratie,
   S.180,188 ff.
3) Mayntz, a.a.O., S. 64

dem traditionellen Verhaltensmuster zu orientieren, welches bereits innerhalb der Behörde existiert[1].

(6) Interessenlage der Normadressaten

Erhebliche Bedeutung für die Programmverwirklichung haben die Orientierung und die Interessenlage der Normadressaten[2]. Der Programmerfolg wird entscheidend davon mitbestimmt, ob diese freiwillig zur Normbefolgung bereit sind oder aber eine Neigung zur Umgehung und Verletzung der Norm haben[3].

Nutzbar machen kann man die Erkenntnisse über die Implementation bestimmter Programme bereits bei der (Neu-)-Formulierung dieser Programme oder aber für die Entwicklung von Instrumenten für "eine fortlaufende reagible Prozeßsteuerung der Implementation"[4].

Die Sachverhaltsermittlung selbst ist bereits ein Teil der Programmimplementation, denn Sachverhalte werden nicht um ihrer selbst willen ermittelt. Doch kann man sich auch bei der Ausgestaltung des Ermittlungsverfahrens Erkenntnisse der Implementationsforschung zunutze machen. Ergäbe eine entsprechende Untersuchung etwa, daß Steuerpflichtige in aller Regel eine hohe Bereitschaft aufweisen, Werbungskosten nachzuweisen, so könnte auf

---

1) Hucke/Bohne, a.a.O., S. 189 f.
2) Mayntz, a.a.O., S.65; dies., Zur Einleitung: Probleme der Theoriebildung in der Implementationsforschung in: dies. (Hrsg), Implementation politischer Programme II, S.7,22; Hucke/Bohne, a.a.O., S.191 ff.; Zeh, Wille und Wirkung der Gesetze, S.522 f.
3) Mayntz, Implementation von regulativer Politik, a.a.O., S. 65 ff.
4) Mayntz, a.a.O., S.65

die legislative Anordnung einer entsprechenden Nachweispflicht verzichtet werden. Käme die Untersuchung in
anderen Bereichen zu dem Ergebnis, daß eine Behördenrou-
tine existiert, bei steuermindernden Tatsachen von
Eigenermittlungen abzusehen und ausschließlich auf Nachweise durch den Steuerpflichtigen abzustellen oder aber
Beweislastentscheidungen zu treffen, so könnten Richtlinien als Instrumente der Prozeßsteuerung Abhilfe schaffen und auch dafür sorgen, daß Mitwirkungspflichten
nicht faktisch zu Grenzen der Amtsermittlung werden, wo
sie es rechtlich nicht sind.

4. Die spezifisch auf die Mitwirkung zugeschnittenen
   Begründungsansätze

Als in Ansehung der Mitwirkungspflichten selbständige
Begründungsansätze verblieben sind die Reduzierung des
Beweismaßes (vgl. Seite 190 ff.), die arbeitsteilige Informationssammlung (vgl. Seite 192 ff.) und die Obliegenheitsverletzung (vgl. Seite 194 ff.).

a) Die Reduzierung des Beweismaßes

Die Reduzierung des Beweismaßes zu Lasten der Beteiligten auf das Maß der Wahrscheinlichkeit bei einer Verletzung von Mitwirkungspflichten wird von Martens nahezu
exklusiv vertreten[1]. Motivation ist für ihn der Umstand, daß er das Institut der "Beweislast als ein
höchst unzweckmäßiges Mittel zur Feststellung der tatsächlichen Grundlagen der rechtlichen Entscheidung" ansieht[2].

---

1) Martens, Verwaltungsverfahren, S. 111 f (Rn 169); ders. StuW
   1981, 322,328; ähnlich: Herrler, Mitwirkung der Banken bei der
   Besteuerung der Bankkunden, S. 99; Ritter FR 1985, 34,38
2) Martens, Verwaltungsverfahren, S. 106

Eine ausdrückliche Regelung der Tatsachenfeststellung enthalten SGB-X, VwVfG und AO nicht[1]. Wortgleich ordnen die §§ 108 Abs. 1 Satz 1 VwGO, 128 Abs. 1 Satz 1 SGG sowie 96 Abs. 1 Satz 1 erster Halbsatz FGO an:

> "Das Gericht entscheidet nach seiner freien aus dem Gesamtergebnis des Verfahrens gewonnenen Überzeugung."

Martens benennt keine Gründe dafür, warum das Maß der zur Tatsachenfeststellung notwendigen Überzeugung im Verwaltungsverfahren ein anderes sein soll als im Verwaltungsprozeß. Wenn er im weiteren das Beweismaß zu Lasten der Beteiligten bereits bei einer versagten Mitwirkung reduziert, auch wenn noch weitere Aufklärung möglich ist, wendet er sich einem Beweislastersatz zu, noch bevor sich Tatsachen als unerweislich ergeben haben, begnügt sich mit einer gegebenenfalls vagen Wahrscheinlichkeit, wo doch sichere Feststellungen möglich wären. Zur Begründung dient ihm allein die Sachdienlichkeit eines solchen Prozedere[2]. Es ist jedoch keineswegs einsichtig, warum es sachgerecht sein soll, sich mit Zweifeln behafteter Wahrscheinlichkeit zu begnügen, wo man diese durch eine sichere Feststellung ersetzen könnte. Mit der ganz herrschenden Meinung ist deshalb am Erfordernis der vollen Überzeugung von Tatsachen als Grundlage einer Entscheidung festzuhalten[3].

---

1) vgl. dazu vorstehend S. 36 f.

2) Martens, Verwaltungsverfahren, S. 111 f.

3) Dazu vorstehend S. 36 f. mit Nachweisen

Auf einer ganz ähnlichen Linie liegen die Ansätze der
Rechtsprechung im Rahmen der Beweiswürdigung[1]. Daß hier
grundsätzlich auch das Verhalten von Beteiligten zu berücksichtigen ist, entspricht allgemeiner Auffassung[2]
und bedarf keiner weiteren Erörterung. Versteht man die
Ausführungen des Bundesverwaltungsgerichtes jedoch im
Sinne einer Wenn...Dann...Aussage, also: wenn der Betroffene das gemäß § 3 Abs. 2 StVZO vorgesehene Gutachten nicht beibringt, dann ist er als ungeeignet zum Führen von Kraftfahrzeugen anzusehen, so liegt hierin eine
Beweisregel. Als Einschränkung der freien Beweiswürdigung bedürfen Beweisregeln einer gesetzlichen Grundlage[3]. Eine Beweisregel kann sich mangels einer solchen
Grundlage aus der Verletzung von Mitwirkungspflichten
nicht ergeben.

Denkbar wäre bei dem Hinzustoßen eines entsprechenden
Erfahrungsgrundsatzes ein Anscheinsbeweis oder eine sogenannte tatsächliche Vermutung, Institute, die im Verwaltungsverfahren nicht ermittlungsbegrenzend wirken[4].

b) Die Obliegenheitsverletzung

Soweit in der Nichterfüllung von Mitwirkungspflichten
eine Obliegenheitsverletzung gesehen und hieran der Verlust des Rechtes geknüpft wird, die unzureichende Sachverhaltsaufklärung oder die hieraus gegebenenfalls resultierende - materielle - Rechtsverletzung selbst zu

---

1) Dargestellt und nachgewiesen vorstehend S. 191 f.
2) Statt aller: Stelkens/Bonk/Leonhardt VwVfG § 26 Rn 12
3) vgl. Rosenberg/Schwab, Zivilprozeßrecht, S. 692; Ule, Verwaltungsprozeßrecht, S. 144
4) vorstehend S. 146 ff.

rügen, bildet stets der Grundsatz von Treu und Glauben den Motor, der das Vehikel ans Ziel bringt[1].

Als Grundlage der Begrenzung von Ermittlungspflichten im Verwaltungsverfahren taugt dieser Ansatz schon deshalb nicht, da gerügt wird erst im sich anschließenden Gerichtsverfahren, es also um die Reichweite des dort geltenden Untersuchungsgrundsatzes geht. Rückschlüsse auf die Ermittlungspflicht im Verwaltungsverfahren ließen sich daraus nur ziehen, wenn man unter der Flagge segeln wollte, "wo kein Richter, da kein Unrecht". Dessen ungeachtet, vermag der Grundsatz von Treu und Glauben immer nur zum Verlust von Rechten desjenigen führen, der gegen ihn verstößt[2]. Die Amtsermittlungspflicht ist nun aber kein Recht des Verfahrensbeteiligten, sie besteht aus dem letztlich in Art. 20 Abs. 3 GG fußenden öffentlichen Interesse an einer richtigen und damit gesetzmäßigen Entscheidung, völlig unabhängig davon, ob die zu treffende Entscheidung selbst vorrangig im öffentlichen oder im privaten Interesse liegt[3].

c) Die Kooperationsmaxime

Als letzter Ansatz verbleibt damit das Postulat einer im Wege der Auslegung der Verfahrensvorschriften gewonnenen Kooperationsmaxime[4]. Ohne Zweifel ist Kooperation zwi-

---

1) vgl. vorstehend S. 52 f. und S. 195 f. jeweils mit Nachweisen
2) Zum Einsatz des Institutes der Verwirkung als Auffang-Präklusionsregel bereits vorstehend S. 52 f. mit Nachweisen
3) Dazu eingehend S. 91 ff. mit Nachweisen
4) vorstehend S. 192 ff.; zum Postulat einer Kooperationsmaxime im Zivilprozeß zuletzt: Rüßmann und E. Schmidt in AlternativKomm ZPO Einl Rn 36 ff, 53 ff, vor § 284 Rn 3 ff

schen Beteiligten und Behörden eine gute und geeignete
Form, entscheidungsrelevantes Informationsmaterial zusammenzutragen. Allerdings beantwortet sich damit noch
nicht die Frage, was zu geschehen hat, wenn der Koope-
rant Beteiligter seinen Beitrag versagt. Auch Befürwor-
ter der Kooperationsmaxime im Verwaltungsverfahren lassen die Aufklärungspflicht der Behörden für diesen Fall
unangetastet[1]. Hier sind auch die Anordnungen in den
Verfahrensordnung zu deutlich, haben die Behörden doch
"alle für den Einzelfall bedeutsamen" Umstände zu berücksichtigen und von Amts wegen zu ermitteln[2]. Die
Kooperationspflicht der Beteiligten erstreckt sich zudem
auf das gesamte entscheidungsrelevante Tatsachenpro-
gramm, von dessen Ermittlung die Behörden bei der Nicht-
mitwirkung der Beteiligten weder im Besteuerungs- noch
im Sozialverwaltungsverfahren vollständig absehen können. Der Gesichtspunkt der Kooperation taugt mithin
ebenfalls nicht zur Begrenzung amtlicher Ermittlungspflichten.

5. Befund des IV. Kapitels

Gelöst von gesetzlichen Sonderregelungen und speziellen
Instituten, wie sie im III. Teil dieser Untersuchung behandelt wurden, bilden die Mitwirkungspflichten eine
allgemeine Grenze der Amtsermittlungspflicht nur, soweit
der Beteiligte der einzige Wissensträger ist oder die
Behörde wegen Fehlens von Zweifeln keine weiteren Ermittlungen anstellt. Im letzteren Falle ist es an den
Beteiligten, in einer Situation, in der die Behörde vom
Wahrheitsgehalt einer Information überzeugt ist, mit

---

1) Herrler, Mitwirkung der Banken bei der Besteuerung von Bankkunden, S. 88
2) vgl. etwa § 24 VwVfG

weiteren Hinweisen zu Zweifeln und damit ergänzenden Ermittlungen Anlaß zu geben. Unterlassen sie dieses, kann
die Behörde mangels entsprechender Zweifel von derartigen Ermittlungen absehen.

Beide Ermittlungsbegrenzungen treffen aber auf alle anderen Informationsquellen auch zu: Gibt es über einen
Vorgang nur einen Zeugen und verweigert dieser die Auskunft, so endet die Amtsermittlungspflicht ebenso, wie
wenn Beobachter ein Beteiligter gewesen wäre. Auch die
weitere Ermittlungen auslösenden Zweifel können von anderweitigen Informationsquellen ebenso initiiert werden
wie durch Hinweise Beteiligter.

Dieser Befund bestätigt die These, nach der die Beteiligten "Aufklärungs- und Beweismittel" in eigener Sache
sind[1]. Für die AO wird die These unterstrichen durch
die §§ 93 Abs. 1 Satz 3, 97 Abs. 2 Satz 1 AO, die einen
Fortgang der Ermittlungen vorsehen, wenn Mitwirkungspflichten nicht erfüllt werden[2], für das SGB durch die
dreifache Absicherung der Amtsermittlung in den §§ 65,
66 SGB-AT[3], und allgemein durch die Einreihung der Beteiligten in die Beweismittel durch §§ 26 Abs. 1 Ziff. 2
VwVfG, 21 Abs. 1 Ziff. 2 SGB-X und 92 Ziff. 1 AO[4]. Eine
spezifische allgemeine Grenze der Amtsermittlungspflicht
sind die Mitwirkungspflichten der Verfahrensbeteiligten
demnach nicht.

---

1) Söhn in: H/H/Sp AO u. FGO § 88 AO Rn 39; Tipke/Kruse AO u. FGO
§ 88 AO Rn 1 a.E.; Pestalozza in: Boorberg-FS, S. 185,193; vgl.
auch: Reuß, Grenzen steuerlicher Mitwirkungspflichten, S. 70;
Berg, Die verwaltungsrechtliche Entscheidung bei ungewissem
Sachverhalt, S. 262
2) so auch: Tipke/Kruse AO u. FGO § 90 Rn 5
3) Zu der dreifachen Absicherung der Amtsermittlungspflicht vorstehend S. 174
4) Für § 26 Abs. 1 Ziff. 2 VwVfG so auch: Tipke/Kruse AO u. FGO
§ 88 AO Rn 1 a.E.

V. Kapitel

Ergebnisse

1. Unter dem Begriff des Untersuchungsgrundsatzes im Verwaltungsverfahren versammeln sich folgende Leitlinien der Tatsachenermittlung[1).

- Die Behörde hat ein Initiativrecht und eine Initiativpflicht zur umfassenden Erforschung des relevanten Sachverhaltes;

- der Umfang ihrer Ermittlungstätigkeit wird innerhalb des Verfahrensgegenstandes nicht durch den Vortrag der Verfahrensbeteiligten eingeschränkt;

- Auswahl und Einsatz der Beweismittel stehen in ihrem pflichtgemäßen Ermessen;

- sie hat bei der Sachverhaltsermittlung ihre Neutralität zu wahren.

2. Gerichtet ist der Ermittlungsvorgang unter diesen Leitlinien auf den Verfahrensgegenstand, bestimmt durch das Verfahrensziel. Obliegt die (Mit-)Bestimmung des Verfahrensgegenstandes der Disposition der Beteiligten in Form von selbständigen und/oder unselbständigen Anträgen, so können diese mit ihrer Antragstellung den Umfang der Sachverhaltsermittlung beeinflussen. Dies gilt auch für von Amts wegen durchzuführende Verfahren, soweit das

---

1) siehe vorstehend S. 31

Gesetz sogenannte unselbständige Antragstatbestände vorgesehen hat, die im Rahmen der Endentscheidung mitbeschieden werden. Eine wirksame Antragstellung kann bereits die Angabe bestimmter Tatsachen voraussetzen. Die Amtsermittlung beschränkt sich in diesen Fällen wegen dieser Tatsachen auf die Überprüfung des Wahrheitsgehaltes der vom Antragsteller zu liefernden Informationen[1].

3. Eingebettet ist der Informationsprozeß in ein Verwaltungsverfahren. Unter Verwaltungsverfahren im Sinne der §§ 9 VwVfG, 8 SGB-X und auch der Abgabenordnung ist das gesamte verfahrensrelevante Geschehen vom Verfahrensbeginn bis hin zum Erlaß eines Verwaltungsaktes oder zum Abschluß eines öffentlich-rechtlichen Vertrages zu verstehen. Eine eigene Außenwirkung müssen die zum Verfahren zu zählenden Vorgänge nicht haben, es genügt, daß sie jeweils ausgerichtet auf eine konkrete Entscheidung hin ablaufen[2].

Gewährleisten soll das Verwaltungsverfahren gesetzmäßige, gerechte und sachrichtige Entscheidungen[3]. Darüber hinaus hat es den nachfolgenden Gerichtsschutz offenzuhalten und auch einen eigenen Rechtsschutzauftrag zu erfüllen[4].

4. Der vom Untersuchungsgrundsatz getragene Informationsprozeß schließt mit der Tatsachenfeststellung ab. Möglich ist eine solche im Verwaltungsverfahren dann, wenn der Entscheider mit an Sicherheit grenzender Wahrscheinlichkeit vom Vorliegen des relevanten Sachverhaltes

---

1) siehe vorstehend S. 7 ff.
2) siehe vorstehend S. 54 ff.
3) siehe vorstehend S. 66 ff.
4) siehe vorstehend S. 70 ff.

überzeugt ist oder aber das Gesetz einen geringeren Wahrscheinlichkeitsgrad ausreichen läßt[1]. Bleiben Tatsachen unerweislich, kommen die Regeln über die Beweislast zur Anwendung. Eine subjektive Beweislast im Sinne einer Beweisführungslast kennt das Verwaltungsverfahren nicht. Die objektive Beweislast führt zu keiner Einschränkung der Ermittlungspflicht, auch wenn die Beteiligten beweisbelastet sind; denn zum Einsatz gelangen Beweislastregeln erst, wenn eine Tatsache trotz der Ausschöpfung sämtlicher Erkenntnismöglichkeiten unerweislich geblieben ist[2].

5. Eine verfassungsrechtliche Verankerung des Untersuchungsgrundsatzes in Art. 19 Abs. 4 GG läßt sich nicht nachweisen[3]. Art. 20 Abs. 3 GG, das Prozeßgrundrecht auf ein faires Verfahren und die materiellen Grundrechte verpflichten den Gesetzgeber ebenfalls nicht, den Untersuchungsgrundsatz für das Verwaltungsverfahren in jedem Falle vorzusehen[4]. Verfassungsrechtlich unbedenklich ist es für weite Verwaltungsbereiche, den Verhandlungsgrundsatz in der Form des Nachweisgrundsatzes[5] als Ermittlungsmodell einzuführen. Partiell ist der Untersuchungsgrundsatz nur insoweit für das Verwaltungsverfahren verfassungsrechtlich vorgezeichnet, wie die Geltung des Nachweisgrundsatzes zur Tatsachensammlung ungeeignet ist und die Beteiligten unzumutbar belastet und deshalb auch ein faires Verfahren ausschließt oder Grundrechte verletzt[6].

---

1) vorstehend S. 36 ff.
2) vorstehend S. 38 ff.
3) vorstehend S. 82 ff.
4) vorstehend S. 90 ff., 109 ff., 113 ff.
5) Zur Entwicklung des Begriffes: S. 98 ff.
6) vorstehend S. 117 f.

6. Die Betrachtung der speziellen Regelungen des Informationsprozesses, wie sie sich im Steuer- und im Sozialverwaltungsrecht finden, hat gezeigt, daß die Amtsermittlungspflicht durch die Mitwirkung der Beteiligten begrenzt wird, soweit der Gesetzgeber tatbestandliche oder tatbestandsähnliche Nachweispflichten in die jeweiligen Fachgesetze aufgenommen hat[1]. Ein weiteres Mal endet die Amtsermittlung an der Mitwirkung der Beteiligten bei den sogenannten lokalen oder relativen Ermittlungsgrenzen. Hierbei handelt es sich um Vorschriften, die bestimmte Ermittlungsmaßnahmen ausschließen oder begrenzen[2]. Auch § 66 SGB-I führt zu einer Begrenzung der Amtsermittlungspflicht durch die Mitwirkung der Beteiligten[3]. Wegen der dort vorgesehenen dreifachen Absicherung der Amtsermittlung und dem hier vertretenen restruktiven Verständnis des § 66 SGB-I[4] wird der Anwendungsbereich dieser Vorschrift klein ausfallen.

Die widerleglichen[5] und die unwiderleglichen gesetzlichen Vermutungen[6], die Fiktionen[7], die tatsächlichen Vermutungen[8], der Anscheinsbeweis[9] und auch die Vorschriften über Schätzungen[10] hingegen lassen die Amtsermittlungspflicht nicht an der Mitwirkung der Beteiligten enden.

---

1) vorstehend S. 127 ff.
2) vorstehend S. 149 ff.
3) vorstehend S. 175 ff.
4) vorstehend S. 176 ff.
5) vorstehend S. 141 ff.
6) vorstehend S. 144 ff.
7) vorstehend S. 145 ff.
8) vorstehend S. 146 ff.
9) vorstehend S. 146 ff.
10) vorstehend S. 159 ff.

7. Außerhalb solcher gesetzlicher Sonderregelungen begrenzen die Mitwirkungspflichten die Amtsermittlung nur insoweit, als der Beteiligte der einzige Wissensträger
hinsichtlich einer bestimmten Information ist und diese
nicht offenlegen will und hierzu auch nicht gezwungen
werden kann[1] oder aber die Behörde bereits vom Wahrheitsgehalt einer bestimmten Information überzeugt ist
und der Beteiligte es unterläßt, die Behörde mit weiteren Informationen zu Zweifeln und damit zu weiteren Ermittlungen zu veranlassen[2]. Eine weitergehende Einschränkung der Amtsermittlungspflicht läßt sich weder
aus dem Verhältnismäßigkeitsgrundsatz[3] noch aus den Gesichtspunkten der Verwaltungsökonomie[4] noch mittels
einer Reduzierung des Beweismaßes[5] und auch nicht mit
dem Ansatz einer arbeitsteiligen Informationssammlung[6]
oder einer Obliegenheitsverletzung[7] rechtfertigen.

8. Die Untersuchung hat insgesamt zu dem Ergebnis geführt,
daß die Mitwirkungspflichten der am Verwaltungsverfahren
Beteiligten außerhalb gesetzlicher Regelungen, die solches vorsehen, keine spezifische Grenze der Amtsermittlungspflicht bilden. Die Behörde muß in der Tatsachensammlung fortschreiten, auch wenn der Beteiligte sich
seiner Mitwirkung an diesem Prozeß entzieht. Diese Feststellung gilt für das Besteuerungsverfahren wie für das
Sozialverwaltungsverfahren in gleichem Maße, jedenfalls
so lange, bis im Sozialverwaltungsverfahren der Anwendungsbereich des § 66 SGB-I erreicht ist.

---

1) vorstehend S. 224 f.
2) vorstehend S. 212 ff.
3) vorstehend S. 228 ff.
4) vorstehend S. 248 ff.
5) vorstehend S. 259 ff.
6) vorstehend S. 262 ff.
7) vorstehend S. 261 ff.

Wege europäischer Rechtsgeschichte

Karl Kroeschell zum 60. Geburtstag dargelegt von Freunden, Schülern und Kollegen, herausgegeben von Gerhard Köbler, o. Universitätsprofessor in Innsbruck

Frankfurt/M., Bern, New York, Paris, 1987. XII, 700 S.
Rechtshistorische Reihe. Bd. 60
ISBN 3-8204-1080-5   geb. sFr. 125,--

Karl Kroeschell (*14.11.1927) lehrt seit 1960 in Göttingen und seit 1975 in Freiburg als ordentlicher Professor Deutsche Rechtsgeschichte, Deutsches Privatrecht, Bürgerliches Recht, Handelsrecht und Landwirtschaftsrecht. Er ist seit 1951 durch zahlreiche wichtige rechtswissenschaftliche Veröffentlichungen hervorgetreten. Beispielhaft für diese sei nur seine Deutsche Rechtsgeschichte (Bd. 1/ 1972, 7. Auflage 1985, Bd.2/ 1973, 6. Auflage 1986, Bd. 3 in Vorbereitung) genannt, welche zur vielleicht erfolgreichsten rechtsgeschichtlichen Veröffentlichung der Gegenwart geworden ist. Aus Anlaß seines 60. Geburtstages am 14.11.1987 berichteten Freunde, Schüler und Kollegen über ihre rechtsgeschichtlichen Arbeiten. Damit statten 37 bekannte Forscher aus 7 Ländern ihren Dank für die von Karl Kroeschel erhaltenen Anregungen ab. Zugleich zeigen sie damit aber auch, welche Wege die deutschsprachige Rechtsgeschichte in Europa und darüber hinaus heute geht, um die geschichtliche Dimension des Rechtes zu erfahren und der Gegenwart fruchtbar zu machen.

Aus dem Inhalt: Der Band vereinigt 37 Beiträge rechtshistorischer Hochschullehrer aus 7 Ländern. Sie behandeln Mittelalter und Neuzeit, verbinden Germanistik mit Romanistik und Kanonistik und erfassen öffentliches Recht ebenso wie privates Recht. Insgesamt gewähren sie vielfältige und aufschlußreiche Einblicke in die deutschsprachige Rechtsgeschichtsforschung der Gegenwart.

Verlag Peter Lang Frankfurt a.M. · Bern · New York · Paris
Auslieferung: Verlag Peter Lang AG, Jupiterstr. 15, CH-3000 Bern 15
Telefon (004131) 321122, Telex pela ch 912 651, Telefax (004131) 321131